Natascha Sagorski

Don't call it Pussy!

33 Dinge, die Männer endlich
über Frauen lernen sollten

SCHWARZKOPF & SCHWARZKOPF

Inhalt

Liebe Männer, meine Herren, servus Jungs!

Vielleicht fragt ihr euch, weshalb ich es für nötig halte, ein Buch über 33 Dinge zu schreiben, die ihr über Frauen endlich mal kapieren müsst. Bin ich so genervt von euch? Finde ich Männer einfach blöd oder habe ich etwa ein generelles Problem mit ihnen? Die Antwort lautet: Nein! Ich habe absolut kein Problem mit euch – ganz im Gegenteil: Ich liebe Männer! Ich finde, es ist kompletter Blödsinn, wenn Frauen sagen, dass es ohne Männer auf dieser Welt nur dicke, glückliche Frauen gäbe! In Wahrheit würden wir Mädels uns ohne euch gegenseitig zerfleischen. Anstatt uns mit Männern zu beschäftigen oder uns auch mal gemeinsam über euch aufzuregen, würden wir uns in einen unerbittlichen Konkurrenzkampf stürzen. Dass wir nämlich ab und zu (und manchmal auch öfter) genervt von euch sind, von einem Mann verletzt wurden oder temporär mal die Schnauze voll von euch voll haben, tja, das schweißt uns Frauen eben unglaublich zusammen. Und wenn es euch nicht gäbe, wäre das nicht so. Aber das ist nur einer der Gründe, weshalb wir euch so sehr lieben.

Was ich damit sagen will, ist, dass ich dieses Buch nur geschrieben habe, um euch dabei zu helfen, *noch* toller zu werden! Denn – so sehr ich die Männer, die mein Leben heute begleiten oder in der Vergangenheit begleitet haben, schätze und respektiere – manchmal stellen sie sich einfach verdammt dämlich an. Zumindest aus weiblicher Sicht. Und meistens tun sie, tut ihr dies nicht einmal in böser Absicht! Für euch sind oftmals einfach nicht die gleichen Dinge wichtig wie für uns und gewisse Situationen schätzt ihr eben komplett anders ein. Wenn ihr euch zum Beispiel auf einer Party nett und nichtsahnend mit einer Bekannten eures besten Freundes über Skigebiete in den Alpen unterhaltet und 15 Minuten später vom imaginären Gletscher direkt in die Hölle schlittert, weil eure Freundin euch lautstark des Fremdflirtens bezichtigt, dann habt ihr die vorangegangene Situation wohl offensichtlich anders beurteilt als eure Partnerin. Genauso heikel sind nicht beantwortete Gute-Nacht-SMS (ihr denkt, sie schläft ja jetzt sowieso, wozu also noch mal anrufen – sie liegt aber stundenlang wach und fragt sich, weshalb ihr sie nicht anruft), eure Reaktion auf die ewige Fangfrage »Schatz, bin ich zu dick?« oder so ziemlich jede erdenkliche Situation im Auto, in der sie am Steuer sitzt und ihr daneben.

Und diese Liste könnte ich noch ewig weiterführen. Der springende Punkt aber ist, dass die meisten heiklen Situationen zwischen euch und uns nur deswegen entstehen, weil ihr einfach keinen blassen Schimmer davon habt, was in unseren Köpfen vor sich geht! Eine Menge natürlich – das ist den meisten von euch schon klar. Aber wie genau diese Menge aussieht, das leider nicht. Mit wissenschaftlichen Vorgehensweisen kommt ihr unserem zugegebenermaßen oftmals chaotischen Innenleben jedenfalls nicht näher. Und deswegen möchte ich euch unsere Gedanken jetzt mal auf eine weniger männliche Art und Weise näherbringen, und zwar, indem ich sie euch einfach so erkläre, wie ich es auch bei meinem besten Freund machen würde.

Ich packe also aus und versuche, so mit euch zu reden, wie Frauen es sonst eigentlich nur untereinander tun. Und da werden wohl die wenigsten von euch schon einmal dabei gewesen sein. Denn natürlich wollen wir eigentlich nicht, dass ihr all unsere Geheimnisse und Denkweisen durchschaut. Aber ich vertrete die These, dass wir Frauen auch davon profitieren können, wenn ihr uns tatsächlich mal durchschauen würdet, weil ihr uns so auch endlich besser verstehen lernen könntet. Das würde unsere Männer-Frauen-Welt nämlich ungleich weniger kompliziert machen. Und genau diese Absicht verfolge ich mit diesem Buch …

Na gut, natürlich hat es mir auch Spaß gemacht, mich zu Recherchezwecken intensiv mit euch zu beschäftigen. Ich habe etliche Gespräche mit zahlreichen Frauen über euch geführt, aber auch einige Männer interviewt und dabei eines festgestellt: Auch wenn ihr uns oftmals nicht so richtig versteht, wünscht ihr euch doch alle, dass ihr es könntet.

Also lest, lernt und gebt nicht auf, uns verstehen zu wollen! Es ist vielleicht nicht einfach, aber es ist möglich.

Viel Spaß dabei!
Eure Natascha

Bussi aus München
nach Zürich!
Deine
Natascha

»Ob Sex schmutzig ist?
Nur wenn er
richtig gemacht wird.«
WOODY ALLEN

1. Sex

Sex ist ein unglaublich wichtiges, aber mindestens ebenso schwieriges Thema, vor allem wenn es um die Kommunikation zwischen Mann und Frau geht. Und deswegen fange ich auch genau hier an, bei der Kommunikation, denn die steht – selbst beim Sex – immer am Anfang. Na ja, und wenn die Kommunikation nicht stimmt, dann geht es eben unter Umständen auch über einen reinen Anfang gar nicht mehr weiter hinaus ... Mir hat zum Beispiel einmal ein wirklich sehr süßer, sehr durchtrainierter und bis dato durchaus charmanter junger Mann, kurz bevor wir das allererste Mal intim werden wollten, ins Ohr geflüstert, was für eine heiße Pussy ich doch sei. Und innerhalb von Sekunden war ich so kalt wie ein frisch gefrorener Zitronengras-Eiswürfel. Es gibt einfach gewisse Dinge, die ein Mann niemals in den Mund nehmen sollte. – Eine kleine Auswahl davon findet ihr hier.

Kosenamen im Bett – ein gefährliches Terrain

Es gibt etliche No-Gos, was Sprache und Sex angeht, und eines davon sind absolut peinliche Kosenamen für unsere einzelnen Körperteile. Also zuallererst einmal: Zwischen unseren Beinen wachsen keine kleinen Katzenbabys heran, also hört verdammt noch mal auf, von unseren Muschis zu reden! Ja, ich weiß, eure Mütter haben euch diesen Begriff vor vielen Jahren eingebläut und sind insofern durchaus mitschuldig an dieser verbalen Katastrophe, aber trotzdem! Sätze wie »Ich kann es kaum erwarten, deine Muschi zu spüren« oder »Deine Muschi ist die schönste der Welt!«? GAAAAHHHH! Lasst das! Mich schüttelt es schon beim Schreiben! So etwas klingt unsexy, peinlich und ist a-b-s-o-l-u-t stimmungstötend! Wenn eine Frau euch nach solch einem Satz nicht den Laufpass gibt, dann seht ihr entweder aus wie George Clooney oder sie ist total betrunken. Und in beiden Fällen hättet ihr trotzdem noch Riesenglück gehabt!

Denn ganz ehrlich, das Wort »Muschi« geht heute einfach gar nicht mehr. Eigentlich ging es noch nie wirklich, aber mittlerweile sollte das zumindest jedem Menschen, der auch nur ein Fünkchen Sprachgefühl besitzt, klar sein. Ganz ursprünglich sollte dieses Buch sogar »Don't call it Muschi!« heißen, aber dann habe ich es doch nicht übers Herz gebracht, meinen Namen in Kombination mit diesem Wort auf ein Buchcover drucken zu lassen. So wurde es zu »Don't call it Pussy!«, was aber nicht heißen soll, dass dieses Wort legitim ist, wie ich ja bereits erzählt habe (Stichwort »gefrorener Zitronengras-Eiswürfel«). Im Gegenteil, es kommt nicht von ungefähr, dass vor allem pubertierende Jungs aus den Randschichten der Gesellschaft Frauen als Pussys bezeichnen. Zuerst einmal bestehen wir – wie ihr sicher wisst – aus mehr als nur unseren Geschlechtsteilen. Aber das sollte sowieso klar sein. Deswegen glaubt mir: Mit »Ey, Pussy!« möchte keine Frau, kein Mädchen und auch sonst niemand auf der Welt gern angesprochen werden, es sei denn, sie wird dafür bezahlt und das gehört zur Show.

Mit dem Wort »Pussy« wird natürlich viel Geld verdient. Als ich während meiner Recherche den Begriff bei Google eingegeben habe, zeigte mir die Suchmaschine sofort Dutzende Pornoseiten an. Ihr Männer assoziiert mit dem Wort »Pussy« also anscheinend immer *Vaginas*, und zwar am besten in Großaufnahme, frontal und unbedeckt. Diese Assoziation ist sicherlich praktisch für die Pornoindustrie, weil sie mit nur einem Wort und wenig Aufwand kommunizieren kann, was sie auf bzw. in ihrer Homepage, DVD oder Zeitschrift anbietet. Aber eine Frau beeindrucken werdet ihr mit der Verwendung dieses Wortes sicherlich nicht. Ich glaube, die einzige Angelegenheit, bei der das Wort »Pussy« Sinn macht, ist sowieso eine kommerzielle. Girlbands wollen euch mit dem Begriff in ihrem Bandnamen klarmachen, dass sie kleine, heiße, singende Sexkätzchen sind, und Unterwäschehersteller signalisieren uns potenziellen Käuferinnen oder euch als Schenkern, dass wir uns mit dem Tragen eines ihrer Tangas in eine geile, männermordende Luxuspussy verwandeln. Was, um ehrlich zu sein, nun auch nicht jederfraus Sache ist.

Wenn ihr auf Nummer sicher gehen wollt, streicht diese Katzenbaby-geprägten Begriffe im direkten Umgang mit Frauen (und deren Geschlechtsteilen) einfach aus eurem Wortrepertoire und bemüht euch um ein bisschen Kreativität. Natürlich müsst ihr auch nicht immer nur hochoffiziell und politisch korrekt von unserer »Vagina« sprechen, das wäre ein bisschen viel verlangt und, ehrlich gesagt, auch nicht viel sexyer. Aber es gibt ja noch die Möglichkeit, unseren kleinen Freundinnen da unten individuelle Kosenamen zu geben. Wenn ihr dabei auch nur einen Hauch von Stilgefühl walten lasst, kann das wirklich süß und zärtlich sein und uns demonstrieren, wie sehr ihr auf uns eingeht und wie einzigartig wir für euch sind. Und diese Kosenamen sind dann auch etwas sehr Exklusives, sozusagen eine Art Insiderbegriff, den nur ihr und eure Freundin versteht.

Ich kenne ein Pärchen, das bei dem Namen Lotta immer in genießerisches Grinsen verfällt, was ich bis zu einem Frauenabend mit viel Prosecco und der Geheimnislüftung durch meine angeheiterte Freundin nie verstanden habe. Ganz besonders einen Satz von ihr an diesem Abend habe ich mir gemerkt, nämlich, als sie mir erklärt hat, warum sie diesen Kosenamen so sehr liebt: Eine einzigartige Lotta kann nämlich niemals einfach so durch eine x-beliebige Pussy ausgetauscht werden, so meine Freundin. Und ich denke mal, da hat sie recht.

Also, Jungs, seid kreativ und überlegt euch mit eurer Freundin zusammen ein paar hübsche Namen, natürlich auch für euer bestes Stück, denn – das gebe ich zu – wir Frauen sind ja auch nicht immer gerade die Kreativsten, wenn es um pikante Wortschöpfungen geht. Ihr seid schließlich auch keine Hunde, die bei jeder freudigen Gelegenheit mit dem Schwanz wackeln. Also haben auch wir ein wenig Nachholbedarf im Kosenamen-Erfinden.

Na ja, die Hauptsache ist jedenfalls, dass ihr überhaupt in der Lage seid, das, worum es geht, irgendwie zu benennen. Denn manchmal habe ich das Gefühl, dass der eigentliche Grund für die ganzen Verniedlichungen à la Muschi und Pussy der ist, dass ihr euch vor dem Wort »Vagina« fürchtet und das Ganze irgendwie durch Wattebausch-Namen zu entschärfen versucht. Dabei ist eine Vagina gar nichts Schlimmes, ganz im Gegenteil. Und mit Emanzenzirkeln und Kampflesben hat dieser Begriff nun auch nichts zu tun, auch wenn einige von euch ihn wohl damit assoziieren. Aber, wie gesagt, so politisch korrekt müsst ihr euch ja gar nicht ausdrücken, tut uns nur einfach den Gefallen und macht uns nicht zu einer (x-beliebigen) Pussy oder (würg!) Muschi, denn das haben wirklich die wenigsten von uns verdient!

Jetzt nehmen wir den Mund mal voll ... Oralsex!

Ich weiß, dieses Thema ist fast noch heikler, und ich möchte auch keinen von euch persönlich verletzen, wirklich nicht. Aber erschreckend viele von euch haben einfach keine Ahnung, wie man eine Frau mit der Zunge dort unten glücklich macht! Und mit »keine Ahnung« meine ich: nicht mal die geringste Ahnung! Eine Freundin von mir ist vor ein paar Monaten sagenhafte acht Wochen lang nicht zum Waxing gegangen (und diese spezielle Freundin ist die begeistertste Verfechterin dieser äußerst schmerzhaften Art der Haarentfernung, die ich jemals zu Gesicht bekommen habe) und hat auch sonst keinen Rasierer und keine Enthaarungscreme in die Nähe ihres Heiligtums gelassen. Zumindest erzählte sie mir das hinter ihrem Venti Latte macchiato hervorschauend auf einer Couch bei Starbucks.

Als ich sie fragte, warum um Himmels willen sie dies täte, brach sie fast in Tränen aus und antwortete, dass es wegen ihres neuen Freundes sei. »Steht der denn so auf die Siebzigerjahre oder hat er es einfach gern warm da unten?«, fragte ich sie (immerhin war es Dezember und draußen herrschten Minusgrade). »Nein«, antwortete sie nun wirklich weinend. »Aber er leckt einfach so widerlich! Ich habe so etwas noch nie erlebt! Es fühlt sich an, als würde er mit seiner Zunge in einer Rührschüssel voller Kuchenteig nach dem dicksten Schokoladenstück suchen und dabei mehr sabbern als ein altersschwacher Bernhardiner. Es ist soooo eklig! Und dabei ist er doch wirklich süß. Und ich war doch jetzt so lange Single! Endlich mal wieder einer, der auf den ersten Blick nicht verhaltensgestört, drogenabhängig oder schwul ist – und jetzt so was! Es ist so unfair!«, schrie sie nun schon fast und ich und das ganze restliche Starbucks-Café hörten ihr mitleidig zu. Also, wenn eine Frau sich schon einen Schutz-Schamhaarpanzer wachsen lässt, damit ein Mann sie dort unten in Ruhe lässt, muss es sich schon um einen sehr dramatischen Fall handeln. Meine Freundin hat dem Typen übrigens bald darauf den Laufpass gegeben und ist danach sofort zu *Wax in the City* gerannt. Aber das nur nebenbei.

Ihr seht also, Jungs, mieser Oralsex kann wirklich böse Folgen haben ... Deswegen solltet ihr auf diesem Gebiet wirklich auf uns hören. Und es gibt leider genug zu sagen.

Ich meine, ich weiß nicht, welche Assoziationen ihr zwischen weiblichen Geschlechtsteilen und Vierbeinern noch so aufstellt, aber abgesehen davon, dass ihr unsere Vaginas als Katzenbabys (Miez Miez, Muschi!) bezeichnet, führt ihr euch da unten auch noch auf wie räudige Hunde und sabbert rum, als müsstet ihr für eine ZDF-Wette so viel Wurstwasser aufschlabbern wie möglich! Das ist nicht sexy! Es geht auch nicht darum, nach dem Oralsex möglichst zerstört auszusehen, sondern darum, uns Frauen glücklich zu machen! Und das ist gar nicht so schwer, wie ihr jetzt vielleicht meint. Gut, ich gebe zu, *euch* glücklich zu machen ist vielleicht doch einen Tick einfacher und weniger komplex, als dies umgekehrt der Fall ist, da spielt allein schon die von der

Natur vorgegebene Architektur eine Rolle (widerstandsfähiger Baumstamm gegen empfindliche Rosenknospe), aber ihr müsst eben lernen, diese Aufgabe als Herausforderung zu sehen!

Und dazu solltet ihr erst einmal eines wissen: Sehr viele Frauen finden ihre eigene Vagina nicht wirklich schön. Wir sind nicht so wie ihr, dass wir uns derart mit unseren Geschlechtsteilen identifizieren, um sogar in der dritten Person über sie zu sprechen. Ihr werdet sicher so gut wie keine Frau sagen hören, dass ihrer Vagina ein bestimmter Mann gut gefällt. Umgekehrt kann dies durchaus schon öfter vorkommen, einige von euch (leider oftmals die bereits Verheirateten) hören bei der Frauen- und Sexpartnerinnenwahl auch gern mal auf ihren besten Freund. Ob das nun gut oder schlecht ist, sei einmal dahingestellt. Auf jeden Fall haben wir ein anderes Verhältnis zu unserer Vagina als ihr zu eurem Penis. Wir vergleichen sie beim Duschen auch nicht untereinander (was zugegebenermaßen technisch auch recht schwer möglich wäre) und küren die Schönste von allen. Natürlich schauen wir auch mal bei anderen Frauen hin, wie sie untenrum so aussehen, aber das geschieht eher diskret und heimlich. Außerdem hat dies meistens den unschönen Hintergrund, dass wir unsicher sind, was das Aussehen unseres eigenen Intimbereichs betrifft, und ihn gern mit dem von anderen Frauen vergleichen möchten, um herauszufinden, ob wir normal sind. Nicht umsonst boomen Schönheits-OPs wie Schamlippenverkleinerungen, Vaginalstraffungen und was sonst noch alles so Abartiges in den internationalen Schönheitskliniken angeboten wird.

Eigentlich habt ihr (größtenteils) also einen viel gesünderen Umgang mit eurem Geschlechtsteil, als wir es haben, und das müsst ihr wissen, um zu verstehen, warum wir oft so sensibel reagieren, wenn es um Oralsex geht. Wir möchten euch als unseren Männern und Sexpartnern natürlich gefallen – auch und vor allem im Bett. Wenn wir uns aber nun da unten selbst nicht gefallen, dann fällt es uns logischerweise recht schwer, uns beim Thema Oralsex fallen zu lassen. Es ist nun mal schwierig, einen monströsen Orgasmus zu bekommen, wenn man sich die ganze Zeit über fragt, ob die Schamlippen zu groß (zu klein, zu seltsam geformt ...) sind und ob ihn das etwa stört und er es nur nicht zugeben will. Wenn ihr dann zusätzlich auch noch komische Dinge da unten macht, wird dieses ungute Gefühl noch viel schlimmer! Abschalten können wir jedenfalls noch weniger, wenn wir uns die ganze Zeit fragen müssen, *was genau* ihr eigentlich dort unten macht und vor allem, wonach ihr so ungestüm sucht (eine Dose Gratisbier haben dort jedenfalls die wenigsten von uns versteckt). Aber nicht immer liegt es daran, dass eine Frau unzufrieden mit ihrem eigenen Körper ist, wenn ihr der Oralsex nicht gefällt. Manchmal (okay, sehr oft) hat es der Typ auch einfach technisch nicht wirklich drauf!

Bei allem, was ihr tut, ist nämlich eines besonders wichtig: Achtet darauf – und zwar ganz genau –, wie wir reagieren! Rutschen wir vorsichtig immer weiter hoch oder runter oder bewegen uns zur Seite oder liegen stocksteif da, dann zerfließen wir wohl gerade nicht unbedingt vor lauter Ekstase. Und das solltet ihr nicht einfach ignorieren und anfangen zu lecken, als wären wir ein Ed-van-Schleck-Eis – in der Hoffnung, es damit irgendwie besser zu machen. Achtet auf unsere Zeichen oder, wenn das nichts hilft, fragt uns, was wir mögen! Nachfragen ist – und das gilt insbesondere im Bett – kein Zeichen von Schwäche, sondern einfach nur das Beste, was ihr tun könnt, um uns und euch glücklich zu machen. Natürlich gibt es auch beim Sex Situationen, in denen wir nicht erst lange erklären wollen, sondern einfach erobert oder – na ja – genommen werden möchten, aber das gilt ganz sicher nicht für den Oralsex. Hier geht es um Zärtlichkeit, Einfühlsamkeit und Vertrauen und das hat mit einem schnellen Quickie nichts zu tun. Denn um eine Frau mit der Zunge so richtig glücklich zu machen, reichen zwei Minuten meistens nicht aus (auch hier unterscheiden wir uns von euch). Solltet ihr also etwas länger benötigen, um uns auf diese Art zum Höhepunkt zu bringen, heißt das nicht zwangsläufig, dass ihr etwas falsch macht, eventuell ist sogar das Gegenteil der Fall, denn eine Frau genießt und lässt sich Zeit …

Und wenn ihr es dann tatsächlich bis zum Ziel geschafft habt, könnt ihr wirklich stolz auf euch sein! Nur eine Sache solltet ihr bei aller Freude nicht vergessen: Küsst niemals eine Frau nach dem Oralsex, ohne euch vorher den Mund abgewischt zu haben! Ihr mögt kein Sperma in eurem Mund und wir keinen Glibber in unserem! So einfach ist das. Viele von euch würden uns schließlich nach einem Blowjob auch keinen Zungenkuss geben, also verlangt das Gleiche bitte auch nicht von uns!

Apropos Blowjob. Der ist ja mittlerweile fast schon gesellschaftsfähig und eigentlich eine feine Sache. Ich verstehe nur einen Aspekt nicht: Warum legt ihr so unglaublich viel Wert darauf, dass wir schlucken? Was bringt euch das denn? Ihr könnt euch doch sowieso nicht mikroskopisch klein machen, durch unsere Nasenlöcher klettern und anschließend ganz stolz ein bisschen in unserem Magen auf eurem Sperma rumsurfen! Was habt ihr also davon? Ich meine, es kommt natürlich immer darauf an, was die jeweilige Frau für Vorlieben hat. Für manche gehört es eben dazu und für andere nicht.

Wenn ihr merkt, dass eure Freundin beim Hinunterschlucken unwillkürlich anfängt zu würgen, welchen Mehrgewinn hat das dann für euch? Jede von uns (und übrigens auch jeder von euch) hat einen unterschiedlich ausgeprägten Würg- und Schluckreflex. Das kann man zum Beispiel bei Zahnarztbesuchen sehen oder auch bei Halsentzündungen, wenn Ärzte diese furchtbaren Holzstäbchen auf unsere Zunge legen, um unsere entzündeten Mandeln besser betrachten zu können. Manche Menschen müssen dabei würgen, andere nicht. Und ganz genauso ist es auch beim Oralsex. Also bitte, wenn ihr merken solltet, dass eure Sexpartnerin nicht unbedingt das Zeug zum Feuerschlucker hat, dann habt doch ein Einsehen und macht kein Riesending aus dieser Runter-oder-nicht-Schluckfrage! Irgendwann geratet ihr nämlich mal an die Falsche mit ganz schwachem Magen und dann habt ihr die Sauerei … Also lieber genießen und die Freundin danach diskret zum Waschbecken gehen lassen. Sie und euer Fußboden werden es euch danken.

»Schon wieder, Schatz?«

Okay, in geschätzten neunzig Prozent aller Fälle ist es so: Ihr wollt öfter als wir. Das ist einfach so und das hat vermutlich auch jeder potente Mann unter euch schon einmal am eigenen Leib erfahren. Vor allem in längeren Beziehungen tun sich diese unterschiedlichen Bedürfnisse auf. Zu Beginn einer Beziehung mutiert fast jede Frau, wenn sie wirklich verliebt ist, zu einer kleinen Nymphomanin (unter Umständen ein wichtiges Indiz, wenn ihr euch bei einer Frau nicht sicher seid, ob sie wirklich auf euch steht). Wenn wir verliebt sind, sprühen wir den ganzen Tag vor sexueller Energie und könnten euch am liebsten morgens, mittags, abends und noch ein paar Mal zwischendurch vernaschen. Diese Naschlust lässt dann irgendwann nach … Und nach drei Jahren Beziehung könnte man bei der einen oder anderen von uns schon den Eindruck bekommen, wir würden Sex mit Schokolade verwechseln und hätten Angst vor den Kalorien. Zumindest sind wir manchmal im Schlafzimmer so zurückhaltend, als ginge es um unsere Lust am Naschen.

Wenn in einer Beziehung Sex so gut wie *gar keine* Rolle mehr spielt, dann stimmt etwas nicht. So weit dürften wir uns alle einig sein. Aber Jungs, zwischen *gar keine Rolle mehr* und *sie hat einfach mal keine Lust* gibt es einen himmelweiten Unterschied! Wenn eure Freundin ab und zu einfach mal nur kuscheln oder sogar ganz ihre Ruhe haben will, dann heißt das noch lange nicht, dass sie euch nicht mehr liebt! *Ich bin nicht in Stimmung* ist kein Codewort für *Ich liebe dich nicht mehr*, *Der Sex mit dir ist doof* oder *Ich habe einen anderen*! In den allermeisten Fällen bedeutet der Satz *Ich bin nicht in Stimmung* aus dem Munde einer Frau schlicht und einfach nur, dass sie nicht in Stimmung ist – nicht mehr und nicht weniger! Das ist genauso unspektakulär, wie es sich anhört. Viele Frauen (natürlich nicht alle) haben einfach weniger oft das Bedürfnis nach Sex als ihre Männer.

Als ich zur Vorbereitung auf dieses Buch Frauen zum Thema Sex befragte, war die häufigste Antwort: »Erklär denen mal, dass die Welt nicht untergeht, nur weil wir einmal nicht mit ihnen schlafen wollen!« Es gibt einfach Tage oder sogar manchmal Phasen, in denen wir einfach keine Lust haben. Aber damit wollen wir euch doch keine verschlüsselten Botschaften senden, Ehrenwort! Wir wollen nur einfach an diesem Abend keinen Sex, sondern stattdessen lieber ein Buch lesen. Das heißt aber nicht, dass das am nächsten Morgen oder drei Stunden später nicht schon wieder ganz anders aussehen kann. Einmal ein Nein zu Sex ist kein *generelles* Nein zu Sex mit euch, es bedeutet nur *jetzt* nicht!

Übrigens, wo wir gerade bei dem Thema sind … Immer wieder nachzudrängen und ein Nein nicht akzeptieren zu können ist wirklich alles andere als sexy. Wenn ihr unser erstes Nein einfach nicht hinnehmen könnt und euch dadurch aufgestachelt fühlt, immer wieder nachzubohren, zu motzen und nicht locker zu lassen, dann erreicht ihr damit genau das Gegenteil. Wir sind noch abgetörnter und irgendwann sogar genervt. Jungs, wenn eure Freundin einmal nicht will, dann akzeptiert das einfach, lasst sie in Ruhe und wartet ab! Auch wir Frauen möchten ab und zu gern erobern. Und einen Typen, der jede gefühlte Viertelstunde um Sex bettelt, den kann man eben nicht mehr erobern und von dem möchte man sich auch nicht mal mehr gern erobern lassen.

Also, interpretiert nicht immer gleich eine Beziehungskrise hinein, wenn eure Freundin einmal keine Lust auf Sex hat. Habt ihr schon mal darüber nachgedacht, dass sie vielleicht tatsächlich Kopfschmerzen haben könnte? Soll ja vorkommen, vielleicht sogar auch mal bei euch! Und ich garantiere euch: Das Letzte, was ihr in so einem Moment wollt, ist Sex …

2. Weibliche Konkurrenz

Eigentlich hätte ich dieses Kapitel auch »Eifersucht« nennen können, denn wenn es um weibliche Konkurrenz, also andere Frauen, geht, dann geht es auch so gut wie immer um Eifersucht. Ich müsste jetzt lügen, wenn ich schreiben würde, dass ich kein eifersüchtiger Mensch bin. Bin ich nämlich. Aber wenn ich eifersüchtig bin, geht es die meiste Zeit eigentlich nicht darum, dass ich Angst hätte, mein Freund könnte mich mit einer anderen betrügen, nein, es stört mich viel eher, dass diese andere denkt oder sich einbildet, dass sie meinen Freund dazu bringen könnte. Wie so oft geht es also mal wieder gar nicht so direkt um euch, sondern um die anderen Frauen ...

Ich kenne meinen Freund mittlerweile lange genug, um zu wissen, welche Frau ihm gefallen könnte und welche nicht. Außerdem vertraue ich ihm so sehr, dass ich eigentlich keine Angst habe, ihn eines Tages mit einer anderen zu erwischen, das ist nicht sein Stil. Aber – und jetzt kommen wir zum Kern des Problems – er ist wie so viele andere von euch auch leider nicht in der Lage zu erkennen, wann eine andere Frau ihn anbaggert oder mit ihm flirtet. Ich glaube, damit er realisiert, dass sein Gegenüber ihm gerade Avancen macht, müsste sich die Frau vor ihm die Bluse von der Brust reißen, ihm gleichzeitig zuzwinkern und sich mit der Zunge in einer Endlosschleife über die Lippen fahren. Dann käme er vielleicht langsam auf die Idee, dass er eventuell gerade angeflirtet werden könnte. Wie gesagt, eventuell.

Das Botoxäffchen

So ist es auch wieder neulich auf einer Hochzeit geschehen. Eine Frau, von der ich genau wusste, dass mein Freund eher mit einer Gummiente ins Bett gehen würde als mit dieser Person (gesträhntes Botoxäffchen mit Aufmerksamkeitsdefizitsyndrom), startete ihren Frontal-Flirtangriff mit einem recht unsanften Stoß gegen meine rechte Schulter. Ich taumelte daraufhin ein Stück nach links, und wo eben noch mein Freund gestanden hatte, grinste nun das Botoxäffchen neben mir denselben an und kreischte mit ihrer Äffchenstimme gewollt fröhlich: »Hach, ich dräng mich mal dazwischen, huhu!« Daraufhin erhob sie ihr Cocktailglas, um mit meinem Freund kichernd anzustoßen. Mich ignorierte sie konsequent – bis mein Freund sein Glas nochmals erhob, um mit mir anzustoßen (haha!), was das Botoxäffchen mit zusammengepressten Lippen quittierte und sich mir daraufhin leicht angesäuert mit Namen vorstellte. Als ich dann – ganz die lässige, weltoffene und nicht nachtragende Person, die ich nun mal bin – versöhnlich mit ihr anstoßen wollte, deutete sie auf ihr zu einem Drittel volles Glas und meinte, dass sie leider nichts mehr zum Anstoßen hätte, um sich im gleichen Moment von mir wegzudrehen und meinen Freund in irgendein furchtbar interessantes Gespräch über Affenplagen auf Bananenplantagen oder Ähnliches zu verwickeln. Daraufhin beschloss ich, erst mal das Feld zu räumen und mit einer Freundin so lange die Tanzfläche zu stürmen, bis sich das Äffchen müde gebaggert haben würde.

Also tanzte ich und tanzte und wartete, dass sich mein Freund jeden Moment völlig entnervt zu uns gesellen würde. Und wartete und wartete ... Bis ich dann eine Stunde später erschöpft und nicht nur aus sportlichen Gründen kochend wieder in Schatzi- und Äffchennähe kam. Und siehe da, die beiden unterhielten sich immer noch, worauf das Äffchen, als es mich erblickte, auch gleich mit einem triumphierenden Blick hinwies. Natürlich gesellte ich mich *nicht* wieder dazu, sondern stellte mich fröhlich plaudernd in eine größere Gruppe von Freunden und schnappte mir vorher noch ein frisches Glas Sekt.

Eine halbe Stunde später stand dann tatsächlich – oh Wunder! – mein Freund neben mir und zischte mir ins Ohr: »Warum hast du mich denn nicht gerettet? Die Alte hat mich so was von zugetextet und nicht mehr weggelassen!« Daraufhin lächelte ich ihn zuckersüß an und antwortete ihm, ebenfalls flüsternd (das Äffchen hing schon wieder an ihm dran): »Weil ich ihr die Anmach-Tour nicht ruinieren wollte, mein Schatz!« Jetzt blickte mich besagter Schatz mit riesigen, ungläubigen Kulleraugen an und flüsterte zurück: »Ach, Quaaaatsch …« Na ja, nachdem er seinen Urwaldschatten auch drei Stunden später noch nicht abschütteln konnte, hatte es dann schließlich wohl auch er kapiert und ließ daraufhin exzessiv den bis über beide Ohren verliebten Vorzeigefreund raus, sprich: Er knutschte mich bei jeder Gelegenheit von oben bis unten ab, bis sich das Äffchen schließlich trollte.

Alles in allem keine schlimme Geschichte, sondern aus meiner Perspektive eigentlich ganz lustig. Das Einzige, was mich an diesem Abend wirklich störte, waren die überheblichen Blicke der Affenfrau, die die Begriffsstutzigkeit meines Freundes als Sieg über mich, seine Freundin, gewertet hatte und sich somit gleichzeitig wie ein weiblicher Silberrücken und die ultimative Pussycat Doll vorkam. Keine Ahnung, woher bei uns die Eigenschaft kommt, anderen Frauen gern eins auszuwischen. Sei es, indem wir sie auf eine zu eng sitzende Hose hinweisen, über ihren Erfolg lästern (»Die hat sich ja eh nur nach oben geschlafen!«) oder eben um jeden Preis versuchen, einer anderen den Freund auszuspannen. Wahrscheinlich gab es in der Steinzeit einfach zu wenig Männer, weil die meisten im Schnee erfroren sind oder von Säbelzahntigern gefressen wurden, und deswegen mussten die Frauen um jeden noch funktionstüchtigen Kerl kämpfen. Na ja, und irgendwie hat sich dieses Verhalten im Gegensatz dazu, mit zwei Kieselsteinen Feuer zu machen, bis heute gehalten.

Deswegen, Jungs, wenn andere Frauen auffällig freundlich zu euch sind, euch erzählen, wie jung ihr für euer Alter ausseht, wie wenig Falten ihr habt und wie männlich ihr doch seid, dann zieht zumindest mal die Möglichkeit in Betracht, dass diese Frauen euch schlicht und einfach anbaggern wollen. Keine Frau, die sich euch in neutraler Absicht nähert, wird eure Freundin neben euch ignorieren, versuchen, eure tollen Muskeln zu fühlen, oder euch eine halbe Stunde lang begeistert zuhören, wie ihr über die Vorzüge des Torhüters eures Lieblingsfußballvereins philosophiert.

Natürlich will euch nicht jede Frau anbaggern, mit der ihr ins Gespräch kommt, und nicht jede Dame, die euch nach der Uhrzeit fragt, will euch an die Wäsche, aber wenn ihr in festen Händen seid und euch irgendetwas an dem Verhalten einer Frau seltsam vorkommt, dann fangt doch mal kurz an zu überlegen, ob ihr nicht vielleicht gerade massiv angeflirtet werdet. Und falls ihr tatsächlich zu dem Schluss kommen solltet, dass es so ist, dann beendet das Gespräch doch einfach höflich und lasst die Baggerfrau Baggerfrau sein. Gebt ihr nicht das Gefühl, dass ihr an ihr interessiert seid, wenn ihr es gar nicht seid, und schafft klare Fronten! Im Endeffekt profitiert davon nicht nur ihr und eure Freundin, sondern auch die Flirt-Frau, die sich sonst nur falsche Hoffnungen macht ...

Niedliche Nixblicker

Am Anfang habe ich meinem Freund nicht geglaubt, dass er es nicht merkt, wenn ihn eine andere anflirtet. Ich dachte, das würde er mir nur so sagen, damit ich keinen Grund habe, sauer auf ihn zu sein. Und natürlich bin ich mir auch sicher, dass er das eine oder andere Mal tatsächlich *absichtlich* mit einer Frau flirtet. Ich glaube, das tut jeder von uns ab und zu mal, egal, ob Mann oder Frau. Aber ich nehme genauso an, dass er dies dann nicht unbedingt unmittelbar vor meinen Augen tun würde und schon gar nicht mit einer Frau, die nicht mal besonders attraktiv ist. Und wenn er mir manchmal total verwundert von Situationen erzählt, in denen er unter irgendwelchen Vorwänden von anderen Damen angesprochen und im Anschluss daran von seinen Kolleginnen ausgelacht wird, weil er mal wieder nicht gecheckt hat, was da eigentlich gerade vor sich ging, dann finde ich diese Nixblicker-Eigenschaft ja fast schon knuffig.

Vor allem, da er nicht der einzige Mann ist, den ich kenne, der Flirtattacken nicht identifizieren kann. Bei der Recherche zu diesem Buch habe ich mit vielen Mädels gesprochen, die sich beschwert haben, dass ihr Freund es nie kapiert, wenn er angebaggert wird. Natürlich gibt es leider auch genau das Gegenteil, nämlich Männer, die schon glauben, man würde sie anbaggern, wenn man sich nur im Zug neben sie setzt. Allerdings sind die meistens nicht in Beziehungen, sondern Single. Und ich glaube, genau hier liegt auch das Geheimnis bezüglich der Fremdflirt-Antennen: Jungs, die noch auf der Suche sind, hoffen ja bei jedem Kontakt mit einem weiblichen Wesen auf Flirtversuche. Insofern halten sie ihre Antennen auf Empfang und orten diese sofort. Jungs, die in einer (glücklichen) Beziehung stecken, haben dagegen keine Antennen mehr ausgefahren, sie sind nicht mehr auf der Suche und interpretieren somit nicht in jedes Gespräch gleich eine amouröse Absicht hinein. Tja, das ist ja eigentlich eine ganz tolle Sache für uns Freundinnen, nur leider führt es eben auch dazu, dass die meisten von euch nicht mal erkennen würden, dass sie angebaggert werden, wenn sich ein Botoxäffchen nackt an euren Bauch schnallen würde.

Deswegen, ihr Lieben: Es ist toll, dass ihr eure Antennen einfahrt, wenn ihr in einer Beziehung seid, aber noch toller wäre es, wenn ihr zwar die Antennen (und vor allem eine ganz bestimmte) in Bezug auf andere Frauen einfahrt, euren Verstand aber eingeschaltet lasst. Denn es gibt ganz einfache Anzeichen dafür, wann euch eine Frau anbaggert, und wenn ihr euch diese merkt und euch im Fall der Fälle höflich zurückzieht und eurer Freundin signalisiert, dass sich keine andere Frau bei euch Hoffnungen machen darf, weil es eben nur eine Nummer eins für euch gibt, ja, dann habt ihr ein langes und glückliches Beziehungsleben vor euch. Es ist eigentlich ganz einfach …

Eine Frau baggert euch zum Beispiel an, wenn sie ...
... eure Freundin neben euch komplett ignoriert
... sich mehrmals im Gespräch mit der Zunge die Lippen befeuchtet und die Haare hinters Ohr streicht
... euch immer wieder wie zufällig berührt, zum Beispiel ihre Hand immer wieder auf eure Schulter oder den Arm legt
... euch am laufenden Band Komplimente macht und scheinbar vor Begeisterung keinen Blick mehr von euch lassen kann
... euch unter einem Vorwand von dem Hauptgeschehen auf einer Party weg an einen »ruhigen Ort« bugsieren will
... euch scheinbar begeistert und stundenlang bei Fußball- oder anderen klassischen Männerthemen zuhört
... eure Handynummer haben will oder euch ihre zusteckt
... euch mit Partyhäppchen füttert oder lasziv an ihrem Strohhalm saugt, während sie euch zuhört
... euch nebenbei fragt, ob ihr in eurer Beziehung eigentlich noch glücklich seid, oder böse Gerüchte über eure Freundin erzählt
... euch zuzwinkert.

Natürlich gibt es noch viele andere Möglichkeiten, wie Frauen euch subtil oder auch weniger subtil anbaggern können. Aber wenn ihr jetzt zumindest mal Ausschau nach diesen Anzeichen haltet, seid ihr schon mal ganz gut gewappnet, was die Flirtattacken anderer Frauen angeht.

Schwiegermütter

»Eine Heirat, ohne die Schwiegermutter zu kennen, ist wie ein Angriff ohne Rückendeckung«, wusste schon der deutsche Lyriker Ernst R. Hauschka. Und er hatte damit definitiv recht.

Hach ja, Schwiegermütter ... Sowohl für Männer als auch für Frauen ist das allzu oft ein heikles Thema. Die Mütter meiner

Exfreunde waren zum Teil fantastisch, sympathisch und liebenswert, zum Teil aber auch ziemlich anstrengend, eifersüchtig und schwierig. Doch alles in allem hatte ich noch Glück. Im Gegensatz zu einer Freundin von mir, die bei ihrer Schwiegermutter so beliebt war, dass sie morgens beim Frühstück nicht einmal einen Teller eingedeckt bekam, den mussten sie oder ihr Freund dann immer nachträglich auflegen. Für die Mutter war die Familie mit ihrem Mann, dem einzigen Sohn und seinen zwei Schwestern komplett. Meine Freundin wurde von ihr nur als Störenfried angesehen und ganz schlimm wurde es, als ihr Freund und sie zum Studium zusammenzogen, und zwar in eine Stadt am anderen Ende von Deutschland. Daraufhin warf die Schwiegermutter meiner Freundin vor, sie habe ihren Sohn gestohlen, und sie begann sogar, ihre Eltern anzurufen und zu beschimpfen. Das Ganze ging so weit, dass sich das Paar irgendwann darauf einigte, den Kontakt zu dieser Frau abzubrechen, und meine Freundin jedes Mal unter die Karosserie schaute, wenn sie in ihr Auto stieg, weil sie Angst vor Autobomben hatte.

Sicherlich, das ist ein Extremfall. Aber die Tendenz, dass Schwiegermütter eifersüchtig auf die Partnerinnen ihrer Söhne sind, besteht leider in der Realität. Plötzlich steht für euch eine andere Frau an erster Stelle, nicht mehr eure Mutter, und das ist für manche Mütter schwer zu verkraften. Vor allem, wenn es sich um die erste »richtige« Freundin handelt. Später relativiert sich das dann meist, denn wenn der Sohn mal ein gewisses Alter überschritten hat und schon der halbe Bekanntenkreis sonntags mit den Enkelchen in den Zoo geht, sind Mütter oftmals über fast jede Schwiegertochter froh, Hauptsache, sie ist gebärfreudig und nicht vorbestraft.

Aber bis dahin ist es eben ein weiter Weg und das mag der eine oder andere von euch sicher bereits zu spüren bekommen haben. Deswegen, Jungs, ist es wirklich wichtig, dass ihr zu eurer Liebe steht und eure Freundin verteidigt, *wenn* ihr eine Frau gefunden habt, die ihr aufrichtig liebt. Ich würde niemals freiwillig bei einem Mann bleiben, der mich nicht vor anderen in Schutz nimmt, und zu diesen anderen gehört selbstverständlich auch seine eigene Mutter. Glücklicherweise hat mein Freund eine sehr liebenswerte Mutter, mit der ich mich gut verstehe und vor der mich niemand in Schutz nehmen muss, weil es dazu gar keinen Grund gibt.

Das war, wie bereits erzählt, in anderen Fällen auch schon anders. Da war für meine »Schwiegermutter« so ziemlich alles falsch, was ich gemacht habe. Ich hatte damals noch geraucht (schlechter Einfluss für den Sohn), besuchte eine Privatschule (verwöhnte Schnepfe) und plante, mein Studium in einer anderen Stadt aufzunehmen (noch so eine Sohnräuberin). Aber irgendwie haben wir es dann allen Vorurteilen und einer zu Beginn nicht gerade ausgeprägten Sympathie zum Trotz mit den Jahren doch hinbekommen, ein ganz gutes Verhältnis zueinander aufzubauen. Was aber sicherlich auch an meinem Exfreund lag, der mir immer das Gefühl gegeben hat, dass er zu mir steht, mit mir zusammen sein möchte, und sich in seine Beziehung auch nicht hineinreden ließ. Dazu kam noch, dass wir damals auch gemeinsam in eine andere Stadt zum Studieren zogen, und mit diesem Abstand und der Einsicht, dass auch Söhne irgendwann mal erwachsen werden und das Nest verlassen (auch ohne weiblichen Einfluss), beruhigte sich die Situation.

In den meisten Fällen habt ihr es also selbst in der Hand, ob eure Partnerin und eure Mutter sich lieben oder bis aufs Blut bekriegen. Abstand ist mit Sicherheit nie das Schlechteste, wenn es Probleme gibt. Männer, die ihren Schulabschluss in der Tasche haben, volljährig sind und partout nicht ausziehen wollen, sind sowieso ein No-Go! Solange ihr noch an Mamas Rockzipfel hängt, leidet euer Sexappeal ganz enorm darunter, das könnt ihr mir ruhig glauben. Und das allerallerschlimmste Horrorszenario sind Männer, die in einer Einliegerwohnung im Elternhaus leben und wollen, dass ihre Freundin mit einzieht! Welche Frau möchte denn, bitte schön, sonntagmittags nach einer zweistündigen Sexsession mit verwuschelten Haaren und Orgasmus-seligem Grinsen auf dem Gesicht erst mal in Schwiegermutters Küche zum Essen von Schweinsbraten mit Knödeln antreten? Oder einen Schreikrampf in der Dusche bekommen, weil Schwiegermama nur mal eben ohne anzuklopfen frische Handtücher vorbeibringen wollte? Oder in Ermangelung einer eigenen Waschmaschine (hat er nie angeschafft, weil Mama ja sowieso so gern wäscht) die sündigen Seidentangas an Schwiegermutters Wäscheleine unter dem Apfelbaum baumeln sehen? Nein, das möchte ich nicht, das möchte keine meiner Freundinnen und auch keine andere einigermaßen selbstständige Frau in diesen Breitengraden.

Ihr seht also, das Thema *andere Frauen* ist nicht nur in Bezug auf fremde weibliche Wesen und »Botoxäffchen« recht heikel, sondern auch, wenn es um Frauen geht, die euch nahestehen, wie eben eure Mütter. Allerdings gilt das Gleiche auch für Schwestern, beste Freundinnen und natürlich für Exfreundinnen (wobei ich Letzteren ein eigenes Kapitel gewidmet habe). Zwischen uns Frauen kommt es eben recht schnell zu Konkurrenz, vor allem, wenn es um einen Mann geht. Und wenn eine solche Konkurrenzsituation entsteht, dann bedeutet das für euch vor allem Stress. Insofern solltet ihr dies gleich von vornherein zu vermeiden suchen und das erste Treffen zwischen den Mädels so harmonisch wie möglich gestalten. Vernachlässigt nicht eure Schwestern und Mütter, aber stellt auch klar, dass jetzt eine andere Frau an eurer Seite die erste Geige spielt. Am größten ist die Eifersucht der platonisch oder familiär mit euch verbundenen Frauen, wenn diese selbst aktuell keinen Freund oder Mann an ihrer Seite haben. Wenn also alle Stricke reißen und der Eifersuchtskrieg um euch tobt, dann versucht dafür zu sorgen, dass eure beste Freundin/Schwester/Mama einen Mann kennenlernt und sich verliebt. Meistens lösen sich dann die größten Streitpunkte recht schnell in nichts auf. Und wenn das nicht hilft, solltet ihr versuchen, die Frauen dazu zu bringen, sich auch mal zu treffen, wenn ihr *nicht* dabei seid. Denn wenn das Objekt der Begierde mal aus dem Schussfeld ist, merken die Damen vielleicht plötzlich, dass die andere ja doch gar nicht so furchtbar ist und es auch Themen gibt, bei denen man sich durchaus einig ist. Zieht euch einfach für eine Weile zurück und überlasst die Mädels sich selbst, das wirkt meistens Wunder!

Na ja, fremde Frauen hin, Schwiegermütter her, im Endeffekt müsst ihr selbst wissen, wie tief ihr andere Frauen in eure Beziehung eingreifen lassen wollt. Aber eines ist sicher: Wenn ihr diese Eingriffe zu sehr zulasst, dann hat das meistens auch einen Grund und der liegt so gut wie immer in eurer Beziehung selbst. In dem Fall müsst ihr euch zunächst keine Gedanken über andere Frauen, sondern erst mal über die eigene machen. Denn wenn etwas von innen fault, nutzt es auch nichts, die madigen Stellen außen abzuschneiden, wenn ihr versteht, was ich meine …

3. Apple – das einzige Obst, das ihr liebt

Was Manolo Blahnik für uns ist, war Steve Jobs (möge er in Frieden ruhen) wohl für euch. Ich habe zumindest selten etwas gesehen, das einen Mann derart in Verzückung geraten lassen kann wie ein iPad. Und dabei hat es nicht einmal Brüste. Eure Leidenschaft für Apple-Produkte ist für uns Frauen jedenfalls schon sehr faszinierend. Und außerdem nicht immer ganz nachvollziehbar. Ich meine, 700 Euro für ein elektronisches Tablet auszugeben, das eigentlich nichts anderes ist als ein wenig schreibfreundliches (würde ich dieses Buch auf einem iPad schreiben, wäre ich vermutlich heute noch nicht fertig) Netbook mit ein bisschen Touchscreen-Blabla, das ist schon seltsam.

Also, nur zum Vergleich: Für 700 Euro bekommt man fast sogar zwei Paar Manolos und die sind nicht nach einem halben Jahr schon wieder out, weil das Nachfolgemodell auf den Markt gekommen ist, sondern echte Klassiker.

Wobei, dieses panische Immer-auf-dem-neuesten-technischen-Apple-Stand-sein-Wollen müsste doch eigentlich dazu beitragen, dass ihr endlich unsere Shoppingjahreszeiten besser verstehen könnt. Denn nicht jedes Teil ist ein Klassiker, und wenn wir im Herbst unbedingt neue Garderobe brauchen, weil der Hippietrend vom Sommer nun in einen Erd-und Schlammfarben-Trend umgeschlagen ist, dann ist das eben so!

Natürlich könnten wir auch die Einkäufe vom letzten Herbst noch einmal hervorkramen und die würden uns sicherlich genauso gut vor Herbststürmen und Regen schützen wie der neue Trenchcoat in Schlammgrau, aber Spaß macht das Tragen der Last-Season-Teile eben nicht. Und – stopp, Jungs, bevor ihr jetzt anfangt zu lästern – *natürlich* könntet ihr auch mit dem iPhone 2 noch wunderbar telefonieren, aber Spaß macht das doch auch keinen, oder?

Sowieso habe ich manchmal das Gefühl, dass Apple-Accessoires (denn nichts anderes sind diese Produkte für euch) oft eine moderne Form des Schwanzvergleichs sind. Wer hat das neueste Modell, den meisten Speicherplatz und die besten Apps? »Was, dein G3 hat kein Wifi? Wie schwul ist das denn, Alter?«, so und so ähnlich hören sich Männergespräche heute oftmals an. Und wehe dem armen Tropf, der nur die kleinere oder ältere Version der neuesten Wundermaschine aus dem Hause des Apfels sein Eigen nennt – mag er untenrum auch noch so gut bestückt sein, ohne iPhone 4S ist er trotzdem der Loser ...

Aber warum eigentlich? Was fasziniert euch so an den Apple-Kreationen? Ich habe mich in meinem männlichen Freundeskreis einmal umgehört und interessante Antworten bekommen. AppleProdukte werden ohne gedruckte Bedienungsanleitung geliefert. Das bedeutet, dass das nervige Sich-Einlesen schon mal entfällt. Männer standen ja schon immer mit Bedienungsanleitungen (oder Anleitungen im Allgemeinen) auf Kriegsfuß. Einem Mann muss man nichts erklären, er kann sowieso alles. Und das hat Steve Jobs wirklich gut erkannt. Mit der Ansage »Hey, Jungs dieses Produkt ist so unkompliziert und praktisch, dass es sich von selbst erklärt!« hat er euch sofort bekommen. Denn nichts hasst ihr mehr als komplizierte und schwer verständliche Dinge (eines der Hauptprobleme in der Kommunikation zwischen Mann und Frau). Und da iPods, iMacs und iPhones aber eben doch nicht immer ganz sooo unkompliziert sind, hat Jobs auch gleich noch vorgesorgt und nette, unverschnörkelte Internetclips produzieren lassen, in denen euch Schritt für Schritt die Funktionsweise eures neuen Geräts erklärt wird. Also müsst ihr wieder nix nachlesen, nur gucken und zuhören – so einfach und angenehm kann die Welt der Technik sein! Vielleicht wäre es eine gute Idee, wenn wir Frauen dieses Prinzip in Zukunft übernehmen würden. Anstatt euch komplizierte SMS und telefonische Anweisungen über den Lebensmitteleinkauf, unsere Libido und die Zukunft der gemeinsamen Beziehung zuzumuten, sollten wir euch vielleicht ganz einfach pantomimisch und in Bild und Ton unser Anliegen vortragen. Vielleicht würdet ihr dann endlich einmal richtig zuhören. Nur ganz ehrlich: für jede Bitte an euch, aus dem Supermarkt schnell noch ein paar Tomaten mitzubringen, gleich ein ganzes Video produzieren? Etwas aufwendig wäre das sicherlich schon, aber sicher erfolgversprechend. Kein Wunder, dass ausgerechnet Apple mit dem iPhone 4 die Videotelefonie wieder eingeführt hat …

Wir wollen tippen!

Aber es ist ja nicht nur das Fehlen der nervigen Bedienungsanleitung, was euch anscheinend so gut an Apple gefällt. Fast alle Apple-Geräte zeichnen sich nämlich durch eine weitere (in euren Augen) fabelhaft unkomplizierte Eigenschaft aus: Sie haben nur einen einzigen Knopf! Was daran wirklich gut sein soll, ist zwar schwer nachzuvollziehen, aber gut, ihr mögt es eben schlicht. Rüschen waren noch nie euer Ding und Muster findet ihr selbst auf Krawatten doof. Kein Wunder also eigentlich, dass ihr auf die gradlinigen und knopfarmen iPads derart abfahrt. Mir dagegen (und den meisten anderen Frauen) reicht ein einziger Knopf einfach nicht aus! Ich liebe es, auf den 300.000 Tasten meines Blackberrys E-Mails zu tippen und wild herumzuscrollen, bis der Bildschirm streikt. Je mehr es klickt und klackt, desto besser, denn es gibt in unseren Augen kaum etwas Nervigeres als einen Touchscreen. Abgesehen davon, dass dieser meistens sowieso total eklig verschmiert ist von irgendwelchen Schwitzehänden, gibt es auch kaum etwas Fingernagelunfreundlicheres als einen Touchscreen von Apple! Es klickt und klackt nicht nur nicht, wenn wir irgendetwas auf die digitale Tastatur hämmern, nein, sie reagiert nicht einmal auf unser Bemühen! Als ob Steve Jobs eine zusätzliche Benutzerkontrolle eingeführt hätte: Nur von Männern und Frauen ohne Fingernägel zu benutzen! Danke, sehr freundlich.

Nein, Apple ist und bleibt wohl einfach eine Männermarke. Und das ist ja auch gut so. Wir haben so viele tolle Dinge, die uns glücklich machen: Manolos, Chaneltaschen, die Sommerkollektion von Marc Jacobs und Mangosorbet. Insofern können wir euch ruhig eure iPads gönnen. Wenn nur nicht ..., ja wenn da nur nicht dieser enorme Zeitaufwand wäre ... Als mein Freund zu Hause von seinem Windowsrechner auf einen iMac umgestiegen ist, habe ich ihn sage und schreibe zwei ganze Wochen lang kaum zu Gesicht bekommen. So lange hat es nämlich gedauert, bis der (ja sooo unkomplizierte) iMac sämtliche Dateien, E-Mail-Adressen und Anwendungen vom alten Windows-Betriebssystem importiert hatte. Da halfen leider auch keine fröhlichen Apple-Videos mehr weiter – diese Umstellung war ein echtes Drama (nicht, dass das die Apple-Begeisterung meines Freundes auch nur um einen Deut geschmälert hätte). Zwei Wochen lang gab es kein gemeinsames Abendessen, kein Kuscheln und auch keine sonstigen körperlichen Aktivitäten. Stattdessen zwei Wochen lang Verstecken hinter dem neuen 800.000-Zoll-Bildschirm, unterdrücktes Vor-sich-hin-Fluchen und gaaanz viel APPLE! Besonders gute Laune bekam mein Freund, als meine weiße Flauschekatze bemerkte, dass der Mac-Bildschirm im ausgeschalteten Zustand einen wunderbaren Spiegel darstellte, in dem sie sich selbst bewundern konnte und wo sie gern auch mal an ihrem Spiegelbild mit den Pfoten scharrte. Tja, mein Freund – eigentlich ein ausgemachter Tierfreund – wurde plötzlich selbst zum Tier.

Und da ist er kein Einzelfall: Egal, ob in der Uni, in der S-Bahn oder sogar im Restaurant, überall klammern sich Männer an ihre iPhones. Und wehe, wir Frauen fassen diese einmal falsch an! Oder – Gott bewahre – machen sie aus Versehen kaputt! Na gut, Jungs, ab und zu fliegt uns eben mal ein Handy oder anderes technisches Gerät auf den Boden. Das ist noch lange kein Grund, deswegen gleich den Dritten Weltkrieg auszurufen! Es sind Mobilfunkgeräte und Computer – kein antikes Porzellan, keine Hundewelpen und auch keine Säuglinge! Obwohl man fast ein bisschen den Eindruck bekommen könnte, es wäre so. Ich habe neulich beim Einkaufen einen Vater neben einem Kinderwagen stehen sehen. Das Kind (ganz offensichtlich *sein* Kind) hat gebrüllt wie am Spieß. Das hat den Super-Daddy aber null interessiert, denn er tippte gerade wie wild auf seinem iPhone herum, weil anscheinend irgendeine App nicht richtig funktionierte. Und dieses Problem war offensichtlich wesentlich wichtiger als das heulende Bündel Elend neben ihm. Also, ganz ehrlich, es ist ja schön, dass ihr eine solche Fürsorge entwickeln könnt, aber manchmal übertreibt ihr es echt. Was übrigens eine schöne Überleitung zu einem anderen Kapitel ist: Autos. Diese zwei großen As – Apple und Autos – sind wohl (abgesehen von Frauen) die größten männlichen Leidenschaften unserer Zeit. Ganz lange war das Auto schließlich des deutschen Mannes liebstes Kind, zumindest so lange, bis das iPad kam …

»Das Automobil hat
keine Zukunft,
ich setze aufs Pferd.«
WILHELM II.

4. Autos

Autos – nach Apple-Produkten wahrscheinlich das Größte, was es überhaupt für euch geben kann. Wäre Steve Jobs zu Lebzeiten jemals auf die Idee gekommen, ein Kraftfahrzeug für Apple zu entwickeln und zu produzieren, wäre das für euch wahrscheinlich der Wirklichkeit gewordene Olymp und das Paradies in einem gewesen! Na ja, aber da es ja niemals so weit gekommen ist, tun es die altbewährten BMWs, Golfs und Porsches ja auch ganz gut. Ich bin zur Recherche für dieses Buch einmal samstags in die Autowaschanlage gefahren. Selten habe ich so viele Männer auf einem Haufen mit einer derartigen Hingabe bei einer von euch eigentlich durchaus verhassten Tätigkeit gesehen: beim Putzen!

Wie kann es eigentlich sein, dass ihr schon am simplen feuchten Abwischen eines Esstisches scheitert, andererseits aber die achtzig Speichen eurer doppelt verchromten Aluminiumfelgen mit einer unglaublichen Hingabe auf Hochglanz polieren könnt? Es mag ja sein, dass euch das entspannt, *uns* jedenfalls nicht! Deswegen ein ganz wichtiger Tipp: Freundinnen zum Autoputzen mitzunehmen und zu erwarten, dass sie mit einer extra soften Kinderzahnbürste eure Unterbodenlampen schrubben, das ist keine gute Idee! Es beeindruckt uns einfach nicht, wenn ihr die Samstagvormittage an der Tankstelle verbummelt (außerdem haben samstags die Geschäfte offen – das heißt für uns: Shoppingday!). Und mag eure Karre auch noch so groß, schnell und teuer sein – wenn ihr eine Frau mit zum Autoputzen nehmt, erreicht ihr nur, dass ihr bald noch mehr Zeit für euer Auto habt, denn diese Frau werdet ihr nicht mehr lange haben …

»Hööörst du???«

Dasselbe gilt für übertriebene Automarkenbegeisterung: Eine Bekannte von mir war einmal mit einem Mann zusammen, der absoluter Porsche-Fan war. Bei jeder Fahrt auf der Autobahn brüllte der Typ nach einem Blick in den Rückspiegel regelmäßig: »Aaachtung!!! Hööörst du es??? Hööörst du es???« Meine Bekannte wurde bei der ersten gemeinsamen Autofahrt von dem lauten Geschrei recht unsanft aus ihrem Beifahrerdämmerzustand gerissen, fuhr sofort senkrecht in ihrem Sitz auf und schaute sich ängstlich um – in der Erwartung, im Außenspiegel gleich einen herannahenden voll besetzten Airbus 380, der direkt hinter ihnen notlanden musste und nun auf sie zuraste, oder etwas ähnlich Dramatisches zu entdecken. Als sie nichts dergleichen sehen konnte, fragte meine Bekannte den Mann natürlich, was er denn bitte meine. Bis über beide Ohren strahlend antwortete er: »Da kommt ein POOORSCHE!!!« Tatsächlich fuhr in dem Moment ein weißer Porsche Carrera an ihnen vorbei. Ungefähr sechs Sekunden lang, dann düste er weiter. Das selige Grinsen ihres Begleiters und seine semiprofessionellen Porsche-Weisheiten blieben der verwirrten Beifahrerin allerdings noch deutlich länger erhalten.

Beim ersten Mal fand meine Bekannte diese Begebenheit ja noch ganz amüsant (wenn auch seltsam), als aber sämtliche Fahrten, ob auf der Autobahn, in der Innenstadt oder auch einfach nur das gemeinsame Frühstücken in einem Straßencafé, regelmäßig von dem langgezogenen »Höörst du???« unterbrochen wurden, starb ihre Belustigung ganz schnell ab. Zu allem Übel fuhr der Typ noch nicht mal einen Porsche, sondern einen taubengrauen Renault. Er sammelte Spielzeugautos von Porsche, Porsche-Schlüsselanhänger, sogar Porsche-Bettwäsche. Das Einzige, was er von Porsche nicht besaß, war ein echtes Auto. Nachdem ihr Begleiter sie nachts auf der Landstraße mal wieder mit dem obligatorischen »Höörst du???« aus dem Schlaf gerissen hatte, reichte es meiner Bekannten endlich. Sie empfahl ihm, sich doch endlich einen Porsche zuzulegen oder einfach nur die Klappe zu halten, ließ sich zu Hause absetzen und sah den Typen nie wieder.

Deswegen, Jungs: Schwärmereien sind okay. Und Porsche-Bettwäsche kann auch ihren Charme haben – zumindest wenn ihr zwölf Jahre alt seid ... Danach ist mit Autolabels oder Logos von Fußballvereinen bedruckte Bettwäsche tabu! Das ist für uns aber auch schwer zu verstehen: Wenn eine Frau etwas unbedingt haben möchte, dann spart sie darauf oder versucht, es irgendwie anderweitig zu bekommen. Dieser Typ dagegen gab ein Heidengeld für Fanartikel und geschmacklose Baumwollutensilien aus, aber einen echten Porsche legte er sich nie zu. Eigentlich war das völlig absurd, da er weder schlecht verdiente, noch ein besonders geiziger Mann war. Warum also zum Teufel hat er sich sein Lieblingsauto nicht gekauft? Meines Wissens gibt es die heutzutage sogar auch gebraucht zu kaufen und in Raten zu finanzieren. Und mal ehrlich, ein Mann, der ohne Unterlass von einem Porsche redet und dabei auch noch in einem Porsche sitzt, ist zumindest sexyer als ein Typ, der ohne Unterlass von einem Porsche spricht, dabei aber mit einem taubengrauen Renault herumfährt.

Apropos: Die Wahl eures Autos ist beileibe nicht unwichtig. Auch wir Frauen sehen das so. Das geben wir zwar ungern und normalerweise nur unter Androhung der Verbrennung unserer Lieblingsschuhe zu, aber *natürlich* stehen wir auf Typen mit coolen Autos. Wobei »cool« hier durchaus sehr unterschiedlich verstanden werden kann. Ein tiefergelegter 3er BMW mit Unterbodenlicht und einem Kofferraum voller Subwoofer zum Beispiel ist nicht cool. Ein netter, nicht zu aufgemotzter, sondern klassischer SUV dagegen kann sehr stylish sein. Und genug Platz für Shoppingtüten bietet er auch. Ein cooles Auto muss nicht mal besonders teuer sein. Es sollte nur zu euch passen (gelbe Autos passen zum Beispiel zu keinem Mann auf dieser Welt besonders gut) und es sollte nicht den Mittelpunkt eures Universums darstellen, selbst *wenn* es teuer war. Männer, die tolle Autos fahren und dies ganz selbstverständlich tun, ohne bei jedem Schlagloch gleich einen Heulkrampf zu bekommen, sind sexy! Männer, die einen Anfall bekommen, wenn wir in ihrem Auto einmal ein Himbeereis naschen, gehen gar nicht. Wir Frauen essen eben gern in Autos und ob ihr es glaubt oder nicht: Krümel kann man nach dem Aussteigen wieder aus dem Auto fegen. Es ist also gar nicht notwendig, sich derart aufzuregen, wenn ein paar Sonnenblumenkörner unseres Biobrötchens in den Fußraum eures Wagens fallen. Er geht davon nicht kaputt, ehrlich! Das Einzige, das von eurem Geschrei kaputtgeht, ist die Beziehung zu der hungrigen Frau neben euch, und im Zweifelsfall sollte diese euch doch mehr wert sein als eine krümelfreie Fußmatte …

Alles, nur kein Smart! (für einen Mann)

Dabei ist es aber anscheinend egal, ob ihr ein Auto für fünf- oder für fünfzigtausend Euro fahrt, Essen im Auto ist unverständlicherweise für die meisten von euch ein Graus. Aber wisst ihr, was für uns ein echter Graus ist? Männer in Frauenautos! Als sich einige Designer bei Mercedes Benz zusammensetzten, um das kleinste serienproduzierte Auto der Welt zu kreieren, war es bestimmt nicht ihre Absicht, das Design so richtig knuffig, rund und süß zu machen, damit alle Männer dieser Welt sich sofort in den Wagen verlieben. Nein, ein Smart ist verdammt noch mal ein *Frauenauto*! Und das Gleiche gilt für den Fiat Cinquecento, das SLK Cabrio und die allermeisten Modelle von Mini. Männer, die eines dieser Autos fahren, leiden entweder unter einer irreparablen Geschmacksverirrung, fahren das Auto ihrer Freundin oder sind hoffentlich schwul. Ein 1,80 m großer Mann, der aus einem Smart steigt, kann noch so attraktiv aussehen oder noch so charmant sein, eine Frau, die mit ihm das erste Mal verabredet ist, wird sich trotzdem die ganze Zeit fragen, was bitte mit dem Kerl nicht stimmt. Deswegen: Augen auf beim Autokauf, meine Lieben! Dass das kürzeste Auto der Welt nicht unbedingt für euch designt wurde, könnt ihr euch doch eigentlich sowieso schon denken, denn ja, es stimmt, beim Einparken seid ihr tatsächlich meistens etwas fähiger als wir. Womit wir auch schon beim nächsten und einem, wie ich finde, sehr leidigen Thema wären.

5. Autofahren

Den schlimmsten Aspekt, den das Autofahren zu bieten hat, habe ich ja bereits kurz angesprochen: das Einparken – für die meisten Frauen (mich eingeschlossen) ein Albtraum. Als mich das Männermagazin *GQ* letztes Jahr bat, einen Artikel über meinen persönlichen Mann des Jahres zu schreiben, wusste ich deswegen sofort, wem ich diesen Titel verleihen sollte: meinem persönlichen Einpark-James-Bond natürlich. Wie es dazu kam? Nun ja ...

Es war ein heißer, schwüler Frühsommertag und mitten in der Rushhour. Ich war in der Münchner Innenstadt unterwegs und versuchte seit Minuten, mein Auto in einen absurd engen Parkplatz am Rande einer vielbefahrenen Hauptverkehrsstraße zu manövrieren, und zwar längs *und* rückwärts. Torpediert wurden meine verzweifelten Kurbelversuche von einer Armee aus gefühlten hundert wild hupenden und zum Kampf bereiten männlichen Autofahrern, die bereits mit den Reifen scharrend an meiner Stoßstange klebten. Gut, ich fahre einen Smart und der *ist* klein, ja! Aber dafür hat er eben auch keine Servolenkung und einen breiten Reifenabstand und außerdem habe ich noch dazu nicht den Hauch eines räumlichen Vorstellungsvermögens – es *war* also ein verdammt schwieriges Unterfangen. Mir stand der kalte Schweiß auf der Stirn, denn mittlerweile konnte ich weder in die Parklücke rein, noch wieder raus, sonst hätte ich den Porsche vor mir um ein paar unschöne Streifen reicher gemacht. Und da – inmitten dieser ausweglosen Situation – klopfte plötzlich ein nicht fluchendes, sondern lächelndes männliches Gesicht an meine Scheibe und fragte ganz höflich und gentlemanlike, ob er mir behilflich sein dürfte. Ich war so perplex, dass ich nur nicken, aus dem Wagen aussteigen und meinem Retter fassungslos dabei zusehen konnte, wie er meinen Smart in Sekundenschnelle in die Parklücke manövrierte. Anschließend ist er – immer noch lächelnd (nicht grinsend!) – ausgestiegen, hat mir einen schönen Tag gewünscht und ist wieder zu seinem Wagen zurückgegangen. Und zwar ganz ohne billige Anmache, ohne doofe Frauen-und-Einparken-Sprüche und ohne nerviges Augenrollen. Vorher hatte ich nicht geglaubt, dass es solche Männer gibt, oder wenn, dann nur im britischen Geheimdienst oder in Hollywoodfilmen. Aber es gibt sie! Und dieser ganz besondere Alltagsheld war deswegen mein Mann des Jahres. Vielleicht wollt ihr euch ja an ihm ein Beispiel nehmen, Jungs?

Der Einpark-Horror

Denn, ihr Lieben, glaubt mir: Beim Einparken wird keine Frau dieser Welt durch wildes Hupen zu schnellerem Erfolg kommen! Wir verstehen dieses Hupen nicht als Motivation, vielmehr macht es uns so nervös und hektisch, dass wir nur noch weniger in der Lage sind, unser Auto unfallfrei in die scheinbar immer enger werdende Parklücke zu steuern. Also, lasst das Hupen einfach sein!

Denn Hupen, vor allem schnell und mehrmals hintereinander, ist nicht männlich, sondern einfach nur hysterisch. Und Hysterie ist niemals männlich! Wenn das Gebäude, in dem ihr euch jetzt gerade befindet, plötzlich zu brennen anfängt und einzustürzen droht, dann solltet ihr auch nicht hysterisch mit den Armen rudern und anfangen, in eine Papiertüte zu atmen, sondern cool, ruhig und beherrscht bleiben und erst eure Freundin und dann eventuell zurückbleibende Hundebabys und Designerschuhe aus den Flammen retten. Und genauso ist es auch beim Autofahren ... Nur weil eine Frau (oder möglicherweise gar ein Mann?) vor euch ihr (sein) Auto mal nicht innerhalb von zwanzig Sekunden perfekt in die suppendosengroße Parklücke manövrieren kann, müsst ihr nicht gleich durchdrehen, mit den Fäusten euer Lenkrad malträtieren oder eben im Sekundentakt hupen, bis sämtliche Trommelfelle im Umkreis von 15 Quadratkilometern brüchig werden.

Ganz nebenbei: Glaubt ihr wirklich, dass die Einparkorgie deshalb schneller vorbeigeht? Oder könnte es vielleicht sogar sein, dass ihr die arme Tropfine/den armen Tropf vor euch mit eurem Verhalten noch nervöser macht und der ganze Einparkvorgang sich dadurch um weitere – für euch natürlich überlebenswichtige – Minuten verlängern könnte? Überlegt doch einfach mal, was James Bond in einem solchen Fall tun würde! Er würde entweder den Motor abstellen, das Handy rausholen und das sowieso noch ausstehende Telefonat mit Miss Moneypenny, dem Ministerpräsidenten oder seiner Oma führen und damit der Einparkenden das Gefühl vermitteln, dass keine Eile geboten ist, dass sie sich unbeobachtet fühlen und somit in Ruhe und so stressfrei wie möglich einparken kann. Oder er würde den Motor ausstellen, sich abschnallen, aussteigen, der Lady beim Einparken helfen und ihr anschließend noch ein neues Paar Schuhe kaufen.

Na gut, das mit den Schuhen muss vielleicht nicht unbedingt sein (ein netter Zug wäre es schon!), aber generell kommt Mann mit einem solchen Gentlemanverhalten im Leben immer weiter als mit Hysterie (und wird vielleicht sogar mal zum Mann des Jahres gekürt). Außerdem, wer weiß, vielleicht ist die Einpark-Niete vor euch ja außerhalb des Autos gar keine Niete, sondern eine richtig heiße Blondine? Es sollen sich ja schon etliche Pärchen im Straßenverkehr gefunden haben und eine Frau, der ihr gerade beim Einparken geholfen habt, wird euch sicherlich lieber bei einem Gläschen Prosecco kennenlernen als eine, der ihr gerade das Trommelfell zerstört habt. Also, immer cool bleiben, Jungs, man weiß ja nie, wozu es noch gut sein kann …

Manchmal heißt es einfach nur: Klappe halten!

Aber das Einparken ist nicht das einzige Problem. Fast genauso schlimm und manchmal sogar noch schlimmer ist es, wie ihr euch als Beifahrer aufführt! Wenn ihr neben uns »Aaachtuuung!!!« zu brüllen beginnt, nur weil sich in 800 Metern ein weiteres Auto in Kriechgeschwindigkeit nähert und wir (eurer Einschätzung nach) ein wenig zu nahe an der Gegenfahrbahn kutschieren, dann helft ihr uns mit dieser Überreaktion nicht beim sicheren Autofahren, nein, ihr erschreckt uns einfach nur zu Tode. Wir fahren, haben alles im Griff, das entgegenkommende Auto haben wir schon vor vierzig Sekunden das erste Mal gesehen und sind der Überzeugung, dass alles relaxt und in bester Ordnung ist (was es ja auch tatsächlich ist). Wenn ihr nun also in ohrenbetäubender Lautstärke »Achtung!!!« brüllt, gehen wir davon aus, dass wir entweder gleich ein Bambi überfahren werden, uns von hinten ein lebensmüder Hummerfahrer rammen wird oder der Motor brennt. Dementsprechend reagieren wir panisch und reißen das Lenkrad herum, was dann im Zweifelsfall tatsächlich zu einem Unfall führen kann, obwohl eigentlich keinerlei Gefahr bestanden hat – bis zu eurem Schrei.

Wir sind nämlich gar nicht so doof und unfähig, wie ihr immer denkt. Deswegen könnt ihr ruhig davon ausgehen, dass wir das herannahende Auto, das spielende Kind oder den Porsche Boxter im Rückspiegel genauso wahrnehmen und bemerken wie ihr. Frauen sind darauf trainiert, alles in ihrer Umgebung wahrzunehmen. Wir können das Sale-Schild im Schaufenster, die scharfe Blondine, die neben dem Beifahrerfenster steht (und von euch bereits fixiert wird), und das Auto, das uns gerade an der Kreuzung die Vorfahrt nimmt, registrieren. Und zwar alles gleichzeitig! Und sollte uns doch tatsächlich einmal etwas entgehen, dann könnt ihr uns das ohne Probleme auch anders mitteilen. Nämlich nicht in Bundeswehrlautstärke, sondern ruhig, sachlich und verständlich. Legt ihr uns zum Beispiel sanft (!) eine Hand auf den Oberschenkel und fragt uns mit leiser, freundlicher Stimme, ob wir das blaue (wir nehmen die Farben eines Autos wahr, nicht seine Marke) Auto vorne rechts schon gesehen hätten, werden wir euch sicherlich mit ebenso freundlicher, liebevoller Stimme antworten, dass das noch nicht der Fall war (oder eben doch) und wir euch für eure Hilfe sehr dankbar sind. Wäre das nicht einfach wunderbar?

Und an manche Dinge solltet ihr euch einfach gewöhnen, wenn ihr mit uns Auto fahrt. Meistens fahren wir eben einfach langsamer als ihr (kein Grund, sich aufzuregen oder sogar zu schreien), so schonen wir die Umwelt und unsere Nerven und sparen sogar noch Benzin. Dagegen könnt ihr doch eigentlich gar nichts haben! Auch unser Musikgeschmack während der Autofahrt muss euch doch nicht gleich in den Wahnsinn treiben. Dann hört ihr euch eben mal zwanzig Minuten lang Eros Ramazzotti an, dafür werdet ihr im Gegenzug zu eurem Lieblingsitaliener kutschiert und dürft dort massig Rotwein trinken, denn ihr müsst ja nicht fahren. Und – gebt es ruhig einmal zu – nach zwei, drei Gläsern Rotwein findet ihr Eros' Musik auch gar nicht mehr so schlecht. Pure Harmonie, ein schönes Auto und eine Frau am Steuer? Vielleicht ist das ja gar nicht so unmöglich, wie ihr immer denkt ...

»Wer nicht mehr liebt
und nicht mehr irrt,
der lasse sich begraben.«
JOHANN WOLFGANG
VON GOETHE

6. Liebe

Liebe ist wohl *das* zentrale Thema der Film- und Musikgeschichte. Gibt man das Wort bei Google ein, erhält man über fünfzig Millionen Treffer. Trotzdem bringen immer noch viel zu viele von euch Männern die drei Worte »Ich liebe dich« nicht heraus.

Ich hatte einmal einen guten Freund, ich nenne ihn hier einmal Hans, der sogar so große Angst vor diesen Worten hatte, dass er immer anfing zu stottern, wenn er eine Liebeserklärung machen wollte. Allerdings kam das auch nicht sehr oft vor. Wir waren fast vier Jahre lang eng befreundet und in dieser Zeit wollte er ganzen zwei Frauen seine Liebe gestehen. Was ja sehr für ihn sprach, da er nur dann seine Liebe ausdrücken wollte, wenn er auch tatsächlich so empfand. Allerdings schaffte er dies, wie gesagt, nicht mal dann, *wenn* er es *wollte*. Hans war damals verliebt in eine Simone und er war fest entschlossen, ihr dies auch nach fünf Monaten Beziehung endlich einmal zu sagen. Er kaufte sogar Blumen, köpfte eine Flasche Rosé Brut (meine Idee), rasierte sich extra sorgfältig das Gesicht und zog ein schwarzes Hemd an, das ihm besonders gut stand (wieder meine Idee). Simone freute sich natürlich sehr, als er sie so abends in seiner Wohnung empfing und sogar ganz gegen seine sonstigen Gewohnheiten Kerzen angezündet (auch meine Idee) und eine Packung Kleenex bereit gelegt hatte (nicht meine Idee) und romantische Musik laufen ließ.

Es lief alles wie am Schnürchen. Sie küssten sich, liebten sich, schlürften danach zusammen glücklich den eisgekühlten Brut, sahen sich tief in die Augen und dann ... Na ja, *dann* wollte Hans eigentlich seine große Liebeserklärung machen, doch statt der sorgsam vorbereiteten Worte kam nur ein unverständliches und ziemlich peinliches Gurgeln aus seiner Kehle. Kurzum, die ganze Romantik war im Eimer. Simone hatte natürlich längst geahnt, dass Hans ihr heute seine Liebe gestehen wollte. Und dass er es nun, während er in ihre Augen blickte und bis vor ein paar Minuten noch in ihr drin gesteckt hatte, nicht fertig brachte, verletzte sie sehr. Sie interpretierte sein Gurgeln so, dass er sie in Wahrheit eigentlich nicht aufrichtig liebte und die Worte deshalb nicht aussprechen konnte. Da sie ihn aber wiederum tatsächlich sehr liebte, konnte sie diesen in ihren Augen so aufschlussreichen Augenblick nicht ertragen und sprang umgehend aus dem Bett, suchte hektisch ihre Sachen zusammen, zog sich an und verließ nicht nur Hans' Wohnung, sondern ihn selbst gleich mit. Dabei liebte der arme Tropf sie doch wirklich, aber irgendetwas in ihm verhinderte, dass er dies auch tatsächlich endlich mal aussprach.

Nachdem sich Hans von diesem Trauma erholt hatte und zwei Jahre später eine andere Frau, Fabienne, kennenlernte, ging das ganze Spiel leider wieder von vorn los. Obwohl wir die drei Worte diesmal gemeinsam vor dem Spiegel übten, Hans sogar mit einem Tischtennisball im Mund, denn ich wollte ausschließen, dass es irgendetwas Logopädisches war, was ihn hinderte (zugegebenermaßen war es so auch lustiger). Außerdem dachte ich mir, dass es ihm dann in der echten Situation ohne Tischtennisball im Mund viel leichter fallen würde, die Worte zu sagen. War aber leider nicht so.

Diesmal wollte er Fabienne bei einem Wochenendtrip nach Paris auf dem Eiffelturm seine Liebe gestehen. Ich machte mir gleich Sorgen, dass dieser romantische Overkill seine alten Blockaden wieder auslösen könnte, aber er wollte es eben unbedingt so. Sicherheitshalber hatten wir auch das französische »Ich liebe dich« einstudiert, aber auch das half nichts. Auf der obersten Plattform des Eiffelturms küssten sich die beiden, sahen sich tief in die Augen – und dann wieder das Gurgeln. Fabienne bewies zwar etwas mehr Humor als Simone, sie lachte die Peinlichkeit einfach weg. Allerdings funktionierte das nur bei ihr. Hans dagegen wurde durch ihr Gelächter nur noch panischer und versuchte es mit dem französischen »Je t'aime«. Als das auch nicht ging, sondern nur wieder ein Gurgeln aus seinem Mund drang, versuchte er es nacheinander noch in alter Carpendale-Manier auf Italienisch (Ti amo) und dann auf Englisch (I love you) beziehungsweise Amerikanisch (Luv ya). Allerdings nur in seinem Kopf, aus seinem Mund kam nach wie vor nur das Gurgeln. Fabienne stürzte sich daraufhin aber nicht vom Eiffelturm (vielleicht hatte sie auch gar nicht kapiert, was Hans ihr die ganze Zeit zu sagen versucht hatte, sondern das Ganze nur für eine lustige Showeinlage gehalten), sondern die beiden machten sich noch zwei schöne Tage in Paris. Wobei Hans das Thema natürlich nicht mehr aus dem Kopf ging, denn früher oder später wollte er Fabienne natürlich seine Liebe gestehen.

Meinem Vorschlag, ihr doch einfach einen Brief zu schreiben, kam er jedoch nicht nach, denn er wollte sein Sprachtrauma unbedingt überwinden. Was er aber natürlich nicht tat. Bis zu dem schicksalhaften Tag, an dem Fabienne, die wohl keine Lust hatte, länger auf seine Initiative zu warten, Hans selbst ihre Liebe gestand. Die beiden waren in einem romantischen Restaurant essen und kurz vor dem Dessert (Mousse au Chocolat) sprach sie schlicht und einfach die drei Worte. »Ich liebe dich«, säuselte sie sehr verliebt und blickte Hans unter langen Wimpern an. Woraufhin dieser natürlich augenblicklich wieder in Panik geriet und gerade noch ein halb gegurgeltes »Danke« herausbringen konnte. Dann tat Fabienne etwas, wofür ich sie sehr bewundere, denn ich an ihrer Stelle hätte Hans mein Mousse au Chocolat ins Gesicht geklatscht und das Restaurant verlassen. Sie allerdings lächelte nur und aß einfach ihr Dessert auf. Richtig gut fand sie die Situation aber anscheinend auch nicht, denn drei Wochen später trennte sie sich von Hans, da sie sich nach »mehr Gefühl« sehnte, wie er mir am nächsten Tag traurig berichtete. Allerdings lag Fabienne mit dieser Einschätzung nicht ganz richtig, ich glaube nicht, dass es Hans an Gefühlen mangelte. Es mangelte ihm nur an der Fähigkeit, diese Gefühle in Worte umzuwandeln. Leider haben Hans und ich uns heute aus den Augen verloren und deshalb weiß ich nicht, ob er mittlerweile den Frauen, die er liebt, sagen kann, dass er dies tut. Ich hoffe es zumindest sehr für ihn, denn er war eigentlich immer ein sehr eloquenter und offener Typ und das ist er bestimmt auch heute noch.

»Ich find dich auch ganz nett!«

Wenn aber selbst ein so sprachgewandter Typ wie Hans bei dem Wort »Liebe« zu einem unkontrollierten Gurgler wird, wie soll dann erst ein weniger sprachmächtiger Mann romantische Liebeserklärungen machen können? Irgendwie entwickeln sowieso viele von euch eine temporäre Sprachstörung, wenn es um Liebesgeständnisse geht. Dabei ist an dem Satz »Ich liebe dich« wahrlich noch keiner gestorben. Allerdings besteht natürlich nach diesem Satz die Möglichkeit, dass ihr verwundet werdet. Denn wenn die Frau, um die es geht, nicht so empfindet und das dann auch noch durch betretenes Schweigen oder ein »Du, ich find dich auch echt supernett!« zum Ausdruck bringt, ist das natürlich in diesem Moment für euch erst mal unglaublich schmerzhaft. Allerdings wäre es auf der anderen Seite auch nicht allzu schwer, vorher schon mal auszukundschaften, ob die Frau eures Herzens überhaupt so etwas wie Liebe für euch empfindet.

Einige Anzeichen könnt ihr zum Beispiel im Kapitel »Manolo-Männer« nachlesen (beobachtet sie euch zum Beispiel heimlich im Schlaf?). Die Worte »Ich liebe dich« solltet ihr sowieso nur benutzen, wenn ihr euch ganz sicher seid, dass ihr das auch wirklich tut. Sagt ihr sie jedem x-beliebigen dreiwöchigen Flirt, verlieren sie ihre Bedeutung schneller, als ihr euren Mund überhaupt öffnen könnt. Und das große L-Wort als Sexgaranten einzusetzen geht wirklich auch gar nicht! Eine Frau mit dem Satz »Ich liebe dich!« ins Bett zu manövrieren und anschließend wieder heraus, und zwar ohne Umweg über eine ernst gemeinte Beziehung, das ist nicht nur stillos, sondern es handelt euch auch überflüssigen Ärger ein. Blockierte Telefonleitungen, zerkratzte Kotflügel und und und …

Liebe trotz Mundgeruch

Zudem ist es nicht nötig, denn es gibt genug Frauen, die auch ohne Beziehung ab und zu gern mal mit einem Mann ins Bett gehen. Wenn ein Mann von einer Frau nur Sex will (oder umgekehrt), ist dagegen grundsätzlich nichts zu sagen (in manchen Abschnitten unseres Lebens sind wir für solche Männer sogar sehr dankbar), aber diese Absicht nicht vorher zu erklären, das ist alles andere als charmant. Ich bin garantiert kein Moralapostel oder Wertefanatiker, aber mit Liebe zu spielen finde ich trotzdem ätzend. Denn spätestens wenn ihr das erste Mal eine Frau wirklich liebt, werdet ihr die bisherigen Situationen bereuen, bei denen ihr Frauen etwas von der großen Liebe vorgespielt habt. Und das Schöne ist – jeder von uns verliebt sich irgendwann einmal! Allerdings wäre ich immer vorsichtig und würde Verliebtsein nicht mit Liebe gleichsetzen. Sich zu verlieben ist erst einmal eine Vorstufe zum wahren Lieben, denn ich glaube nicht, dass ihr nach drei Wochen schon wissen könnt, ob ihr eine Frau von ganzem Herzen liebt oder nicht. Um jemanden wirklich zu lieben, müssen wir die Person wirklich kennen und das heißt, nicht nur die tollen, positiven Seiten, die wir zu Beginn wahrnehmen. Wenn ich zum Beispiel morgens neben einem Mann aufwache, mich zu ihm umdrehe und mir erst einmal eine Welle morgendlichen Mundgeruchs entgegenschwappt, ich aber trotzdem glücklich bin, ihn zu sehen, und mich freue, dass er da ist, also da könnte dann an der Liebe zu ihm schon was dran sein …

Wir lieben nämlich auch die Fehler oder Schwächen eines Menschen, so wie wir umgekehrt auch hoffen, dass der geliebte Mann auch unsere Schwächen liebt. Ich kenne ein paar Männer, die immer nur nach der perfekten Frau suchen. Sie muss die idealen Brüste haben, immer duftende Haare, schöne Füße, einen kleinen Hintern, darf nicht zickig sein, aber auch nicht zu langweilig, sollte kochen können, aber nicht zu viel essen, keine Haustiere besitzen und pokern können, aber sich nicht zu männlich geben, perfekte Haut haben, aber nicht zu viel Make-up benutzen, eine Granate im Bett sein, aber nicht mit zu vielen Männern geschlafen haben, erfolgreich im Job sein, aber nicht mehr Geld verdienen der Mann, gebildet sein, aber nicht altklug, und am besten niemals Alkohol trinken, aber ein perfektes Bier zapfen können. Und selbst wenn es eine Frau gäbe, die all diese Anforderungen erfüllen sollte, werden diese Männer dennoch etwas an ihr finden, das ihnen nicht passt, zum Beispiel, dass ihre Schneidezähne zu breit sind oder so. Aber wenn man jemanden nur lieben kann, wenn er keine Fehler hat, dann kann man ihn in Wirklichkeit gar nicht lieben.

Ich glaube, diese Männer – und einige von euch werden mit Sicherheit dazugehören – finden einfach an jeder Frau Fehler, weil sie welche finden *wollen*. Sonst könnten sie sich ja ernsthaft verlieben und dann würde die Frau vielleicht Fehler an *ihnen* finden. Und das ist die eigentliche Angst, die hinter diesem Verhalten steckt. Gerade Menschen, die äußerlich ein perfektes Bild abgeben, haben oftmals extreme Angst davor, dass sie dieses Bild zerstören könnten, wenn sie jemanden so nah an sich heranlassen, dass plötzlich auch die weniger perfekten Seiten zutage treten. Warum sind denn so viele tolle Hollywoodstars Dauersingles? Weil sie Angst haben, einmal den Falschen zu nah an sich heranzulassen und dann drei Tage später in der Zeitung zu lesen, dass sie nachts eine Beißschiene tragen müssen, gern in der Nase popeln oder am liebsten Leberwurst ohne Brot essen.

Das passiert ja auch hin und wieder, denn natürlich lassen wir manchmal die falschen Personen in unser Leben und das kann dann böse Konsequenzen haben, nicht nur für Hollywoodstars.

Aber selbst wenn es uns einmal passieren sollte, dass wir jemanden in unser Leben holen und zu lieben beginnen, der dies gar nicht wert ist und der unsere Gefühle mit Füßen tritt, dann ist dies trotzdem kein Grund, dass wir fortan alle anderen Menschen, die uns nichts Böses wollen, sondern uns wirklich aufrichtig lieben möchten, aus unserem Leben ausschließen. Denn einen Menschen zu lieben und mit ihm das Leben zu teilen ist einfach etwas so unglaublich Schönes, dass es sich auch lohnt, dafür ab und zu Risiken einzugehen. Selbst wenn ihr unglaublich harte, coole Kerle seid. Oder ... sogar gerade dann!

Piep, piep, piep – ich hab dich lieb!

So kitschig es auch klingen mag: Keiner von euch kann ohne Liebe leben oder glücklich sein. Und deswegen, meine Jungs, lohnt es sich auch allen Enttäuschungen zum Trotz, der Frau, die ihr liebt, zu sagen, dass es so ist. Viele, die sich nicht richtig trauen, die großen Worte zu benutzen, lösen das ja auch mit einem Zwischenschritt und teilen der Frau mit, dass sie sie lieb haben. Ich finde, das ist eine Zeit lang auch okay und ihr könnt das ruhig so machen. Es kommt einem am Anfang einfach leichter über die Zunge. Langfristig allerdings könnte ein bisschen mehr Leidenschaft nicht schaden. »Lieb« haben wir schließlich auch unsere Zwergkaninchen und Teddybären. Die eine Frau aber, für die euer Herz entflammt ist, die *liebt* ihr einfach, und zwar mehr als eure Kuscheltiere aus der Kindheit. Und deswegen ist »lieb haben« hier nicht unbedingt der romantische Superburner, wenn ihr versteht, was ich meine. Ihr müsst ja nicht gleich den Minnesänger machen (ihr habt wirklich einen Vorteil, dass ihr heute lebt und nicht im Mittelalter), Kai Pflaume anrufen oder Flugzeuge mit Botschaften in den Himmel schicken (das war vielleicht in den Neunzigern mal cool), ihr müsst uns Frauen einfach nur ganz ehrlich sagen, was ihr fühlt. Und wenn es wirklich Liebe ist, dann macht ihr damit nicht nur uns, sondern auch euch selbst glücklich.

Und natürlich müsst ihr uns auch nicht achtzig Mal am Tag versichern, wie sehr ihr uns doch liebt. Wenn man es zu oft sagt, selbst wenn es immer an dieselbe Frau gerichtet ist, wertet man die Worte nämlich auch ab. Manche Menschen sagen sich jeden Tag am Telefon, dass sie sich lieben, meistens am Ende eines Gesprächs, und andere sagen es sich vielleicht nur einmal im Monat. Ich glaube, das kommt auch darauf an, wie wir aufgewachsen sind und was wir so von unseren Eltern mitbekommen haben. In manchen Familien ist es ganz normal, sich regelmäßig zu sagen, dass man sich liebt oder lieb hat, und in anderen würde man eher verdorbenen Wackelpudding essen, bevor man sich zu solchen Gefühlsbekundungen hinreißen lässt. Ich persönlich finde es schön, wenn man sich regelmäßig sagt, dass man einander wichtig ist, aber das ist Geschmackssache. Im Endeffekt ist es auch völlig egal, wie oft ihr einer Frau sagt, dass ihr sie liebt. Das einzig Wichtige ist, dass ihr es auch so meint.

7. Schnupfen, Halsschmerzen und andere tödliche Krankheiten

Ich gebe zu, dass der folgende Spruch nicht unbedingt der neueste ist, allerdings ist er auch mindestens so wahr wie alt. Wenn nur Männer Kinder kriegen könnten, wäre die Menschheit schneller ausgestorben, als Giovanni Trapattoni den Satz »Ich habe fertig!« auch nur denken könnte.

Mit dem Schmerzen-Ertragen haben es die meisten von euch einfach nicht so. Da wird ein simpler Schnupfen zur fiebrigen Angina (und das, obwohl das Fieberthermometer konsequent 37,1 Grad anzeigt) und eine kleine Brandblase am Finger führt dazu, dass ihr den ganzen Tag lang auf der Couch liegen müsst und alle dreißig Minuten nach neuem Eiswasser brüllt. Und dabei leidet ihr so gekonnt wie ein Serienschauspielopfer bei *Grey's Anatomy*, das gerade mit einem Kopfschuss, acht gebrochenen Rippen und einer gequetschten Leber eingeliefert wurde, nur noch etwas dramatischer. Hach ja, Jungs, so ungern ihr es auch hört, aber die eindeutige Mehrheit von euch (und ich spreche hier nicht von den Mitgliedern der US-Eliteeinheit Special Forces) ist einfach wehleidig!

Das richtige Maß

Na ja, ich gebe zu, bisweilen finden wir das nicht einmal allzu schlimm. Ab und zu bemuttern wir euch durchaus ganz gern und finden eure Hilflosigkeit in Anbetracht eines leicht eingeschnittenen Fingers sogar süß. Das Problem ist nur, dass ihr dazu neigt, unser Verständnis und unsere Hilfsbereitschaft bis aufs Letzte auszureizen. Bringen wir euch für euren Husten einen heißen Tee mit Honig, interpretiert ihr das als den Beginn eines 24-Stunden-all-inclusive-Versorgungsservice samt selbst gekochter Hühnersuppe (obwohl die von eurer Mama ja *viieel* besser ist) und einem kleinen Aufmunterungs-Strip zwischendurch. Daran erkennen wir übrigens auch, wie schlecht es euch *wirklich* geht. Seid ihr so hinüber, dass ihr keinen Sex mehr wollt, müssen wir beginnen, uns wirklich Sorgen zu machen und eure Krankheit tatsächlich ernst zu nehmen. Leidet ihr hingegen scheinbar wie ein Hund und könnt euch vor Schmerzen kaum rühren, bekommt aber beim Anblick unseres Hinterns sofort leuchtende Augen und fangt an zu grapschen, dann simuliert ihr höchstwahrscheinlich und wir können ohne schlechtes Gewissen unseren sonstigen Pflichten nachgehen und müssen nicht sämtliche unserer verbliebenen Kräfte darauf verwenden, euch zu einem Arzt zu zerren. Womit wir auch schon beim nächsten Punkt wären.

Der Arztbesuch oder – in euren Augen – die Stippvisite in der Hölle

Was um Himmels willen ist für euch so unglaublich schlimm daran, einen Arzt aufzusuchen? Als ich meinem Freund diese Frage stellte, hat er mir geantwortet, dass er genauso ungern zum Arzt gehe, wie er andere Menschen nach dem Weg frage. Er sei eben nicht gern auf die Hilfe von anderen angewiesen und helfe sich lieber allein. Das habe ich durchaus verstanden. Akustisch. Aber nachvollziehen kann ich es nicht. Wenn wir Frauen einen Weg nicht finden, dann fragen wir nach, um ans Ziel zu kommen, und wenn wir eine Grippe haben, dann gehen wir eben zum Arzt. Ich meine, sich bei Zahnschmerzen selbst zu helfen, Unmengen an Schmerztabletten einzuwerfen und zu hoffen, dass der Zahn irgendwann von ganz allein wieder aufhört zu pochen, das ist ja nun nicht der ganz große Plan. Mag sein, dass er ab und an sogar einmal aufgeht, aber auf Dauer ist das Risiko hier ganz schön groß. Was vor einem Jahr noch eine simple Zahnsteinentfernung gewesen wäre, ist dann vielleicht schon ein mittleres Kariesschlachtfeld, das nur durch stundenlanges intensives Bohren repariert werden kann.

Kein Wunder, dass ihr solchen Bammel vor Arztbesuchen habt, wenn ihr diese immer so weit hinausschiebt, dass es sich gleich ums Schlimmste handeln muss. Denn wenn ihr euch dann endlich einmal aufraffen könnt und tatsächlich einen Fachmann aufsucht, weil ihr einfach keinen anderen Ausweg mehr seht, ist es meistens so schlimm, dass selbst Unmengen an Aspirin nicht mehr helfen.

Dabei muss es gar nicht so weit kommen. Denn ihr seid doch keine wandelnden Landkarten! Selbst Navigationsgeräte liegen manchmal falsch und nach dem Weg zu fragen ist in einigen Fällen einfach die sinnvollste, erfolgversprechendste, logischste und somit auch männlichste Option. Und das Gleiche gilt auch für das Thema Arztbesuch. Ihr habt nun mal nicht alle Medizin studiert, wie solltet ihr denn da sämtliche Beschwerden, egal, ob offene Zahnhälse oder verstopfte Arterien, selbst richtig diagnostizieren können? Das verlangt kein Mensch von euch und wir schon gar nicht. Im Gegenteil: Es ist männlich (ein Synonym dafür ist »sexy«), wenn ihr in der Lage seid, für euch selbst Verantwortung zu übernehmen, und ohne große Dramen, Diskussionen und Streitereien zum Arzt geht, wenn ihr ihn braucht. Es ist okay, wenn Kinder diese Notwendigkeit noch nicht erkennen können, aber jeder Mann mit eigenem Bartwuchs, eigenem Auto und vor allem eigener Krankenversicherung sollte doch dazu in der Lage sein! Wie wollt ihr uns denn bitte das Gefühl geben, dass wir bei euch sicher aufgehoben sind und ihr auf uns aufpasst, wenn ihr das nicht mal für euch selbst schafft? Unselbstständigkeit ist unsexy. Aber Unselbstständigkeit bedeutet nicht, dass ihr euren Magen-Darm-Infekt nicht selbst heilen könnt. Unselbstständig ist ein Mann dann, wenn man ihn zu allem, was ganz offensichtlich richtig, wichtig und gut für ihn ist, zwingen muss! Also auch mal zum Arzt zu gehen, wenn er drei Tage am Stück nur über der Schüssel hängt und keinen geraden Satz mehr herausbringt. Selbstständig wärt ihr, wenn ihr diese Notwendigkeit selbst erkennen und uns dann bitten würdet, euch zum Arzt zu fahren, denn Hilfe anzunehmen hat nichts mit Unselbstständigkeit zu tun!

Das heißt jetzt nicht, dass ihr wegen jedem Schnupfen gleich zum Arzt rennen sollt – das wäre dann wieder das andere Extrem. Aber es gibt nun mal ernste Situationen – und wenn ihr ganz ehrlich seid, wisst ihr meistens schon selbst, welche das sind und welche nicht – da ist es einfach clever, sich helfen zu lassen. Und zwar nicht nur von eurer Freundin, die euch den ganzen Tag mit Tempos und Schmerzmitteln hinterherrennt, sondern von einem Arzt. Ich garantiere euch: Eure Freundin wird danach richtig stolz auf euch sein und beim nächsten Schnupfen ganz sicher umso lieber den Entertainer für euch spielen, denn dann weiß sie ja: Wenn's ganz ernst wird, übernehmt ihr schon wieder selbst die Verantwortung. Und zwischendurch kann so ein kleines Bemutterungs-Verwöhn-Programm ja auch mal nicht schaden …

8. Was uns wehtut (und zwar wirklich)

Im Endeffekt könnt ihr euch, was Arztbesuche und Schmerzen angeht, ja auch wirklich nicht beklagen. Denn welcher Mann geht bitte schon zweimal im Jahr zum Urologen? So gut wie keiner! Die meisten von euch waren wahrscheinlich sogar noch nie dort. Das können wir Frauen von unseren Besuchen beim Gynäkologen nun nicht gerade behaupten. Spaß machen die uns allerdings auch nicht. Ihr wollt zu Recht gar nicht wissen, was für ein bescheuertes Gefühl es ist, auf so einem Spreizstuhl zu sitzen und darauf zu warten, dass unsere Eingeweide abgetastet und beultraschallt werden. Nein, das macht wirklich keinen Spaß, aber wir wissen nun mal, dass es notwendig ist, und deshalb lassen wir es eben über uns ergehen. Genauso wie die Tatsache, dass wir jeden Monat eine Woche lang Schmerzen haben und uns so elend fühlen wie ein aufgeblähter Mickey-Mouse-Ballon. Auch *das* macht keinen Spaß, aber es ist umso schlimmer, wenn wir von nörgelnden Männern umgeben sind, die bei jeder nicht ganz so zwitschernd und strahlend vorgebrachten Antwort unsererseits gleich »Hast du denn *schon wieder* deine Tage?« fragen.

Eine schmerzhafte Angelegenheit

Okay, es mag sein, dass wir in diesen gewissen Tagen etwas neben der Spur und, ja, manchmal vielleicht etwas zickig sind. Aber das liegt nicht an uns, das ist Teil der weiblichen Biologie und wir können nichts dafür, dass die Natur uns einen Hormonzyklus gegeben hat, und wir können auch nichts dafür, dass dieser gewissen Schwankungen unterliegt! Wenn wir uns in besagten Tagen eben mal sehr gut, plötzlich wieder schlecht und ab und zu ganz katastrophal fühlen, dann liegt das nicht daran, dass wir euch ärgern wollen, und wir haben auch keinen Schnupfen, den wir zu einer mittelschweren Grippeepidemie aufblasen, nein, wir haben *wirklich* Schmerzen!

Ich kann sogar verstehen, dass ihr das nicht nachvollziehen könnt – wie solltet ihr auch, schließlich ereilt *euch* nicht jeden Monat dieses Schicksal! Aber dann glaubt es uns doch bitte einfach: Es tut wirklich weh, wenn man seine Tage hat! Ihr könnt die Art der Schmerzen am besten dadurch nachvollziehen, dass ihr versucht, euch vorzustellen, jemand würde einen Teil von eurem inneren Unterbauch nehmen und so lange auseinanderziehen, bis er fast reißt. Dann nimmt jemand ein Messer und schneidet diesen fast reißenden Teil der Länge nach auf. Ganz langsam. Könnt ihr euch denken, dass sich das ziemlich mies anfühlt? Es ist natürlich nicht bei jeder Frau gleich schlimm, aber schön ist es für keine. Umso fabelhafter wäre es, wenn ihr in dieser Zeit einfach keine blöden Sprüche abdrücken würdet, sondern euch einfach ein paar Tage zusammenreißt und euch sagt, dass diese Sache auch wieder vorbeigeht, denn das tut sie ja glücklicherweise.

Wir sichern den Fortbestand der Menschheit, und zwar jeden Monat!

Natürlich kann es auch mal passieren, dass wir uns euch gegenüber ungerecht verhalten und wir die Auswirkungen der Achterbahnfahrt unserer Hormone direkt an euch auslassen. Das tut uns dann auch leid. Nicht unbedingt in diesem Moment, aber später ganz sicher. Dieses Dilemma könntet ihr aber auch unglaublich gut entschärfen, indem ihr auf unsere temporäre Zickigkeit einfach mit Gelassenheit reagiert und uns zeigt, dass ihr Verständnis für uns, unsere Schmerzen und unsere Hormone habt. Schließlich hat dieser ganze weibliche Zyklus nur einen Sinn und Zweck, und zwar den Fortbestand der Menschheit zu sichern. Das klingt jetzt ziemlich hochtrabend, aber wenn ihr mal genauer darüber nachdenkt, ist es eigentlich genau das. Und vielleicht kann sich das der eine oder andere von euch noch nicht vorstellen, aber irgendwann kommen die meisten in ein Alter, in dem sie ihre Gene doch gern einmal durch Fortpflanzung gesichert hätten, sprich einen Nachfahren, ein Kind zeugen wollen. Und ohne weibliche Hormone wäre dies schlicht und einfach nicht möglich. Deswegen ist es eigentlich auch nur in eurem Sinne, wenn ihr die Launen und Beschwerden eurer Freundin einmal im Monat mit Würde und Mitgefühl ertragt. Das sichert nicht nur die weitere Existenz unserer Art, sondern auch das Überleben eurer eigenen, ganz speziellen Gene. Ich meine, es wäre doch auch schade drum, oder nicht?

9. Fußball (versus …)

Es war Sommer. Es war heiß. Meine beste Freundin und ich waren gerade in einem fantastischen Hotel im Süden angekommen und ich konnte es kaum erwarten, den ersten kühlen Drink an der Strandbar zu nehmen und mir die verschwitzten Beachvolleyballer etwas näher anzusehen – immerhin lagen 14 fabelhafte Urlaubstage vor uns und ich war Single!

Doch als wir unser geräumiges Doppelzimmer gerade betreten hatten und ich schon schwungvoll meinen Koffer auf dem Bett ausleerte und nach meinem azurblauen Strandminikleid fahndete, setzte meine zauberhafte beste Freundin sich mit einem Seufzer in den Fernsehsessel, grapschte sich die Fernbedienung und stellte mit einem weiteren und diesmal sehr erleichterten Seufzer fest, dass wir ARD empfangen konnten. »Heute ist nämlich Bundesligaauftakt!«, erklärte sie mir in einem Tonfall, als würde sie erwarten, dass ich auf diese Worte irgendetwas anderes sagen würde als einfach nur »Na und?«.

Da ich den Ernst der Lage noch nicht erkannt hatte und gerade mein Make-up auffrischte, erklärte sie mir daraufhin, dass sie das auf gar keinen Fall verpassen dürfe, weil nämlich heute gleich der FC Bayern gegen FC Schalke spielen würde. Woraufhin ich mir meinen Lipgloss vor Schreck bis zur Nase schmierte.

Gut, es scheint tatsächlich so zu sein, dass auch ein ganz geringer Prozentsatz des weiblichen Geschlechts etwas mit Fußball anfangen kann. Und dass ich mit einem Teil dieser Minderheit auch noch überaus eng befreundet bin. Aber so einig, wie ich mir mit meiner besten Freundin bin, wenn es um Schuhe, Männer und die richtige Prosecco-Marke geht, so wenig kann ich ihre Leidenschaft für Fußball nachvollziehen. Und, mal ehrlich, wenn ich hierbei schon meine beste Freundin nicht verstehen kann, wie soll ich dann erst euch verstehen?

22 schwitzende, verdreckte und vermutlich schwer müffelnde Männer (also, ich brauche ja kein Geruchsfernsehen) hetzen einem Lederball hinterher, als wäre er nicht nur der Schlüssel zu einer ewig währenden Bierflatrate, sondern würde auch noch 33 Playboy-Häschen plus deren 66 Brustimplantate verkörpern. Anders kann ich es mir zumindest nicht erklären, dass ein so unspektakuläres Stück Leder eine solch spektakuläre Wirkung auf erwachsene, mündige Männer haben kann. Und das, obwohl ihr doch normalerweise nicht gerade in der Lage seid, euch für *tatsächlich* fabelhafte Lederprodukte wie Schuhe oder Handtaschen zu begeistern. Was also ist bitte an diesem Ball so unglaublich sensationell, dass ihr den gesamten Samstag vor der Glotze hängen müsst, um ebendiesen zu beobachten? Wobei »beobachten« ja noch ein viel zu zivilisiertes Wort für das ist, *was* ihr da tut. Sobald Männer Fußball schauen, meinen sie nämlich, der Fernseher hätte über Nacht plötzlich ein neues kommunikatives Funktions-Feature dazubekommen, dank dessen sie nun mit den Spielern auf dem Bildschirm direkt kommunizieren können. Aber nein, Jungs, sie können euch nicht hören!

Und wenn Podolski nach eurem 8000 Dezibel starken »Gib ihn aaaaaab!« den Ball tatsächlich an Schweinsteiger abspielt, dann nicht, weil er eure Stimme per Satellit vernommen hat, sondern weil es schlicht und einfach sein Job ist, in diesem Moment den Ball weiterzugeben. Ich war mal mit einem Mann zusammen, der jedes Mal, wenn irgendeiner auf dem Spielfeld den Ball auch nur in Tor*nähe* geschossen hat, lauthals »Tooor! Der geht rein, der geht reiiin!« gebrüllt hat. Und in den zwei von elf Fällen, in denen der Ball tatsächlich reinging, grinste er so breit wie ein Kleinkind, das das erste Mal in seinem Leben auf dem Topf gewesen ist, ohne danebenzupieseln, und verkündete stolz, dass er eben ein untrügbares Gespür für Fußball hätte. In den anderen neun Fällen war übrigens jedes Mal Mario Gomez schuld. By the way, warum hassen den eigentlich alle Männer, die ich kenne? Weil er einer der wenigen Fußballspieler ist, der nicht so aussieht, als wäre er als Dreijähriger gegen eine Mauer aus Stahlbeton gerannt? Lasst uns Mädels doch auch mal unseren Spaß ...

Also, wenn wir uns schon dazu durchringen, einmal mit euch gemeinsam 95 Minuten unseres kostbaren Lebens (die wir wohlgemerkt auch mit Telefonieren oder Schuhekaufen verbringen könnten) für euch und eure Interessen zu opfern, und gemeinsam mit euch ein Spiel anschauen, dann lasst uns doch auch bitte unsere Meinung kundtun! Und wenn diese Meinung eben darin besteht, dass wir Schweini lieber mögen, wenn er kein Trikot trägt, und dass Mesut Özil wirklich schöne Waden hat, dann regt euch doch nicht gleich immer so auf! Sooo nervig kann das jetzt auch nicht sein. Ich glaube ja eher, dass euch diese Kommentare deswegen so aggressiv machen, weil ihr eure geliebten Ballhelden dann plötzlich als eure Konkurrenten sehen müsst, die im Zweifelsfall vielleicht den einen oder anderen Muskelpack mehr auf den Rippen haben als ihr auf eurer Couch. Aber hey, Jungs, kein Grund zur Panik! Marcell Jansen kann nämlich nicht nur nicht hören, wie ihr ihm die Kommandos für den nächsten Spielzug zubrüllt, er kann es auch nicht hören, wenn wir seinen Sixpack kommentieren. Von einer tatsächlichen Konkurrenz für euch kann also keine Rede sein. Deswegen könnt ihr auch das nächste Mal ganz entspannt bleiben, wenn die Freundin neben euch den knackigen Hintern eines Außenverteidigers thematisiert. Sie meint es nicht böse, der Außenverteidiger kriegt's eh nicht mit und ihr könnt euch glücklich schätzen, dass ihr eine Freundin habt, die euch zuliebe sogar aufs Shoppen verzichtet, nur um eure Interessen zu teilen. Kein Grund zum Aufregen also.

Denn ganz ehrlich, was ihr so spannend an diesem Ballsport findet, ist wirklich nicht so einfach nachzuvollziehen (von den sexy Spielerkörpern mal abgesehen). Gut, bei der WM geht es um das Gemeinschaftsgefühl, die Party, das Mitfiebern und Zusammenfeiern, da kommen wir ja noch mit, denn das macht uns auch Spaß. Aber Bundesliga? Jede Woche dieselben Vereine, dieselben Spieler und gewinnen tun am Schluss ja auch immer irgendwie dieselben. Also sooo spannend ist das doch auch irgendwie nicht …

Schlimmer geht's immer

Nun ja, ich will mal nicht so sein. Zugegebenermaßen haben wir Frauen in Westeuropa vielleicht sogar noch ein bisschen Glück, was die Auswahl des männlichen Lieblingssports angeht, denn, ganz ehrlich, was amerikanische Männer sich da Woche für Woche ansehen, ist weitaus extremer als der gute alte europäische Fußballsport. Beim American Football treten zwar auch je elf Mann (ich gebe zu, die Zahl musste ich erst recherchieren) gegeneinander an, aber die bestehen in den Staaten aus scheinbar gehirnloser Muskelmasse und haben ein ungeheures Vergnügen daran, sich gegenseitig die Knochen zu brechen und die Weichteile zu quetschen. Damit das Ganze nach außen hin aber nicht gänzlich in ein reines Material-Muskel-Massaker ausartet, haben die cleveren Erfinder des Spektakels schließlich noch ein paar Elemente aus dem Völkerball mit eingebaut und schwupps war Amerikas Volkssport Nummer eins geboren!

Im Vergleich zu American Football (oder noch schlimmer: Rugby) erscheint Fußball also definitiv als das geringere Übel und genau diesen Umstand solltet ihr, liebe Fußballmänner, vielleicht künftig einmal ausnutzen, wenn ihr eure Liebste davon überzeugen wollt, dass eure Fußballleidenschaft eigentlich doch gar nicht so furchtbar sein kann. Zwanzig Minuten eines echten Football-Matchs im Fernsehen und die Frau an eurer Seite wird in den filigranen Drippel-Methoden eines Bastian Schweinsteiger plötzlich eine nie zuvor wahrgenommene Eleganz erkennen. Na ja, oder so ähnlich. Auf jeden Fall wird sie feststellen, dass es auch noch weitaus schlimmer hätte kommen können, und dankbar sein, dass deutsche Männer nicht während des Spiels wie wild gewordene Rhinozerosse mit helmverpackten Köpfen aufeinander zurennen und diese schallend zusammenstoßen lassen, bis sich nach einigen Jahren auch die letzte einsame Gehirnzelle verabschiedet. Wenn also die Frau vor dem nächsten Champions-League-Spiel motzt, dass sie den Abend lieber an eure Brust gekuschelt mit einer DVD (zum Beispiel eine romantische Komödie mit Jennifer Aniston in der Hauptrolle) verbringen möchte, dann präsentiert ihr doch am Tag zuvor einen Ausschnitt aus den diesjährigen American Football League Best-ofs und ihr werdet sehen, das Projekt »Champions-League-Boykott« verliert recht schnell an Wichtigkeit. Denn, wie gesagt, wir Frauen erkennen recht schnell, welches das geringere Übel ist.

»Ich will mein Vermögen haben,
wo ich es sehen kann:
zu Hause in meinem
Kleiderschrank.«
CARRIE BRADSHAW

10. ...Shoppen!

Okay, ein richtiges Äquivalent zu Fußball haben wir nicht. Weder Yoga, Pilates, »Bauch-Beine-Po-Übungen« noch Joggen sind Sportarten, die alle Frauen lieben und dazu noch mindestens ebenso begeistert im Fernsehen verfolgen würden. Ebenso wenig kaufen wir uns Klamotten mit den Logos unserer Lieblingsvereine, und wenn wir beim Pilates einmal weinen, dann nicht vor lauter Emotionen, sondern weil wir uns eine Sehne gezerrt haben. Aber uns Frauen verbindet eine andere Leidenschaft und die kann mindestens ebenso kräftezehrend sein wie ein Fußballspiel: Shoppen!

Wenn ich mit meiner Freundin Angie einen Nachmittag in Schwabing verbracht habe, dann weiß ich ganz sicher, dass ich mir den Besuch im Fitnessstudio am darauffolgenden Abend sparen kann, denn zu so vielen Kilometern Bewegung, wie ich in der Hohenzollernstraße zurücklege, hat mich der Crosstrainer noch nie inspiriert.

Und eine Bekannte hatte letztes Jahr das allererste Mal in ihrem Leben eine Sehnenscheidenentzündung. Allerdings nicht, weil sie zu viel Tennis gespielt oder sämtliche E-Mails per Füllfederhalter handschriftlich vorformuliert hätte. Nein, die Schmerzen im Handgelenk hatten nur eine Ursache: ausuferndes Einkaufstüten-Tragen. Shopping ist also tatsächlich ein Sport, sogar mit typischen Verletzungen, aber darum geht es ja im Endeffekt gar nicht. Shopping ist nämlich noch viel mehr als nur Sport, Shopping ist Emotion pur!

Die Gefühle, die euch übermannen, wenn eure Lieblingsmannschaft die Champions League gewinnt, verspüren wir, wenn wir auf einer unserer Touren einen fantastisch schönen Schuh entdecken. Ebenso wie ihr ein Finalspiel unbedingt live sehen müsst, ist es für uns unglaublich wichtig, diesen besonderen Schuh anzuprobieren. Und genauso enttäuscht, wie ihr seid, wenn eure Mannschaft verliert, sind wir, wenn es diesen Schuh nicht mehr in unserer Größe gibt oder eine andere ihn uns wegschnappt.

Beim Shoppen und beim Fußball verbindet Männer und Frauen vor allem eine Eigenschaft: Ehrgeiz!

Leidenschaften müssen nicht rational begründbar sein. Oder könnt ihr tatsächlich logisch erklären, warum eure Stimmung zwei Wochen lang mies ist, nur weil Bayern den Einzug ins Halbfinale der Champions League verpasst hat? Wenn wir also ab und zu angesichts nahender Schlussverkäufe oder neuer Shoperöffnungen mal die Contenance verlieren, dann ist das vielleicht nicht unbedingt lobenswert (also, aus eurer Sicht), aber andererseits ist es doch auch nicht verwerflicher, dreihundert Euro für Schuhe auszugeben, als dieselbe Summe in einen Trip zu einem Auswärtsspiel der Lieblingsmannschaft zu investieren. Krebs heilen oder afrikanischen Kindern helfen können wir in der Regel auf keine dieser beiden Arten. Rational gesehen ist also das eine auf keinen Fall besser oder schlechter als das andere. Aber Schuhekaufen macht eben *uns* glücklich und Fußballspiele *euch*. Es muss nicht immer ein tiefer Sinn hinter allem stecken, das ist absolut okay. Nur eines solltet ihr euch jetzt einmal zu Gemüte führen: Unsere Ausgaben für Schuhe sind nicht sinnloser als eure für Fußball! Deswegen lasst uns doch auch unseren Spaß ... Außerdem werden wir uns garantiert weniger über eure monatlichen Sky-Gebühren aufregen, wenn ihr im Gegenzug dazu nicht bei jeder Einkaufstüte, die wir in die Wohnung tragen, mit den Augen rollt.

Mehr ist mehr

Natürlich ist es für euch sicher schwer zu verstehen, warum wir derart viele Klamotten kaufen müssen. Darauf gibt es nur eine einzige Antwort: Weil wir sie brauchen! Ich meine, es ist doch irgendwie schizophren: Auf der einen Seite wollt ihr, dass wir immer gut aussehen, auf der anderen Seite sollen wir aber kein

Geld dafür ausgeben. Das passt doch irgendwie nicht zusammen, oder? Stellt euch doch einmal vor, wir würden seit Jahren immer nur in derselben grauen, verwaschenen Baumwollunterhose durchs Schlafzimmer tänzeln. Unterwäsche dieser Art mögt ihr zwar (mysteriöserweise) an euch selbst, an uns aber ganz sicher nicht. So, nun verrate ich euch dazu mal ein Geheimnis: Heiße Strings, sexy Push-up-BHs und halterlose Strümpfe fallen nicht einfach von den Bäumen, nein, wir müssen sie *kaufen* und das kostet Geld. Äpfel und Birnen kann man zwar von Bäumen pflücken, Höschen und BHs aber können wir allenfalls gegen Bezahlung von den Kleiderbügeln bei Victoria's Secret, Agent Provocateur und Co. ziehen.

Und schließlich können wir ja nicht die ganze Zeit nur in Unterwäsche herumlaufen (auch wenn manche von euch sich das sicher wünschten)! Nein, wir müssen immer perfekt aussehen, am besten sexy, elegant, sympathisch und leger zugleich, und das funktioniert nun mal nicht, wenn der eigene Kleiderschrank nur notdürftig gefüllt ist. Ihr habt es da wesentlich leichter. Mit einer gut sitzenden Jeans und einem Polohemd seid ihr schon mal für vierzig Prozent aller Situationen richtig gekleidet. Ein gut geschnittener Anzug, zwei, drei Hemden und Krawatten dazu – und peinliche Fashion-Fauxpas sollten für euch schon kein Thema mehr sein (mehr dazu im Kapitel Mode). Wir haben es dagegen nicht so leicht. Für uns ist es viel komplizierter. Ein guter Anzug kommt fast nie aus der Mode (es sei denn, er stammt aus den Siebzigern und ist knalllilafarben), bei uns dagegen wechseln die Trends jede Saison, und was letzten Sommer noch als absolutes Traumabendkleid galt, kann jetzt schon total out sein. Natürlich haben auch wir Klassiker, die niemals aus der Mode kommen, aber die sind meistens entweder todlangweilig (welche Frau möchte schließlich jeden Tag nur weiße Blusen anziehen?) oder unbezahlbar (habt ihr auch nur die geringste Ahnung, was ein Chanel-Kostüm kostet?).

De facto müssen wir also den Großteil unserer Garderobe in regelmäßigen Abständen neu erstehen. Das ist modisch nicht nur absolut unumgänglich, es kurbelt auch die Wirtschaft an und erhält Arbeitsplätze. Aber natürlich übertreiben wir es manchmal. Das möchte ich überhaupt nicht abstreiten. Wir kaufen hin und wieder auch Dinge – vor allem Klamotten, die wir eigentlich gar nicht brauchen und im Extremfall niemals tragen werden. Ja, auch in meinem Kleiderschrank fristen einige prall gefüllte Einkaufstüten ein trauriges Dasein und sehen ihrer späteren Einmottung entgegen, ohne dass ich ihren Inhalt jemals wieder an die frische Luft oder wenigstens vor den nächsten Spiegel geführt haben werde.

Uns Frauen passieren eben auch mal Fehlkäufe! Und damit meine ich nicht, dass wir – wie ihr – aus dem Supermarkt regelmäßig die falsche Butter mitbringen (was ist an dem Wort »Halbfett« so schwer zu vestehen?), sondern dass wir Hosen, Kleider, Blusen und etliche Accessoires kaufen, die uns eigentlich gar nicht richtig gefallen. Es gibt unterschiedliche Gründe, warum wir solche Fehlkäufe tätigen. Wenn etwas zum Beispiel sehr günstig ist, wünschen wir uns einfach, dass wir es brauchen könnten, weil wir dann ein so unglaubliches Schnäppchen gemacht hätten. Und wir hoffen, dass ihr sicher stolz auf uns sein werdet, wenn ihr hört, dass das neue Paar Schuhe, Ohrringe oder das Cocktailkleid so wenig Geld gekostet hat. Oder wir erwerben etwas, weil wir es gratis bekommen, wenn wir etwas anderes dazukaufen. Auch hier glauben wir, etwas Gutes zu tun und Geld zu sparen, wenn wir im Nachhinein auch feststellen, dass wir nichts von alledem, was sich in unseren Tüten befindet, tatsächlich haben wollten. Solche Marketingaktionen sind übrigens ganz, ganz fiese Tricks und ich muss ja wohl kaum erwähnen, wer die sich in der Regel ausdenkt. Männer nämlich! Jawohl, nur weil eure Geschlechtsgenossen gut dafür bezahlt werden, sich Strategien auszudenken, um uns Frauen (die wir ja unseren Männern zuliebe beim Shoppen möglichst wenig Geld ausgeben wollen) übers Ohr zu hauen, könnt ihr uns ja keinen Vorwurf machen.

Die evolutionäre Komponente

Aber es gibt noch einen weiteren Grund, warum wir es beim Shoppen manchmal, nun ja, etwas übertreiben. Ihr wart doch früher die Jäger und Beschützer. Deswegen findet ihr es auch toll, einem runden Lederball hinterherzujagen und zwei Torpfosten mit einem Netz zu verteidigen. Wir dagegen waren schon immer Sammlerinnen. Früher sammelten wir Beeren und Pilze in der Nähe unserer Höhlen, heute sammeln wir eben Schuhe. Und ein Paar Schuhe machen bekanntlich eine Sammlung noch nicht komplett. *Deswegen* brauchen wir sie eben in allen erdenklichen Formen, Farben und Gestalten. Es ist quasi ein urnatürlicher Instinkt, der uns beim Shoppen von Geschäft zu Geschäft treibt und uns diese unermüdliche Energie schenkt, die euch in der Innenstadt allerspätestens nach anderthalb Stunden Powershopping regelmäßig zur Weißglut treibt.

Wenn es also das nächste Mal so weit ist und ihr uns unsere tausend Einkaufstüten am liebsten um die Ohren schlagen würdet, anstatt sie uns auch noch rosenkavaliermäßig hinterherzutragen, denkt einfach daran, Jungs: Unsere Shoppingwut ist einfach nur ein untrüglicher Beweis dafür, dass wir echte Frauen sind und unsere jahrtausendealten Instinkte nicht verlernt haben. Und das kann ja eigentlich gar nichts Schlechtes sein, denn in der Evolution hat alles seinen Sinn, egal, ob es sich um Jäger- oder um Sammlerinstinkte handelt. Und so sind Fußball und Shopping – aus dieser Perspektive gesehen – doch zwei Dinge mit relativ großen Gemeinsamkeiten. Wer von euch hätte das gedacht?

11. Urlaub – wahlweise die schönste oder schlimmste Zeit des Jahres (das liegt ganz bei euch)

Frauen und Männer haben leider nicht immer den gleichen Geschmack und das gilt unglücklicherweise auch dann, wenn es um den Urlaub geht. Schon die Auswahl des Urlaubsziels kann da zu einigen Unstimmigkeiten führen – lieber eine Ayurveda-Kur in Thailand (unser Vorschlag) oder Heliskiing in Kanada (euer Vorschlag) … Meistens wird sich in der Konsequenz auf irgendetwas weniger Spektakuläres, wie zum Beispiel All-inclusive-Urlaub in der Dominikanischen Republik oder Radfahren auf Mallorca, geeinigt. Für uns Frauen muss Urlaub aber nicht immer gleich 21 Tage lang dauern. Hauptsache, wir kommen regelmäßig weg, haben Zeit zum Entspannen und es gibt ein Salatbuffet. Deswegen lieben wir auch Kurztrips in bezaubernde Wellnesshotels so sehr … ihr leider nicht.

Wellnesshotels – für uns eine Oase der Entspannung, bei euch ähnlich beliebt wie ein Besuch beim Urologen

Es gibt doch nichts Schöneres auf der Welt, als sich nach einem pflegenden Rosenblütenbad mit anschließender Duftölmassage in einen frisch gewaschenen schneeweißen Bademantel zu hüllen und sich von netten, in Pastellfarben gekleideten Spa-Mitarbeiterinnen mit einem warmen Kirschkernkissen für den Nacken und entschlackenden Kräutertees ausgestattet in einen mit leichten Flötenklängen und Meeresrauschen dezent beschallten Ruheraum zu begeben und sich auf den nächsten Gang im Kräuterdampfbad mit einem kleinen Schläfchen auf einem angenehm temperierten Wasserbett vorzubereiten. Durch das Panoramafenster die Berg- (oder wahlweise auch Küsten-) Kulisse zu genießen und im Geiste schon die nächste Gesichtsbehandlung mit Anti-Aging-Ampullen und Dekolleté-straffenden Heilschlammwickeln zu buchen … Also für *uns* gibt es nichts Schöneres. Euch kommt vor allem ein Wort in den Sinn, wenn ihr den Begriff

»Wellnessbereich« hört: Langeweile. Und das lasst ihr uns auch ordentlich spüren!

Ich hasse Walisch!

Ich habe ein einziges Mal den Fehler begangen, eine Partneranwendung für mich und meinen Freund zu buchen. Und zwar etwas für Einsteiger: gemeinsames Floating im Soleklangbecken. Nichts mit Heilschlamm, nichts mit Enthaarungswachs, ja nicht mal der Gefahr, dass sich ein wenig Nachtkerzenöl auf seine Haut verirren könnte, musste sich mein Freund aussetzen. Nach hinten los ging das Ganze trotzdem. Dabei hätte es perfekt sein können! Das großzügige Soleklangbecken war mehr als groß genug für uns beide, wir konnten (theoretisch) völlig unbehelligt voneinander durch das Salzwasser treiben und das Farbenspiel an der Kuppeldecke über uns betrachten, während wir der klassischen Musik im Wasser lauschten. *Theoretisch!* Praktisch sah das Ganze so aus, dass mein Freund nicht kapierte (und das natürlich erst mal nicht zugeben wollte), wie die Nackenstützen (die den Kopf über Wasser halten) richtig anzulegen sind, und folglich die ganze Zeit meckerte, dass er Wasser in Nase und Ohren bekäme.

Als wir dieses Problem endlich gelöst hatten – inzwischen war die Hälfte unserer gebuchten Zeit bereits um –, wurden mir tatsächlich ganze drei Minuten voller Harmonie, Entspannung und Ruhe zuteil. Ich schwebte völlig schwerelos in dem überdimensionalen Soleklangbecken vor mich hin und fühlte mich dank der Musik und der tanzenden Farben wie eine zarte Elfe, die gerade durch einen wunderschönen Zauberwald fliegt (ein fabelhaftes Gefühl) – als es meinem liebenden Partner langweilig wurde. Daraufhin begann er plötzlich komplett sinnfreie, sehr mysteriöse und leider schallende Laute von sich zu geben: »HA-

LÖÖÖÖÖÖHÖÖÖ! AAAAN WUUUAAASS DEEENGGGST DUUUU GUUUURAAADEE?«

Die Akustik des Gewölbes unterstützte die ohrenbetäubenden Bemühungen meines Freundes leider noch. Als ich dadurch recht unsanft aus meiner Trance erwachte und mich wie von der Tarantel gestochen aufrichtete, grinste mich mein nach wie vor seelenruhig vor sich hin treibender Freund an und erklärte mir freudestrahlend, dass er gerade sein »Walisch« aufbesserte. Wenn ihr jemals *Findet Nemo* gesehen habt, könnt ihr euch ungefähr vorstellen, wie schnell meine schöne Elfenwelt schallend in sich zusammenbrach ...

Aber was ist eigentlich euer Problem, wenn es um Wellness geht? Diese Art des Urlaubs findet meistens in luxuriösen Fünfsternehotels statt, es gibt grandioses (und nicht nur fettarmes und gesundes) Essen, tolle Hotelzimmer und im Saunabereich zahlreiche körperbewusste, glatt rasierte Frauen! Außerdem ist man als Pärchen im Wellnessurlaub meistens mehr oder weniger durchgehend spitz aufeinander. Ich glaube, das liegt tatsächlich an diesen flauschigen weißen Bademänteln. Man sieht seinen Partner den ganzen Tag so verpackt und kann es eigentlich gar nicht abwarten, ihn abends auf dem Zimmer aus dieser Hülle auszupacken. Wo also liegt jetzt gleich noch mal euer Problem?

Ach ja, die Wellnessanwendungen! Ich glaube, wenn ihr in der hoteleigenen Spa-Broschüre »Business-Men-Comfort-Paket mit Anti-Aging-Wirkung – Dauer 2 Stunden 40 Minuten« lest, denkt ihr nicht an Tiefenentspannung, sondern an Arztbesuche. Hier habt ihr auch keine rechte Ahnung, was auf euch zukommen wird, die Anwendungen sind genauso teuer und Kosmetikerinnen tragen nun mal auch oft weiße Kittel. Das weckt sofort negative Gefühle in euch, die im Wellnessbereich dann auch noch mit der Vorstellung von schmerzhaften Waxing-Anwendungen gepaart werden. Und es gibt dort ganz viele andere nackte Männer, die im Zweifelsfall nicht wirklich appetitlich anzusehen sind (oder noch schlimmer, die es durchaus sind!), und auch ältere Männer, die euch unfreiwillig vorführen, was mit eurem Gehänge in dreißig Jahren los sein wird (nicht mehr viel), und nebenbei auch noch eure Freundin begaffen.

Ja gut, das kann hin und wieder vorkommen. In den richtigen Hotels aber eher nicht, dorthin geht man nämlich nicht zum Spannen, sondern zum *Ent*spannen und genau das würde den meisten von euch ab und zu auch mal ganz guttun. Das wisst ihr doch selbst, wenn ihr ehrlich seid. Und wirklich schlecht riecht Nachtkerzenöl ja nun auch nicht gerade. Fassen wir also mal zusammen: Luxuriöse Hotels, tolles Essen, viele nackte Frauen, noch mehr Sex, keine Ärzte und im Winter sogar tolle Skitage – was zum Teufel sollte euch an Wellnesswochenenden denn nicht gefallen? Und euer Walisch aufbessern könntet ihr außerdem. Also, Jungs, stellt euch bitte nicht so an, bucht einen schönen Kurztrip für eure Süße und euch selbst und genießt das Leben, die Entspannung und vor allem die flauschigen weißen Bademäntel ...

12. One-Night-Stands

One-Night-Stands können an sich ja etwas sehr Schönes sein. Das dachte sich auch meine Freundin, als sie vor ein paar Wochen in einem Münchner Club sehr intensive Stunden mit einem jungen Spanier aus Madrid verbrachte. Sie lernten sich auf der Tanzfläche kennen und drei Stunden später hatten sie zwar noch keine zwei Worte miteinander gewechselt (meine Freundin spricht kein Spanisch), aber dafür ohne Unterlass so eng miteinander getanzt, dass meine Freundin schon nach kurzer Zeit das Gefühl hatte, diesen Mann schon ewig zu kennen. Manchmal lernt man ja einfach jemanden kennen, mit dem man sofort auf einer Wellenlänge ist, und genauso ging es meiner Freundin an diesem Abend. Zumindest, was das Physische anging. Der Spanier und sie tanzten also miteinander, als ob sie nie irgendetwas anderes gemacht hätten, sie bewegten sich genau im gleichen Rhythmus und ihre Körper passten sich in den Bewegungen perfekt einander an. Und je später die Stunde und je verschwitzter und aufgeheizter die beiden waren, desto enger wurden natürlich ihre Bewegungen.

Irgendwann hatte das Ganze wohl auch mit Tanzen nicht mehr viel zu tun, vielmehr knutschten die beiden miteinander, als ob sie den Rest der Welt um sich herum gar nicht mehr wahrnehmen würden, und pressten sich so eng aneinander wie zwei Unterwäschemodels am Südpol. Als der Club schließlich zumachte und die beiden auf der Straße standen, musste Javier (seinen Namen hatte meine Freundin mittlerweile herausbekommen und war danach noch heißer auf ihre spanische Eroberung) gar nicht mehr lange mit Händen und Füßen gestikulieren: Es war klar, dass meine Freundin mit ihm ins Taxi steigen würde. Und das bereute sie in den kommenden Stunden auch nicht. Die Nacht mit Javier empfand meine Freundin als unglaublich und sie wurde nach eigenen Angaben von einem Orgasmushoch zum nächsten katapultiert. Entsprechend erschöpft und gelöst schlief sie dann in seinen braun gebrannten Armen ein und träumte von ihrem neuen Wohnzimmer in einer Madrider Stadtvilla, vielen kleinen blonden Kindern mit dunkelbraunen Augen und einem Leben voller Orgasmen.

Bis sie später am Morgen recht unsanft geweckt wurde. Wobei der Ausdruck »unsanft« hier noch untertrieben ist. Sie wachte auf, als sie sich gerade nach einem recht heftigen Stoß im Sinkflug Richtung Fußboden befand. Dort landete sie alles andere als sanft auf einem ihrer in aller Hektik von sich geworfenen Plateaupumps. Das Nächste, was sie wahrnahm, waren Schritte auf dem Flur – laute Schritte, die eindeutig zu High Heels und somit zu einer Frau gehörten. »Javiiiiieeer! Mein süßes Puschelhäääääschen!«, tönte nun eine weibliche Stimme und eine dazu passende Hand riss schwungvoll die Tür zu Javiers Zimmer auf.

»Mi amor!«, konnte meine Freundin nun auch Javiers Stimme vernehmen. Und damit meinte er ganz offensichtlich nicht sie, die auf den Fußboden verbannte Sexpartnerin von letzter Nacht, sondern die dunkelhaarige Frau um die vierzig, die nun das Zimmer betreten hatte und in Richtung Bett eilte – zumindest, bis sie sich mit ihrem linken High Heel in dem BH meiner Freundin verhedderte und einen ziemlich überraschten Laut von sich gab. Daraus entwickelte sich rasch ein hysterisches Kreischen und kurz darauf starrte ein hasserfülltes, wenn auch dank vermutlich zahlreicher Botoxsitzungen annähernd faltenfreies, dafür leicht fratzenartiges Gesicht direkt in die Augen meiner Freundin.

Gerade als meine Freundin glaubte, gleich von der Furie verprügelt zu werden, wandte sich diese von ihr ab und stürzte sich mit einem Kampfschrei voller Wucht auf Javier, der nur noch leise wimmerte. »Du mieser, elender spanischer Wichser! Du beschissener Halsabschneider! Von wegen große Liebe, du elender Parasit! Ausziehen kannst du, du mieses Schwein! Such dir ein anderes Zimmer, du armes Würstchen, und da kannst du dann auch Miete zahlen, du dreckiger Latin Lover, du! Elendiges Pack, elendiges!!!«

Die dunkelhaarige Dame kam so richtig in Fahrt. Irgendwann nach einem Schwall von Beschimpfungen hatte meine Freundin sich unbemerkt den Großteil ihrer Klamotten schnappen und aus dem Zimmer schleichen können. Ziemlich geschockt zog sie sich im Gehen auf dem Flur notdürftig an und schaute dann zu, dass sie so schnell wie möglich aus der Wohnung kam. Im Vorbeigehen warf sie noch einen Blick auf das Klingelschild: »Huber & Untermieter Ramirez« stand da in schnörkeliger Schreibschrift. Nix wurde also aus der Madrider Stadtvilla und dem romantischen Leben in Spanien, Javier war anscheinend ein chronisch abgebrannter Austauschstudent, der, um Miete zu sparen, seine nicht mehr ganz frische Vermieterin flachlegte und ihr die große Liebe vorgaukelte. Da sieht man mal, wohin die hohen Mieten in München führen können.

Irgendwie erschien meiner Freundin nach dieser Erkenntnis die Nacht gar nicht mehr so galaktisch und magisch, sie kam sich eher ziemlich billig vor. Allerdings legte sich dieses beklemmende Gefühl in der Magengegend recht schnell wieder. Nachdem sie mir nämlich ein paar Stunden später nach der zweiten Flasche Cava (wenn es schon keine spanische Villa gab, dann wenigstens spanischen Sekt) die Geschichte zum dritten Mal in allen Einzelheiten geschildert hatte, musste sie sich vor Lachen fast wegschmeißen. Denn wenn die ganze Sache jemandem peinlich sein musste, dann wohl eher Javier und seiner »Vermieterin«. Eine Sache allerdings hat meine Freundin aus der ganzen Geschichte gelernt: Bevor sie heute mit einem Mann nach Hause geht, erkundigt sie sich erst einmal ganz genau, wo und vor allem mit wem er wohnt, denn was man bei einem One-Night-Stand ganz sicher nicht brauchen kann, das sind reinplatzende Exfreundinnen, neugierige Mütter oder eben eifersüchtige Vermieterinnen …

Und da sind wir auch schon bei einer der ersten Grundregeln für One-Night-Stands: Wenn nicht anders verabredet, ist das eine Sache zwischen zwei Menschen und geht sonst erst mal niemanden etwas an. Deswegen solltet ihr euch ganz genau überlegen, *wen* ihr euch *wann* mit nach Hause nehmt. Es gibt zum Beispiel nichts Peinlicheres für eine Frau, als mit zu einem Mann nach Hause zu gehen, der noch bei seinen Eltern wohnt, und dann auf allen vieren in der Doggy-Stellung von dessen Mutter überrascht zu werden. Genauso wenig solltet ihr es – auch im Vollsuff – vergessen, wenn ihr eine Freundin habt, die zu Hause auf euch wartet ... Vor allem solltet ihr es dann tunlichst vermeiden, mit einer anderen Eroberung zu dieser Freundin ins Bett zu kriechen. Solche Missgeschicke können für euch nämlich ziemlich mies ausgehen. Und was natürlich auch gar nicht geht, ist, einer Frau die große Liebe zu versprechen, nur um sie ins Bett zu kriegen. Okay, zugegeben, wenn eine Frau euch das nach nur dreißig Minuten Konversation abnimmt, hat sie es vielleicht auch verdient, verarscht zu werden, aber das gilt nicht immer. Wir Frauen sind nämlich zu großen Teilen noch romantisch genug veranlagt, um an die große Liebe zu glauben, vor allem nach drei Gin Tonics. Und in einen Mann, mit dem wir (tollen) Sex hatten, verlieben wir uns tendenziell sowieso viel zu schnell. Umso besser ist es, wenn direkt am Abend vor dem One-Night-Stand schon geklärt wird, was die nächsten Stunden bedeuten, oder eben in den meisten Fällen, was sie nicht bedeuten.

Besonders wenn ihr eine Frau schon länger kennt und wisst oder zumindest vermutet, dass sie in euch verliebt ist, solltet ihr das nicht ausnutzen, auch wenn diese Frau dann vermutlich leichte Beute wäre. Doch die paar Stunden (oder gar Minuten) Sex sind es nicht wert, wenn ihr euch danach Tage und Wochen mit den enttäuschten Erwartungen dieser Frau auseinandersetzen müsst. Und glaubt mir, wenn diese Frau wirklich verliebt war, dann wird sie dafür sorgen, dass ihr das tut. Für uns Frauen bedeutet Sex nämlich meistens mehr als für euch. Einen Mann, den wir einmal in uns drin hatten, betrachten wir danach ganz anders als zuvor. Für uns bildet sich beim Sex ein unsichtbares Band. Dieses Band muss keine Liebe sein, aber es ist etwas, das diese beiden Menschen von diesem Zeitpunkt an miteinander verbindet. Und sei es nur, dass die Frau nun jedes Mal, wenn sie euch sieht, an den großen Leberfleck auf eurem linken Hoden denken muss.

Wenn man Sex hat, lässt man sich für einen Moment ganz fallen und zeigt sich zwangsläufig verletzlich. Manche Menschen versuchen, diese Tatsache herunterzuspielen, indem sie mit möglichst vielen Menschen in die Kiste steigen, um so das Exklusive an dieser Situation weniger exklusiv zu machen. Aber je besser der Sex ist, desto stärker ist dieses unsichtbare Band, das wir Frauen knüpfen. Das heißt nicht, dass wir uns in *jeden* Typen verlieben, mit dem wir es einmal getrieben haben, oh Gott, nein! Ich hatte auch schon Sex mit dem einen oder anderen Mann, mit dem mich heute garantiert kein enges Band mehr verbindet, aber in diesen Fällen war der Sex eben auch nicht wirklich berührend.

Wenn ein Mann uns nun aber eine ganze Nacht lang von einem multiplen Orgasmus in den nächsten getrieben hat, dann können wir ihn nicht so einfach wieder vergessen. Wenn wir unseren Höhepunkt erleben, lassen wir uns nun mal komplett fallen und geben so für einen Moment alle Kontrolle ab. Das gelingt uns oftmals bei einem fremden Mann sogar leichter, nur ist er uns eben danach nicht mehr so fremd. Ein richtig guter One-Night-Stand wird somit immer eher Folgen haben als ein mieser oder durchschnittlicher. Ich meine, einem Mann, der es im Bett einfach nicht bringt (zumindest nicht bei uns), wird wohl keine Frau ernsthaft hinterhertrauern, das wird euch umgekehrt sicherlich nicht viel anders gehen. Wenn die Nacht also nicht so der große Hit war, dürfte es am nächsten Morgen auch kein allzu böses Erwachen geben und man kann sich ohne schlechtes Gewissen direkt verkrümeln (bzw. den anderen dazu auffordern).

Der Morgen danach

Wacht man nun aber morgens neben einem wirklich süßen Typen (oder in eurem Fall einer tollen Frau) auf und hat eine der besten Nächte seines Lebens verbracht, wird's in der Tat kompliziert. Wir Frauen fragen uns dann nämlich erst mal, ob ...

- er es auch so toll fand
- unser Make-up verschmiert ist
- unser Atem gut riecht
- wir verliebt sind
- er verliebt ist
- unsere Beine rasiert sind
- wir Frühstück machen sollten
- er sich unter Druck gesetzt fühlen könnte, wenn wir Frühstück machen
- er es mitkriegen würde, wenn wir ganz kurz unsere beste Freundin anrufen, um das mal eben schnell zu erörtern.

Während all diese Fragen wie wild in unserem Kopf herumschießen, schlaft ihr meistens noch genüsslich. Wir hetzen dann in aller Regel schnell ins Bad, um uns zumindest einigermaßen frisch zu machen, und klettern direkt darauf möglichst unauffällig wieder zurück ins Bett, um euch glauben zu machen, dass wir direkt nach dem Aufwachen immer gekämmte Haare und rosige Bäckchen haben und nach Chanel Mademoiselle duften. Wenn ihr dann endlich aufwacht, scannen wir in Sekundenschnelle euren Gesichtsausdruck (glücklich? befriedigt? positiv überrascht? negativ überrascht? panisch? ertappt?) und tun so, als ob wir ebenfalls erst vor zwei Sekunden aufgewacht sind.

Na ja, und dann kommt's drauf an, wie ihr die Nacht und vor allem eure Partnerin fandet, beziehungsweise jetzt im harten Morgenlicht findet. Hat auch das ganze Rouge nichts geholfen und ihr findet euch neben einem Gesichtskrapfen wieder? Dann solltet ihr auch nicht den glücklichen Lover spielen, sondern euch höflich und freundlich, aber recht zügig verabschieden. Es mag vielleicht hart sein, aber wenn ihr die Frau neben euch am Morgen alles andere als prickelnd findet, dann bleibt auch nicht zum Frühstück. Vor allem dann nicht, wenn ihr den Eindruck habt, dass sie euch sehr wohl prickelnd findet. In diesem Fall macht ihr der armen Frau mit dem Verzehr eines Buttercroissants in ihrer IKEA-Küche nur unbegründete Hoffnungen.

Und falls ihr die Nacht in eurem Zuhause verbracht habt, solltet ihr eurem One Night Stand auch kein ausgiebiges Good-Morning-Breakfast anbieten, denn das kommt in ihren Augen dem Akt des Kochens gleich. Und wenn ein Mann für eine Frau kocht, heißt das in unserer Welt, dass er an ihr interessiert ist. Also bleibt höflich, aber komplimentiert sie recht bald aus eurer Wohnung. Eine Dusche solltet ihr der Armen bei Bedarf zwar schon noch gönnen, aber danach solltet ihr wirklich anbieten, ihr ein Taxi zu rufen, das die Gentlemen unter euch natürlich auch bezahlen. Immerhin habt ihr gerade die Nacht mit dieser Frau verbracht, und auch wenn sie mit Sicherheit nicht die Mutter eurer Kinder werden wird, solltet ihr sie doch mit Respekt behandeln.

Ganz anders liegt der Fall natürlich, wenn ihr morgens die Augen aufschlagt und euch gefällt, was ihr seht! In diesem Fall solltet ihr vielleicht mal kurz *euren* Atem checken, eventuell mit Mundwasser nachbessern und euch dann von eurer Prince-Charming-Seite zeigen. Das kann entweder heißen, dass ihr gleich noch eine Guten-Morgen-Wake-up-Runde einlegt und zeigt, dass ihr es auch morgens voll draufhabt. Es kann aber auch bedeuten, dass ihr die Dame neben euch erst einmal einfach nur anlächelt. Dann werdet ihr recht schnell merken, ob sie zurücklächelt oder ob sie mit der Hand vor dem Mund in Richtung Toilette rennt. Tut sie das nicht, sondern lächelt ihrerseits tatsächlich zurück, habt ihr schon mal gute Karten. Dann könnte es eine Wake-up-Runde geben. Oder aber, ihr macht – falls ihr in eurer eigenen Wohnung seid – erst mal Kaffee und eventuell Frühstück. Falls eure Holde noch schläft und ihr in der Zwischenzeit Brötchen holen geht, solltet ihr auf jeden Fall immer einen Zettel hinterlassen, um unschöne Panikattacken bei ihr (Wo bin ich nur und war da nicht mal so ein Typ??) zu vermeiden. Ansonsten ist es eine sehr schöne Geste, Frühstück für eine Frau zu machen. Ihr solltet deswegen übrigens immer ein paar Aufbackbrötchen und eine gewisse Grundausstattung vorrätig haben (mehr dazu im Kapitel »Eure Wohnung«).

Wenn ihr also neben einer Frau aufwacht, die ihr toll findet und die ganz offensichtlich auch nichts gegen euch einzuwenden hat, dann habt ihr eigentlich sowieso schon den Jackpot gezogen. Aber das passiert bekanntlich selten. In den meisten Fällen wacht man nach einem One-Night-Stand verkatert und mit Kopfschmerzen auf und ist intellektuell nach einem Blick auf die Seite nur noch zu einem einzigen Gedanken fähig: »Scheiße!«

Gut, mir ist es nach so einem Erlebnis auch schon mal passiert, dass ich aus dem Flieger ausgestiegen bin, meinen Koffer vom Band geholt habe und alles andere einfach verdrängt habe, aber das war eine andere Geschichte in einem anderen Buch[1]. Und selbst da habe ich einen elementaren Fehler begangen: Ich habe meinem nächtlichen Flugbegleiter nämlich meine Handynummer gegeben, obwohl ich genau wusste, dass ich ihn nie wiedersehen,

---

1 »Krasse Abstürze«: One-Night-Flight

geschweige denn -fühlen wollte. Woraufhin mein Handy in den nächsten Wochen dauergepiepst hat ... Deswegen, Jungs, empfehle ich euch: Gebt niemals eure Handynummer an eine Frau, von der ihr nichts wollt. Und fragt auch nicht nach deren Handynummer, nur damit ihr der unangenehmen Erklärung »Ich will nichts mehr von dir« entgeht. Und falls eine Frau, die euch nicht interessiert, anbieten sollte, euch ihre Nummer zu geben, solltet ihr auch gleich klarmachen, dass das nicht nötig ist. Das tut der Dame in diesem Moment vielleicht weh, erspart ihr aber viele Stunden und Tage, in denen sie sehnsüchtig auf euren Anruf wartet und dann doch nur enttäuscht wird, weil dieser niemals kommt. Bei One-Night-Stands gilt am Tag danach, dass Ehrlichkeit – langfristig gesehen – die bessere Variante ist, und daran solltet ihr euch auch halten.

Sex mit dem Ex

Gut, und dann gibt es natürlich noch einen Sonderfall unter den One-Night-Stands: die Nächte mit Expartnern. Ich persönlich halte ja nicht viel von dem pauschalen Grundsatz »Niemals Sex mit dem/r Ex!«, denn diese Art von Sex kann durchaus für beide Beteiligten eine ziemlich gute Zwischenlösung sein. Zumindest wenn beide Single sind und keiner mehr in den anderen verliebt ist. Ganz ehrlich, ich hatte auch schon Zeiten, in denen keine Schmetterlinge, geschweige denn Männer, die diese zum Fliegen bringen könnten, in Sicht waren und ich trotzdem Lust auf Sex hatte, aber nicht regelmäßig mit wildfremden Typen ins Bett steigen wollte. Zufälligerweise ging es meinem damaligen Exfreund zur gleichen Zeit ganz genauso und so verabredeten wir uns regelmäßig zu »Filmabenden« in seiner Wohnung. Ich mochte ihn zwar immer noch gern, war aber nicht mehr verliebt, ihm ging es genauso, und nur weil wir als Paar nicht funktioniert hatten, hieß das ja nicht, dass wir das in gewissen anderen Bereichen nicht doch taten. Und damit meine ich nicht nur das Bett. Wir waren vertraut miteinander, konnten über alles Mögliche quatschen, wirklich mal einen Film zusammen schauen, kuscheln und natürlich auch – last but not least – tollen Sex miteinander haben.

Er musste mir nicht mehr erklären, wie ich ihn richtig auf Touren bringen konnte, und umgekehrt wusste er auch genau, was mir gefiel, und vor allem, was mir gar nicht gefiel. Viele von meinen Freundinnen konnten dieses Arrangement damals nicht nachvollziehen, und wenn ich nach einem missglückten Date nachts noch bei meinem Ex vorbeigegangen bin, haben sie mich auch schon mal für komplett verrückt erklärt. Aber mir ging es wirklich gut dabei. Bis ich mich schließlich irgendwann doch neu verliebt und die Treffen eben sein gelassen habe. Woraufhin mein Exfreund aber auch nicht sauer wurde, denn wir hatten schließlich keine Verpflichtungen dem anderen gegenüber.

Zumindest für einen gewissen Zeitraum war es wirklich die perfekte Sexbeziehung, nur eben ohne Liebe. Ich weiß also, dass Sex mit dem Ex durchaus ein funktionierendes Modell sein kann. Aber natürlich müsst ihr euch dabei auch bewusst sein, dass es nicht immer so easy läuft. Wenn eure Exfreundin zum Beispiel noch Gefühle (die über eine Freundschaft hinausgehen) für euch hegt, kann das Ganze furchtbar nach hinten losgehen. Und wenn es umgekehrt ist und ihr noch Gefühle für sie habt und sie am liebsten zurückbekommen wollt, *sie* aber nur ein bisschen kuscheln und ein paar nette Stunden im Bett haben möchte, dann werdet ihr euch ganz furchtbar die Finger verbrennen. Aufgewärmter Sex ist also durchaus eine Variante, die erfolgreich sein kann, in vielen Fällen aber mindestens genauso schwierig wie spaßig ist. Also klärt vorher unbedingt ab, ob ihr euch wirklich darauf einlassen wollt! Natürlich kann es auch passieren, dass man auf diese Art und Weise mit dem/der Ex tatsächlich wieder zusammenkommt, aber auch hier gilt, dass man Vertrautheit und – na ja – manchmal auch Geilheit nicht mit neu entflammter Liebe verwechseln sollte. Für die meisten Trennungen gab es gute Gründe, und selbst wenn diese außerhalb des Bettes lagen, sollte man sich auch im Bett noch an diese erinnern.

One-Night-Stands sind also – wie ich eingangs bereits festgestellt habe – an sich eine wirklich schöne Sache, können aber auch verdammt schnell ins Auge (bzw. ins Herz) gehen und sollten insofern nicht ganz kopflos vonstatten gehen, vor allem nicht mit Menschen, die euch nicht fremd, sondern vertraut sind. Sex zwischen Freunden zum Beispiel kann ganz furchtbare Narben hinterlassen, die selbst die engste Freundschaft dauerhaft entstellen können. Im Endeffekt sind wir alle erwachsen und sollten uns auch so benehmen. Und das bedeutet, dass wir natürlich immer und überall (egal, ob über den Wolken oder auf einer Clubtoilette) mit Kondomen verhüten, unabhängig davon, ob wir den Menschen kennen oder nicht. Denn ob eure Ex in der Zwischenzeit noch andere Kontakte gepflegt hat, könnt ihr ihr eben leider nicht ansehen … Aber wir sollten nicht nur unseren Körper schützen, sondern auch dafür sorgen, dass wir unsere Gefühle beim Sex für eine Nacht nicht allzu schnell auf einem Silbertablett servieren, und natürlich auch umgekehrt darauf achten, dass wir keine Gefühle verletzen. Und das gilt in diesem Fall mal gleichermaßen für euch Männer wie auch für uns Frauen. Denn, wie gesagt, im Bett ist jeder von uns verletzlich und hinterher meistens sogar noch viel mehr …

13. Telefonieren – tut das weh?

Ich führe mit meinem Freund eine vertrauensvolle Beziehung und habe auch keinerlei Probleme damit, dass er des Öfteren auf Geschäftsreisen muss. Im Gegenteil, ich habe die Erfahrung gemacht, dass so kleine räumliche Trennungen auf Zeit sogar ziemlich gut für eine Partnerschaft sind. Man freut sich wieder auf den anderen, ist gespannt, was er alles zu erzählen hat, und merkt erst einmal, wie blöd es eigentlich ist, wenn niemand versucht, einem nachts die Decke zu klauen.

Nur eines ist wirklich nervig, wenn mein Freund verreist ist: das Telefonieren. Warum auch immer, aber sobald mein Liebster irgendwo in der Weltgeschichte unterwegs ist, mutiert er vom kommunikativen Beziehungsmenschen zu einem stummen Brummbär, zumindest am Telefon und mir gegenüber. Neulich zum Beispiel habe ich ihm sehr ausführlich von einem wichtigen Meeting erzählt, das ich an diesem Tag hatte und zu dem ich unbedingt seine Meinung hören wollte. Es ging also nicht mal um irgendwelche schwulstigen Liebesschwüre oder sonstige Emotionalitäten, sondern um ein ganz normales Gespräch. Bis ich realisiert habe, dass mein holder Freund sich gerade parallel mit dem Taxifahrer unterhielt und sich das »einfach ein bisschen mehr Gas geben« weder auf mich noch auf mein Meeting, sondern auf irgendwelche Kölner Straßenverhältnisse bezog. Und da soll ich mich etwa nicht aufregen?

Wobei das Aufregen am Telefon sowieso nichts bringt, wie ich gelernt habe. Stattdessen gehe ich in solchen Situationen neuerdings dazu über, einfach aufzulegen. Wie auch in ebenjenem unfreiwilligen Dreiergespräch mit dem rheinischen Taxifahrer. Der Gipfel der Unverfrorenheit war aber, dass mein Freund mich geschlagene vierzig Minuten später zurückrief, und zwar mit den Worten: »Sorry, du bist gerade irgendwie aus der Leitung geflogen. Wo waren wir gerade?« Daraufhin erläuterte ich ihm wutschnaubend, dass das vor über einer halben Stunde war, was er dann mit »Das kann ja überhaupt nicht sein« kommentierte. Na ja, das Telefonieren mit euch Männern ist wirklich so eine Sache. Und noch schlimmer wird es, wenn es um verbale Streicheleinheiten per Kommunikationstechnik geht. Nein, ich meine jetzt nicht Telefonsex, denn dazu seid ihr unerklärlicherweise dann doch wieder in der Lage. Ich spreche von der Formulierung von Gefühlen per Telefon, also zum Beispiel »Ich vermisse dich«, »Du fehlst mir so«, »Ich liebe dich so sehr« und so weiter.

Und hier muss ich euch doch erst mal ein Kompliment machen: Viele von euch – und zwar erstaunlich viele – schaffen es heute tatsächlich, hin und wieder mal ganz offen mit uns über ihre Gefühle zu sprechen. Vielleicht nicht unbedingt in nahezu literarischer Form, aber doch immerhin relativ offen. Das ist toll! Ehrlich. Nur eines verstehe ich nicht: Wieso verpufft die sagenhafte neu erlernte Fähigkeit, sobald ihr einen Telefonhörer auch nur von Weitem seht?

Es lebe die (Telefon-)Technik!

Ehrlich, *telefonieren* mit euch ist wirklich kein Spaß! Da seid ihr nun schon ewig weit weg von uns (sonst müssten wir ja nicht telefonieren) und dann bekommen wir statt zärtlicher Liebeserklärungen und einer Beteuerung, wie unglaublich sehr ihr uns doch vermisst, nur einsilbige Antworten und knappe Kommentare. Und das ist nicht nur bei meinem Freund so, sondern bei der überwiegenden Mehrheit der Männer, wie ich durch zahlreiche Gespräche mit meinen Leidensgenossinnen herausfinden musste. Die Frage ist aber: Warum ist das so? Ihr habt doch sonst eine Vorliebe für Technik, wie kann euch dann ein kleines Gerät wie ein Handy derart verwirren, dass ihr plötzlich zu lauter Halbstummen mutiert?

Also, mal ehrlich, mit euren Smartphones könnt ihr das Wetter auf Honolulu abrufen, Strichmännchen zeichnen und sogar virtuell Fische angeln, nur ein anständiges Ich-vermisse-dich-Telefonat führen, das könnt ihr nicht! Ich weiß schon, dass wir mit euch am Telefon nicht stundenlang quatschen können wie mit unseren Freundinnen. Das verlangt ja auch kein Mensch. Aber wenn wir euch fragen, wie euer Tag war, dann hätten wir schon gern ein bisschen mehr gehört als nur »gut« oder »stressig«. Wir interessieren uns eben für euch und wir möchten wissen, wie es euch geht, auch wenn wir nicht bei euch sind. Darüber solltet ihr euch doch freuen. Wäre es euch denn lieber, wenn ihr uns schnurzpiepegal wärt? Das kann ich mir nicht vorstellen.

Und ist es nicht eigentlich eine tolle Errungenschaft der modernen Kommunikationsmedien, dass wir uns miteinander unterhalten können, auch wenn wir Hunderte oder gar Tausende Kilometer voneinander entfernt sind? Egal, ob es dabei um ein Meeting, das Geburtstagsgeschenk für eure Mutter oder den nächsten Kurzurlaub geht. Oder eben darum, dass ihr uns vermisst. Oder wir euch. Oder im Idealfall wir uns gegenseitig. Und das ist doch etwas Schönes!

Früher, als die Kreuzritter und ihre Kollegen in den Krieg zogen, mussten sämtliche Burgfräulein monatelang oder sogar jahrelang bangen und hoffen, dass ihre Liebsten überleben und zurückkehren würden. Wenn sie ganz großes Glück hatten, erreichte vielleicht nach ein paar Monaten mal ein verblichenes Stück Pergament mit ein paar Zeilen von ihrem Liebsten die Burg, aber selbst wenn das Fräulein dann die Kunst des Lesens beherrschte und die Zeilen entziffern konnte, waren diese schon wieder so alt, dass sie immer noch nicht wusste, ob ihr Liebster noch am Leben war. Und umgekehrt war es genauso. Die edlen Ritter hatten bis zu ihrer Rückkehr keine Ahnung, ob ihre Holde bereits von der Pest niedergerafft worden war, den Schlüssel zu ihrem Keuschheitsgürtel unwiederbringlich verloren hatte oder gerade von Ritter Kunibert verführt wurde. Da haben wir es doch heute viel besser! Und davon sollten wir auch Gebrauch machen.

Wozu braucht ihr denn die ganzen Flatrates, wenn ihr sie nicht nutzt? Wahrscheinlich in erster Linie, um neue Apps zu laden. Wobei ich sagen muss, dass die meisten Apps sowieso recht sinnfrei sind. Um Luftblasen zu zerquetschen und Bowling zu spielen, braucht man doch kein iPhone. Wirklich sinnvoll wäre stattdessen eine Romantik-App. Eine, die mit automatischer Spracherkennung all eure nüchternen und unromantischen Sätze automatisch in aufrichtige und zärtliche Aussagen umwandeln könnte. So würde aus »Das Hotelbett ist viel zu hart« ganz schnell »Ohne dich kann ich einfach nicht einschlafen«. Ich bin mir sicher, diese App würde so manche Beziehung retten. Aber leider existiert sie nicht.

Ihr könnt allerdings versuchen, euch eine eigene Romantik-App zu basteln, indem ihr einfach drei Sekunden nachdenkt und *selbst* versucht, beim Telefonieren etwas gefühlsbetonter zu sprechen. Und mit »gefühlsbetont« meine ich nicht, dass ihr jetzt mit unterdrücktem Schluchzen ins Telefon schmalzen sollt, sondern einfach, dass ihr euch anstrengt, nicht jeden zweiten Satz aus nur einem Wort bestehen zu lassen. Wenn ihr jeweils Subjekt, Prädikat, Objekt und dann vielleicht noch das eine oder andere Adjektiv einbaut, lauft ihr schon mal nicht Gefahr, total abwesend rüberzukommen.

Wir sind schon glücklich, wenn ihr euch die Mühe macht, in vollständigen Sätzen und einigermaßen interessiert mit uns zu sprechen, auch wenn wir am anderen Ende der Welt sind – oder dann erst recht. Und wenn ihr dann auch noch ein ganz klein wenig Gefühl einbringt und uns zeigt, dass es euch wichtig ist, dass wir Anteil an eurem Alltag nehmen, und dann vielleicht noch der Satz »Du fehlst mir übrigens« hinterherkommt, sind wir in der Regel bereits versucht, euch für den Telefon-Oscar vorzuschlagen. Entspanntes Telefonieren zwischen Mann und

Frau ist eben kein Hexenwerk, es kommt nur auf den richtigen Ton an.

»Ich ruf dich an«

Eigentlich ist es ja schon toll, wenn ihr es überhaupt schafft anzurufen, manche von euch kommen nämlich gar nicht erst so weit. »Ich ruf dich an« ist wahrscheinlich die häufigste Lüge seit Erfindung des Telefons. Wobei diese Lüge heute dank Facebook, E-Mail, SMS, Skype und Twitter ja nicht mehr ganz so relevant ist. Dank der regelmäßigen Posting-Kultur in den sozialen Netzwerken sind die meisten Ausreden sowieso hinfällig geworden, denn wir können jetzt sogar *sehen*, dass ihr euch nicht gerade in Somalia befindet, um hungernden Kindern zu helfen, wo ihr keinen Handyempfang habt, sondern dass ihr gerade auf der Wiesn feiert und eure Zunge in den Hals irgendeiner anderen steckt. Alles sauber dokumentiert, fotografiert und hochgeladen von eurem Facebook-süchtigen besten Freund.

Jaja, das Internet hat schon so seine Vorteile – auch für uns Frauen. Und von Onlineschuhshops einmal abgesehen, liegen die darin, dass der alte Satz »Ich ruf dich an« heute sowieso kaum noch Bedeutung hat, denn man sieht sich ja sowieso auf Skype, Facebook oder sonst wo im Netz. Wir müssen also nicht mehr ewig vor dem Telefon sitzen und darauf warten, dass ihr euch endlich meldet. Heute können wir während des verzweifelten Wartens wenigstens mit unseren Freundinnen chatten, ohne die Leitung zu blockieren, oder euch nach einem Blick auf eure Pinnwand sowieso gleich ganz abschreiben. Und das könnten wir euch dann per SMS direkt mitteilen. Nein, kleiner Scherz. Ich werde mich jetzt nämlich nicht zu der überall gängigen Diskussion äußern, ob Schlussmachen per SMS angemessenen ist oder nicht – wir alle wissen ja, dass es das nicht ist. Schlimm genug, dass es einige von euch dennoch immer wieder tun. Aber diese Typen sind ohnehin so verkorkst, dass es sich gar nicht lohnt, weiter darüber zu schreiben. Gleiches gilt im Übrigen auch für Nachrichten über Facebook (und auf der Pinnwand sowieso!), Twitter oder Skype (es sei denn, einer von euch befindet sich für mehrere Monate im australischen Busch und hat keine Möglichkeit, die betreffende Frau persönlich zu treffen, dann ist Skype vielleicht eine Ausnahme).

Alles in allem denke ich, dass das Telefon (ob mobil oder per Videotelefonie) nach wie vor die persönlichste Art des Kommunizierens zwischen zwei Menschen an unterschiedlichen Orten ist. Auf Facebook treffe ich mich mit entfernten Bekannten oder auch mal mit Freunden, aber so gut wie nie mit *meinem* Freund. Besonders in Zeiten, in denen wir mit so vielen unterschiedlichen Menschen so leicht kommunizieren können und das auch tun (wie viele Facebook-Freunde habt ihr denn?), ist es notwendig, dass wir für die wichtigsten Menschen in unserem Leben eine Premium-Kommunikation reservieren. Und wenn diese mal nicht von Angesicht zu Angesicht möglich ist, wird es noch wichtiger, dass ihr dieses Premium-Gefühl auch vermittelt.

Das heißt, dass ihr nicht nur nebenbei mit eurer Freundin telefoniert (und währenddessen dem ungeliebten Kollegen auf Facebook antwortet), sondern richtig, in ganzen Sätzen, aufmerksam und einigermaßen konzentriert. Und wenn das aufgrund von äußeren Umständen gerade nicht möglich ist, dann teilt ihr das eben höflich und ohne zu motzen mit und ruft einfach später noch mal zurück. Nehmt euch Zeit für ein Telefonat und führt es nicht zwischen Tür und Angel! Okay, es ist euch unangenehm zu telefonieren, wenn andere Menschen zuhören, das verstehe ich. Aber dann sucht euch eben Zeitfenster und Möglichkeiten, um zumindest einmal am Tag ein ungestörtes Gespräch führen zu können. Ihr seid nicht der Papst, ihr müsstet das wirklich schaffen. Und belohnt werdet ihr dafür schließlich auch. Denn jede von uns wäre super dankbar, wenn sie auch am Telefon einen Freund hätte, in den sie sich jederzeit wieder verlieben könnte, statt plötzlich einen griesgrämigen Brummbären am Ohr kleben zu haben. Und wenn ihr uns mit zärtlicher Stimme und einem guten Gespräch erfreut, dann sind wir doch gleich viel motivierter, euch auch zu erfreuen. Denn dass man sich per Telefon nicht nur ganz wunderbar darüber unterhalten kann, wie man seinen Tag verbracht hat, sondern auch noch anders Spaß haben kann, das wissen wir natürlich auch …

14. Hochzeit (für uns die logische Konsequenz von Liebe)

Ach Jungs, es ist wirklich nicht intelligent, uns die ganze Zeit vorzubeten, wie wenig ihr vom Heiraten haltet, wie überflüssig das ganze Theater ist und wie wenig bereit ihr für einen solchen Schritt seid … Wenn ihr Angst vorm Heiraten habt oder Brautkleider blöd findet, dann behaltet das doch einfach für euch! Lächelt bedächtig, wenn eure Freundin euch von der Hochzeit einer alten Schulfreundin vorschwärmt, und haltet die Klappe! Mit eurem Geläster macht ihr euch doch sowieso nur unglaubwürdig, denn letztendlich gewinnen meistens wir. Also erspart euch und uns diese ganzen Diskussionen über Anträge, ewige Liebe und weiße Tauben und hüllt euch einfach in geheimnisvolles Schweigen (zumindest, wenn ihr nichts Nettes sagen könnt). So vermeidet ihr, dass euch jede Menge heißer vorehelicher Sex entgeht, und habt trotzdem noch lange keinen Ring am Finger.

Macht uns zur Prinzessin!

Mal ganz ehrlich, brecht ihr euch denn wirklich einen Zacken aus der Krone, wenn ihr eure große Liebe irgendwann auch mal ehelicht? Heute geht es doch schon lange nicht mehr um das Versorgtsein der Frau (also nicht um eure Kohle) wie früher einmal. Wir wollen keinen Ehemann, der für uns den Kühlschrank füllt (können wir selbst) und uns ein sorgenfreies Leben hinterm Herd beschert. Nein, wenn wir heiraten wollen, dann geht es natürlich erst einmal *darum*, dass wir unsere Liebe zu euch besiegeln möchten, klar. Aber es geht auch, und zwar noch viel mehr, *darum*, dass ihr uns damit beweist, dass wir eure einzige, bezaubernde und ewig anbetungswürdige Prinzessin sind.

Und da wären wir wieder beim Thema mit der Krone: Mädchen lieben Märchen. Und wir Frauen sind große Mädchen, also lieben auch wir Märchen. Doch leider ist unser Alltagsleben nicht unbedingt voll davon. Genau genommen gibt es fast nur eine einzige Gelegenheit, in der sich eine Frau heute noch so richtig als Prinzessin fühlen darf, und das ist am Tag ihrer Hochzeit. Als Braut können wir fantastische und aberwitzig teure Kleider tragen, haben traumhafte Frisuren, sind umgeben von einem Meer aus Blumen und werden von einem – nein, von *unserem* – Prinzen vor den Altar geführt. Weiße Tauben fliegen, Englein singen und so weiter und so fort, ihr wisst ja selbst, wie das Ganze üblicherweise so vonstattengeht.

Bräute sind quasi moderne Prinzessinnen, zumindest für einen Tag. Und dass eure Freundin dieses schönste Märchen ihres Lebens auch gern einmal erleben möchte, kann man ihr doch nicht ernsthaft verübeln! Und schon gar nicht, dass sie sich wünscht, dass ihr der edle Ritter (oder in dem Fall Bräutigam) seid, der ihr diesen Wunsch erfüllt und sie zur Prinzessin macht.

Ich meine, mal unter uns: Frauen sind doch heute nicht mehr so scharf aufs Heiraten, weil sie um jeden Preis einen Mann für immer an sich binden wollen. Es geht nicht darum, dass wir panische Angst hätten, euch zu verlieren, falls wir euch nicht so schnell es geht mit einem Ring für alle Ewigkeiten an uns fesseln. Manchmal habe ich nämlich den Eindruck, dass ihr genau davor so furchtbare Angst habt. Aber, Jungs, dass Scheidungen heutzutage recht einfach und schnell zu realisieren sind, hat sich auch schon bis in unsere Nagelstudios rumgesprochen! Uns ist absolut klar, dass eine Ehe keine Garantie für ewige Zweisamkeit ist, vielleicht sogar das Gegenteil: Oder gehen verheiratete Männer nicht sogar öfter fremd? Man könnte jedenfalls den Eindruck gewinnen. Darum geht es also nicht. Der Grund ist stattdessen, dass der Mann an unserer Seite uns auf Händen trägt und uns zu seiner Princess of a day, oder besser zur Princess of his life macht. Und dazu, verdammt noch mal, brauchen wir ebendiesen ganzen Aufriss! Also, stellt euch bitte nicht so an …

Natürlich sollt ihr nicht die erstbeste Frau heiraten, die zufällig in euer Leben (oder Bett) stolpert, und schon gar nicht, wenn ihr den Eindruck habt, dass es sich hierbei nicht um die Frau eures Lebens handelt. Das ist ja klar. Und auch den heißen Urlaubsflirt mit den unglaublich großen Brüsten müsst ihr nicht nach drei Monaten Beziehung ehelichen, nur weil die Dame sich ein weißes Kleid und eine Kutsche wünscht. Aber ich denke, das versteht sich von selbst. Allerspätestens seit dem Film *Hangover* wissen wir alle (und vor allem ihr), was spontane Las-Vegas-Urlaube für unangenehme Konsequenzen mit sich bringen können … Der Spruch »Drum prüfe, wer sich ewig bindet« hat auch heute noch seine Gültigkeit. Aber mal abgesehen davon, dass das »ewig« mittlerweile ja auch eher als relativ anzusehen ist, liegt das Problem der Hochzeits- beziehungsweise – und ich schreibe jetzt einfach mal das schlimme Wort – *Bindungsangst* bei einigen von euch tiefer. Wenn ihr nämlich schon einige Jahre mit eurer Freundin zusammen, *glücklich* und davon überzeugt seid, dass die Frau an eurer Seite einfach großartig und sexy ist, ja, warum schaltet ihr dann beim Thema Hochzeit die Ohren dermaßen auf Durchzug, dass man Angst haben muss, dass der nächste Windhauch euer Gehirn zur Ohrmuschel rauspusten könnte?

Nehmen wir einmal an, ihr seid mit eurer Freundin seit vier Jahren zusammen und fühlt euch wohl dabei. Gut, eure Freundin bläst euch nicht mehr jeden Morgen nach dem Aufstehen einen, aber mal ganz ehrlich, glaubt ihr wirklich, dass die blonde Kollegin aus der Buchhaltung das nach vier Jahren noch jeden Tag tun würde? Egal, wie nett sie euch auch immer im Fahrstuhl anlächeln mag, glaubt mir, auch *sie* würde das nach vier Jahren nicht mehr tun. Sex und erst recht Oralsex werden im Lauf der Jahre einfach etwas weniger. Wenn ihr zu Beginn eurer

Beziehung schon glaubtet, eure Freundin könnte nymphoman veranlagt sein, und euch dann später wundert, wohin diese Veranlagung im Lauf der Jahre verschwunden sein könnte, muss euch das keine Angst machen. Das ist nicht abnormal oder ein Beweis dafür, dass eure Beziehung (oder gar ihr im Bett) schlecht wäre, es ist schlicht und einfach natürlich. Wäre es anders, würden nicht derartig viele Männer (und ja, auch Frauen) in langjährigen Beziehungen fremdgehen, sie wären sexuell viel zu ausgepowert. Trotzdem ist das natürlich keine Entschuldigung fürs Fremdgehen. Es gibt aber auch andere Lösungen für eine beziehungsbedingte Sexflaute, dazu mehr im zugehörigen Kapitel (»Sex« natürlich).

Worum es mir hier geht, ist, euch klarzumachen, dass es nicht sinnvoll ist, ewig auf etwas Besseres zu warten. Zumindest nicht, wenn ihr schon das Beste habt und euch damit trotzdem nicht zufriedengeben wollt. Wenn ihr nach mehreren gemeinsamen Jahren mit einer Frau immer noch gern abends neben ihr einschlaft, morgens voller Freude (auch ohne Oralsex) neben ihr aufwacht, wenn ihr eure Sorgen, Probleme und Projekte mit ihr besprechen könnt, sie sexy findet und gern eure Freizeit mit ihr verbringt, dann kann diese Frau für euch so schlecht nicht sein! Am Anfang und in den ersten Jahren ist es nämlich kein Kunststück, dass man sich gut versteht. Das tun alle Pärchen und die, die es selbst da nicht tun, hatten sowieso nie eine Chance.

Natürlich gibt es kein Patentrezept, wann eine Beziehung lange genug funktioniert hat, um Erfolgschancen auch für die nächsten zwanzig Jahre zu sehen. Allerdings habe ich bei mir und vielen Freundinnen festgestellt, dass drei Jahre eine gute Zeitspanne sind. Die meisten Männer hatten wir nämlich nach drei Jahren so satt, dass wir das Weite suchten (oder umgekehrt). Deswegen ist meine persönliche Grundregel, niemals einen Mann zu heiraten, mit dem ich nicht mindestens drei Jahre lang zusammen und glücklich bin. Im ersten Jahr schwebt man sowieso auf Wolken, im zweiten kann man sich zumindest noch sehr gut an diese Wolken erinnern und im dritten merkt man dann, ob es ein stabileres gemeinsames Fundament gibt als nur ein paar rosa Liebeswölkchen oder eben auch nicht.

Das ist natürlich immer noch keine Garantie für eine ewig währende Traumehe (die gibt es wahrscheinlich nicht), aber ich bleibe dabei: Wenn ihr mindestens drei Jahre – oder besser, noch länger – mit einer Frau zusammen seid und die Beziehung nach wie vor genießt, dann gibt es wirklich größere Risiken auf der Welt, als diese Frau zu ehelichen. Mag sein, dass euch eure Kollegin aus dem Aufzug oder die Kleine aus dem Salsaclub vom letzten Samstag, die heiße Käseverkäuferin aus dem Supermarkt oder wer auch immer im Moment so verlockend erscheint, dass ihr euch lieber alle Optionen offen halten wollt. Aber seid mal ehrlich: Glaubt ihr wirklich, dass ihr den sexy Frau-Antje-Verschnitt in vier Jahren immer noch so faszinierend finden werdet oder dass Miss Gouda euer Waschbärbäuchlein genauso süß finden würde, wie es eure Freundin tut? Und zwar nicht, weil sie so auf Bauchspeck steht, sondern weil sie euch einfach aufrichtig liebt? Was ist schon täglicher Oralsex gegen einen Partner, der euch jeden Tag unterstützt und zu euch steht? Okay, in euren Augen ist täglicher Oralsex vielleicht sogar wirklich mehr wert, aber hey! Den bekommt ihr von *keiner* Frau länger als sechs Monate am Stück. Dann hat sie nämlich entweder einen ausgerenkten Kiefer, ihr seid pleite, weil ihr jeden Morgen fürs Bordell bezahlen müsst, oder ihr seid tatsächlich mit einer Nymphomanin zusammen.

Wie auch immer. Wenn ihr euch in einer glücklichen, mehrjährigen Beziehung befindet und wenn es der größte Wunsch eurer Partnerin ist, endlich zu heiraten, dann denkt doch zumindest einmal ernsthaft darüber nach. Wie gesagt, euch fällt weder ein Zacken aus der Krone, wenn ihr diesen Schritt wagt, noch werdet ihr ein Leben lang in Eisenfesseln gekettet. Und sterben müsst ihr daran auch nicht. Das Einzige, was ihr mit einem Antrag bewirkt, ist, dass ihr eure Freundin endlich zur Prinzessin macht. Und auch in puncto Oralsex könnte diese Tatsache sehr positive Konsequenzen für euch haben. Na ja, und das wäre dann doch für uns *alle* ein wirklich grandioses Happy End[2] …

2 Wie ihr dahin kommt, könnt ihr übrigens im Kapitel »Heiratsantrag« nachlesen

»Die Außenseite eines Menschen ist das Titelblatt des Inneren.«
SPRICHWORT AUS PERSIEN

15. Mode

Ich habe mir neulich gemeinsam mit einer Bekannten Hochzeitsbilder von deren Cousine angeschaut. Die Cousine war wirklich eine sehr hübsche Braut, sie hatte ein bezauberndes Lächeln, trug ein fantastisches Kleid und ihre Augen strahlten wie kleine Diamanten. Na ja, und dann gab es da noch ihren Bräutigam. Der lächelte zwar auch, sein Anzug saß wie eine Eins, aber ob seine Augen nun strahlten oder nicht, konnte ich leider schlecht beurteilen, denn sie wurden auf jedem zweiten Bild von einer riesigen Porno-Sonnenbrille verdeckt. Die Sonne schien wohlgemerkt auf keinem der Bilder und weder die Braut noch die Gäste mussten die Augen zusammenkneifen. Es war sogar ziemlich dunkel, was auch kein Wunder war, da es sich um eine Hochzeit im Herbst handelte. Was für mich wiederum nur den Schluss zulässt, dass es der Möchtegern-Checkerbräutigam einfach nur cool fand, am schönsten Tag seines Lebens sämtliche Erinnerungsbilder durch den James-Bond-für-Arme-Look zu verschandeln. Aber, meine Lieben, merkt euch bitte eines: Mit Sonnenbrille zum Anzug darf man nur in Las Vegas oder von mir aus auch noch in St. Tropez (wenn die Sonne dort gerade ganz oben steht) heiraten! Ansonsten heißt es: Bauch rein, Brille ab und Brust raus!

Nur was für Brad Pitt

Aber die Kombination Anzug und Sonnenbrille ist nicht nur am Tag der Tage eine schwierige Nummer. Ich weiß, für euch ist die Sonnenbrille zum Anzug der Inbegriff der Coolness – für uns ist sie dagegen nicht selten ein Grund, mit rotierendem Magen die Damentoilette aufzusuchen. Jungs, Anzüge sind etwas Tolles. Sonnenbrillen auch. Aber zusammen sieht das Ganze nur cool aus, wenn ihr entweder beim FBI arbeitet oder Brad Pitt seid. Wisst ihr, *Men in Black* war nur ein Film und dazu sogar noch ein Science-Fiction-Film. Außerdem setzten Will Smith und sein

Partner die Sonnenbrillen nur auf, um andere zu blitzdingsen, und nicht, um cool zu sein. Solange ihr also noch keinen Blitzdingser erfunden habt oder als britischer Geheimagent jungfräuliche Diplomatentöchter in der Wüste retten müsst, solltet ihr euch ganz genau überlegen, ob ihr zu eurem Anzug tatsächlich unbedingt eine Sonnenbrille tragen müsst. Und falls es sich aufgrund der Lichtverhältnisse doch einmal gar nicht vermeiden lassen sollte, dann wählt wenigstens eine Brille, die zum Anzug passt, und Porno-Brillen tun das in der Regel nicht (außer euer Anzug ist lila und aus Cord) …

Das heißt aber ganz sicher nicht, dass ich euch das Tragen von Accessoires ausreden will. Um Himmels willen! Ich habe vor Kurzem selbst ein ganzes Buch über Accessoires geschrieben und ich weiß, wie wichtig sie für uns, aber natürlich auch für euch sind. Und ich sage ja auch gar nicht, dass Sonnenbrillen als Accessoire schlecht sind, das sind sie nämlich definitiv nicht. Ich liebe Sonnenbrillen, vor allem an Männern! Nur würden wir Frauen sie auch nicht unbedingt zu einer Oscar-Robe kombinieren, wenn ihr versteht, was ich meine … Im Alltag dagegen können Sonnenbrillen sehr, sehr sexy sein und nebenbei auch noch Augenfalten vorbeugen. Also, sobald die Sonne scheint, sollte es für euch heißen: Raus mit den Gläsern und ab auf die Nase! Nachts allerdings oder an bewölkten Tagen wirken Männer mit Sonnenbrillen einfach nur lächerlich. Und zwar alle. Sorry, Jungs. Aber vielleicht ist das ja dem einen oder anderen von euch sowieso auch schon aufgefallen …

Andere Accessoires dagegen kann man(n) immer tragen, wie zum Beispiel Uhren. Mich irritiert es immer, wenn ich einen Mann nach der Zeit frage und er mir antwortet, dass er keine Uhr dabeihat. Männer und Uhren gehören für mich so zusammen wie Frauen und Schuhe. Männer können einparken, den DVD-Player bedienen und wissen immer, wie spät es ist. So sollte es zumindest sein. Ich meine, im Vergleich zu uns habt ihr ja sowieso schon eine relativ eingeschränkte Auswahl an Accessoires, denn Handtaschen, Ohrringe und High Heels sind nicht wirklich etwas für euch. Deswegen haben ja für viele Männer Marken wie Rolex, Breitling und Co. einen derart hohen Stellenwert. Dabei muss eine schöne Uhr gar nicht unbedingt gleich Tausende von Euro kosten, wir tragen ja schließlich auch nicht nur Pumps von Christian Louboutin, aber ein Männerhandgelenk sieht mit Uhr einfach gleich viel interessanter aus. Außerdem verratet ihr uns so auf den ersten Blick etwas über euren Stil – eher sportlich, elegant oder ausgeflippt – und ihr könnt euch dadurch ausdrücken und uns zeigen, wie ihr euch selbst gern seht, und vor allem, wie wir euch sehen sollen. Ein Accessoire soll fast immer etwas ausdrücken und so ist eine Uhr meistens auch nicht nur ein ummanteltes Räderwerk, das die Zeit anzeigt, sondern ein Schmuckstück.

Und da wären wir auch schon beim nächsten heiklen Thema: Was Schmuckstücke angeht, könnt ihr nämlich ganz schön viel verkehrt machen, ich sage nur, Brillant-Ohrringe und Goldkettchen … Meine Lieben, mit Brillanten könnt ihr Frauen nur beeindrucken, wenn sie in türkisfarbenen Schächtelchen verpackt sind, niemals aber, wenn sie in euren Ohrläppchen stecken! Der einzige Mann, der Ohrringe tragen darf und damit heiß aussieht, ist Johnny Depp und das auch nur, wenn er gerade als Captain Jack Sparrow die Karibik unsicher macht. Na ja, der dürfte das vielleicht auch so, aber er ist wirklich der Einzige! Keine sexuell einigermaßen gesund veranlagte Frau steht auf Männer mit Ohrringen, das ist einfach so. Und deswegen *kann* es überhaupt nicht in eurem Interesse liegen, sich irgendwelches Edelmetall durch die Ohrläppchen schießen zu lassen, schließlich habt ihr ja im Endeffekt nichts davon. Außer vielleicht eine böse eitrige Entzündung oder ein blaues Auge, weil die Dame in den Lackstiefeln am Hauptbahnhof euch mit ihrem ehemaligen Zuhälter verwechselt hat. Alles in allem keine allzu schönen Aussichten, oder?

Und Ähnliches gilt auch für Goldkettchen. Die Siebzigerjahre sind vorbei, Thomas Anders ist schon lange kein Style-Vorbild mehr (falls er das überhaupt jemals war) und bei den aktuellen Goldpreisen solltet ihr eure Erbstücke sowieso besser zum Goldhändler bringen. Allerdings gibt es durchaus auch Ketten, die an Männern toll aussehen können! Vor allem im Urlaub auf gebräunter, gut rasierter und gepflegter Haut können Lederketten oder Ähnliches richtig sexy aussehen. Verwuschelte Haare, dunkle Haut, ein leicht geöffnetes Leinenhemd und ein dunkelbraunes Lederband – wir Frauen stehen auf den Surferlook! Natürlich muss er auch irgendwie zu eurem Typ passen (wir laufen ja auch nicht alle mit Victoria's-Secret-Flügeln herum), aber insbesondere nach einem langen Strandurlaub steht dieser Look eigentlich fast jedem Mann.

Put a ring on it!

Und noch ein weiteres Accessoire passt zu wirklich jedem Mann: der Ehering. Ich verstehe gar nicht, warum der so aus der Mode gekommen ist. Ist es etwa uncool zu zeigen, dass man verheiratet ist? Jungs, wisst ihr überhaupt, wie viele unglückliche männliche Singles es mittlerweile gibt, die froh wären, wenn sie endlich mal wieder eine tolle Frau abkriegen würden? Ihr *habt* tatsächlich eine abbekommen – und dann ist es euch peinlich, das zu zeigen? Und was das Flirten angeht – also, ich will ja meinen Geschlechts genossinnen nicht unbedingt in den Rücken fallen –, aber so ein Ehering hat eine wirklich interessierte Frau noch selten abgehalten, manchmal eher im Gegenteil. Das sollte aber natürlich auch kein Grund sein, einen Ehering zu tragen. Vielmehr geht es darum, dass man doch stolz darauf sein sollte auf diesen Liebesbeweis. Gerade im Beruf gibt es etliche Vorgesetzte, die es sehr gern sehen, wenn ihre Mitarbeiter ein solches Symbol am Finger tragen, weil sie diese dann für zuverlässiger und reifer halten, was natürlich nicht automatisch zutrifft. Außerdem gibt es, wie gesagt, gar nicht so viele Accessoires, die ihr tragen könnt, ohne lächerlich zu wirken, und Ringe gehören generell schon mal eher nicht dazu. Deswegen seid doch froh, dass es diesen alten Brauch der Eheringe gibt, die heute ja auch schon längst nicht mehr nur goldfarben und schmal sein müssen. Einen schönen Ehering darf auch nicht nur eure Partnerin tragen, dieses Privileg teilt ihr miteinander.

Ganz anders sieht es allerdings bei den Handtaschen aus. Denn Männerhandtaschen gehen gar nicht! Dabei habe ich wirklich Verständnis dafür, dass auch ihr eine mobile Aufbewahrungsmöglichkeit für Tempos, Geldbeutel, Handy, Handcreme, Pfefferminzbonbons und Kugelschreiber haben wollt. Wobei die meisten von euch das alles eigentlich gar nicht brauchen! Manchmal habe ich den Eindruck, ihr könntet nur mit einer Kreditkarte und einem Kaugummi drei Wochen überleben. Und irgendwie lieben wir ja auch genau das so sehr an euch! Ihr seid eben einfach viel unkomplizierter als wir und das macht euch wiederum so männlich und sexy. Also, lasst das mit den Männerhandtaschen sein und alles ist gut!

Das Gleiche gilt für Sandalen. Wenn ihr *Das Leben des Brian* auch noch so oft gesehen habt und es toll findet – im echten Leben tragen Männer keine Sandalen. Zumindest nicht, wenn sie von anderen Männern und uns Frauen ernst genommen werden wollen. Wenn es euch im Sommer zu heiß ist, dann schmeißt euch meinetwegen in Flip Flops, aber lasst euch bitte von niemandem erzählen, dass Männer in Sandalen sexy seien! Es sieht im besten Fall einfach nur lächerlich aus, ziemlich oft sogar hässlich. Jungs, ihr seid wirklich tolle Wesen, aber eure Füße sind in den meisten Fällen leider alles andere als schön. Männerfüße sind nun mal nicht sexy, das kann man drehen und wenden, wie man will. Und das ist ja auch nicht schlimm. Es gibt wirklich Wichtigeres im

Leben als bezaubernde Füße, aber mit ausgefallenen Sandalenmodellen betonen müsst ihr eure Quadratlatschen dann ja doch nicht, oder?

Bauch rein und Brüste raus!

Aber jetzt habe ich genug über eure Modesünden geschrieben und komme mal zu uns Frauen. Also, dass ihr auf Miniröcke, Overknee-Stiefel und tiefe Dekolletés steht, ist ja nun wirklich kein Geheimnis. Und dass ihr Ballerinas hasst, auch nicht. Aber es gibt einfach gewisse Modetrends, die uns Frauen gefallen und denen wir gern folgen würden, ohne von euch gleich als unsexy angesehen zu werden. Muss denn wirklich immer alles herausquellen und gepusht werden, damit es euch gefällt?

Manchmal ist das ganz lustig: Ich habe eine wöchentliche TV-Kolumne in dem Magazin *taff* und da kann ich die Quoten anhand der Größe meines Ausschnitts fast kurvengenau voraussagen, vor allem wenn ich in einem männlichen Teil der Sendung laufe. Okay, ich zeige schon ganz gern, was ich habe (wie viele Frauen auch), und habe auch kein Problem damit, wenn Männer schauen. Natürlich wollen wir das auch, sonst würden wir uns doch einfach eine Wagenladung Rollkragenpullover kaufen und jeden Tag das Gleiche anziehen. Aber manchmal beschleicht mich dann das unangenehme Gefühl, dass das eine oder andere Gegenüber vor lauter Nach-unten-Schauen überhaupt keine Ahnung hat, mit wem es gerade worüber wann und zu welchem Anlass spricht. Und dabei ist es völlig egal, ob man sich gerade im P1, in der Uni oder im Bayerischen Landtag befindet (ich habe das an allen drei Orten erlebt).

Und da denke ich dann schon, dass ihr die Verweildauer eurer Kulleräuglein schon ein bisschen besser unter Kontrolle haben solltet. Ich laufe den Strand ja auch nicht nur in gebückter

Haltung entlang, selbst wenn der eine oder andere gut bestückte Tourist um mich herum eine sehr enge Badehose trägt. Natürlich *dürft* ihr schauen! Aber zwischen Schauen und Starren liegen ja noch ein paar ganz entscheidende Facetten. Und wenn ihr es weiterhin gut fändet, wenn es bei unseren Outfits für euch etwas zu schauen gibt, dann solltet ihr das mit dem Starren vielleicht lieber mal lassen ... Oder es zumindest dezenter tun, da sagt ja dann auch kein Mensch etwas (vor allem eure Freundin nicht).

Und, meine Lieben, wenn wir Mädels zu Hause auch mal in einer bequemen und zugegebenermaßen nicht unbedingt übermäßig sexy ausschauenden Jogginghose relaxen wollen, dann ist das doch auch kein Riesendrama, oder? Klar, am Anfang pellt sich jede Frau für euch in sexy Negligés und Reizwäsche. Später tut sie das sicherlich immer noch, aber eben nicht jeden Tag und schon gar nicht für einen gemütlichen Fernsehabend mit Günther Jauch und Maischips mit Käsedip. Wir sind nicht alle Supermodels und selbst Supermodels sehen abends zu Hause auf der Couch ohne Stylisten und Make-up nicht mehr aus wie der fleischgewordene Sexappeal. Das tun die meisten von euch, by the way, um diese Uhrzeit in dieser Situation aber auch nicht mehr. Und ich glaube, mal generell betrachtet könnt ihr euch über unseren Umgang mit Mode nicht allzu sehr beschweren. Schaut euch doch einmal die Auflagenstärke von Frauenmagazinen an: Wir Mädels beschäftigen uns einen Großteil unserer Freizeit mit Mode, gehen leidenschaftlich gern shoppen, trainieren wie die Wilden, um in unsere Traumkleider hineinzupassen, und sparen mehrere Monatsgehälter, nur um uns ein ganz bestimmtes Paar High Heels leisten zu können. Also, Jungs, was Mode, Frauen und Optik angeht, habt ihr es schon echt gut. Und hey, wenn ihr uns dies das eine oder andere Mal sogar sagen würdet, dann könnten wir euch auch so einiges verzeihen. Zum Beispiel die Sonnenbrille zum Anzug! Na ja, also ... falls die Sonne scheint, zumindest.

»Der Grund, warum die meisten
Männer fremdgehen,
ist die Gelegenheit.«
TONY PARSONS

16. Treue

Es gibt viele Dinge, die schmerzhaft sind. Wurzelbehandlungen beim Zahnarzt oder in der Autotür eingeklemmte Zeigefinger zum Beispiel. Aber es gibt nichts auf der Welt, was so schmerzhaft ist wie das Gefühl, betrogen zu werden. Ich weiß, wovon ich spreche. Mein erster Freund war Halbitaliener, heißblütig und ungefähr so treu wie ein Zuchtkarnickel. Irgendwie wussten das alle, nur ich nicht. Oder ich wollte es zumindest nicht wissen. Bis eines Nachts – es war so gegen vier – plötzlich mein Handy klingelte und mein Freund mir erklärte, dass er gerade eine unglaublich tolle Nacht mit einem Mädchen namens Stubsi hatte, mit dem er übrigens schon seit Wochen nebenbei liiert war und wegen dem er jetzt mit mir Schluss machen wolle. Ich weiß nicht, was in dem Moment mehr wehgetan hat – die Offenbarung, dass er mich seit Wochen betrogen hatte, oder dass er dies mit einer Frau tat, die Stubsi hieß. Die restliche Nacht erlebte ich jedenfalls als den reinsten Horror, zumal es das neue Traumpärchen lustig fand, bei mir Telefonterror zu veranstalten. Gegen sechs Uhr schaltete ich weinend mein Handy aus und gegen sieben stand ich ebenso weinend wieder auf, um eine wichtige Klausur zu schreiben. Wie ich die damals bestanden habe, weiß ich bis heute nicht.

Jedenfalls lernte ich zu dieser Zeit das erste Mal diesen unglaublichen Schmerz kennen, der sich wie ein Parasit zwischen dem Magen und dem Herzen festsaugt und der jeden Betrogenen, Verlassenen oder Ungeliebten befällt und erst einmal nicht wieder loslässt. Manchmal ist der Schmerz dumpf und schwer, begleitet dich beim Aufstehen wie beim Einschlafen (*falls* du schlafen kannst) und dann wieder sticht er zu wie ein japanisches Keramikmesser und lässt dir die Tränen in die Augen schießen, zum Beispiel wenn du diesen gewissen Song im Radio hörst oder sein Parfum an irgendeinem Passanten auf der Straße riechst. Und deswegen, Jungs – lange Rede, kurzer Sinn: Wisst ihr, warum Fremdgehen so scheiße ist? Weil es einfach unglaublich wehtut! Und zwar in der Regel einem Menschen, den ihr eigentlich liebt.

Und wirklich *be*liebt macht ihr euch mit so einem Verhalten übrigens auch bei anderen Menschen nicht.

Die Guten und die Bösen

Was glaubt ihr wohl, warum alle Welt Jesse James für ein Arschloch hält, Sandra Bullock aber unglaublich verehrt? Weil Jesse James die arme Sandra betrogen hat! Miss Bullock hat diese Erniedrigung mit Würde und Klasse ertragen und kein böses Wort über Jesse verloren, geschweige denn ihm die Kronjuwelen zerfetzt oder sein Lieblingsauto in den Hollywood Hills verschrotten lassen. Allerdings sind die meisten Frauen nicht halb so gelassen wie Sandra Bullock, wenn es um Treue geht, und deshalb, liebe Jungs, glaubt nicht, dass ihr nach einem vergleichbaren Fehltritt genauso ungeschoren davonkommt wie Jessie.

Ich persönlich vermute ja sogar, dass dieses ganze nette »War-ja-alles-halb-so-wild«-Getue von Sandra in Wirklichkeit nur ein Ablenkungsmanöver ist. Irgendwann wird Jesse vermutlich aufgedunsen und mit aufgeschlitzter Kehle am Pier von Santa Monica angetrieben werden und dann wird man diesen Mord auf seine dunklen Geschäfte mit zwielichtigen Typen oder sogar auf die Mafia schieben. Niemand wird die nette, verständnisvolle Sandra im Verdacht haben, denn sie trägt ihrem untreuen Ex ja schon ewig nichts mehr nach. Frauen können nicht nur clever, sondern auch grausam sein, also seht euch lieber vor und unternehmt keine unüberlegten Shoppingtrips zu Ed Hardy, wenn ihr eigentlich Stammkunden bei Prada seid. Wenn ihr versteht, was ich meine …

Auch wenn die lasziv an ihrem Latte-macchiato-Strohhalm nuckelnde Dame neben euch in der Coffeebar kurzfristig einen Fehltritt wert zu sein scheint, so sieht das am nächsten Tag oder ein paar anstrengende Wochen später meist schon wieder ganz anders aus. Leider denken zu viele von euch nicht so weit voraus. Wenn es ums Autofahren geht, werdet ihr nicht müde, die Vorteile des vorausschauenden Fahrens zu predigen. Wenn es aber um vorausschauenden Geschlechtsverkehr geht, schaltet ihr komplett auf Durchzug. Uneheliche Babys, Ehefrauen, die sich ihre völlig unerwartete Klamydien-Infektion nicht erklären können, verräterische SMS am Wochenende und fremde Lippenstiftflecken auf frisch gestärkten Hemden sind nur einige Fremdgeh-Nebenerscheinungen, die dem einen oder anderen von euch sicherlich nicht ganz unbekannt sein dürften ... Aber was ihr mit einer (oder auch mehreren) unbedachten Nächten so alles anrichtet beziehungsweise zerstört, das fällt euch meistens erst hinterher auf. Zum Beispiel, wenn sich die heiße Latte-macchiato-Frau plötzlich als viel größere Zicke als eure Freundin herausstellt oder wenn eure Frau euch in flagranti auf dem Küchentisch erwischt und sich anschließend den besten Scheidungsanwalt der Stadt und dazu noch euren Porsche, den Golden Retriever und die Kinder nimmt.

Lieber ein Ende mit Schrecken als ...

Aber dieses Erwischenlassen in flagranti und das Riskieren eines Küchenmessers im Rücken muss ja gar nicht sein. Ihr könnt diese Dramen vermeiden, und zwar indem ihr gar nicht erst fremdgeht (ohne Frage die naheliegendste, simpelste und unkomplizierteste Lösung) oder indem ihr von vornherein reinen Tisch macht. Es gibt nun mal keinen Antiverliebtheitsschutz für Ehemänner. Wenn ihr in einer Beziehung seid und euch trotzdem plötzlich ungewollt und heftig in eine andere Frau verliebt (wohlgemerkt ihr und euer Herz, nicht nur euer bestes Stück), dann ist das für eure Partnerin traurig, schlimm und schmerzhaft, aber es passiert ab und zu dennoch.

Trotz allem könnt ihr etwas tun, damit es weniger schmutzig wird: nämlich eurer Freundin mit Respekt begegnen und euch von ihr trennen. Und zwar *bevor* ihr die Nächte mit eurer neuen Eroberung in günstig gelegenen Hotelzimmern verbringt. Denn auch wenn eine Trennung im ersten – und sicher auch noch im zweiten und dritten – Moment unfassbar wehtut, kommt irgendwann der vierte, der fünfte, der siebte und der achtundzwanzigste Moment, in dem der Schmerz verschwunden ist. So ist das nämlich: Wir Frauen kommen über euch hinweg, genauso wie ihr irgendwann immer über die Frau hinwegkommt, die euch verletzt hat, wenn das auch meist etwas schneller geht. Zumindest nach außen hin.

Nach vielen schmerzhaften Wochen, noch schlimmeren Nächten und drei Kilos weniger auf den damals sowieso schon recht mageren Rippen hatte auch ich den Halbitaliener überwunden. Ziemlich genau zu dem Zeitpunkt, als er wieder mit Rosen und Dackelaugen vor meiner Tür stand und mir erklärte, dass ich die einzig wahre Liebe seines Lebens sei. Ich habe ihn zum Teufel gejagt und es seitdem keinen Tag bereut. Denn sich neu zu verlieben ist eine Sache, fremdzugehen eine andere. Und das Allermieseste ist, wenn man eine andere Frau kennenlernt und diese nebenbei »mal ein wenig ausprobiert«, um auszutesten, welche von beiden man behalten möchte.

Stellt euch das doch einmal umgekehrt vor: Wolltet ihr jeden Abend mit einer Frau ins Bett gehen, die sich nebenbei noch mit einem anderen Mann trifft, um diesen mal anzuprobieren wie ein neues Paar Schuhe, und die euch nach ein paar Wochen verlässt, weil der andere Typ es eben doch mehr bringt als ihr? Oder noch schlimmer: Möchtet ihr eure Freundin mit einem anderen Mann erwischen, während sie ihm gerade auf der Rückbank eures Autos einen bläst? Keine schöne Vorstellung? Das sehen wir genauso. Und deswegen mein Tipp oder meine Bitte an euch: Geht einfach nicht fremd! Und falls ihr euch doch einmal so sehr in eine andere vergucken solltet, dass ihr glaubt, ohne sie nicht leben zu können, dann seid so ehrlich zu eurer Partnerin und macht vorher Schluss. Denn verlassen zu werden ist zwar bitter, zeigt aber wenigstens, dass ihr so viel Respekt vor der Frau habt, sie nicht zu betrügen. Dafür wird sie euch zwar nicht direkt dankbar sein, aber eure Autoreifen sind so zumindest schon mal um einiges sicherer. Und eurem Gewissen tut das auch gut.

17. Unser Körper (oder für euch: Brüste!)

Okay, fangen wir mal mit dem Wichtigsten an. Jaaa, sie sind toll und sie haben euch von Beginn eures Lebens an begleitet. Eure Mama hatte welche, die Frauen aus der Duschgelwerbung haben welche und manche von euch neigen selbst zu einem kleinen Ansatz. Aber: Never call them *Titten*! Pamela Anderson hat vielleicht (gemachte) Titten. Wir haben Brüste. Und die solltet ihr auch bei jeder Frau, an der euch etwas liegt, die mit ihrem Vorderbau kein Geld verdient und der ihr diese Dinger nicht bezahlt habt, auch so nennen! Eure Freundin hat Brüste, keine Titten. Bitte, merkt euch das. Alles andere könnte böse Konsequenzen für euch haben. Als ich gerade dabei war, mich von meinem Exfreund zu trennen, ging es mir sehr schlecht, ich hatte viel abgenommen und aß seit Tagen nichts mehr. Als er mich beim Duschen überraschte, starrte er auf meinen nackten Oberkörper und meinte: »Wow, sind deine Titten klein geworden!« Am nächsten Tag bin ich ausgezogen.

Stellt euch doch einmal vor, wir würden euer bestes Stück nur noch Stummelmännchen nennen, das fändet ihr doch auch nicht gerade super. Und das feminine Äquivalent zu Stummelmännchen sind eben Titten. Ein Mann, der eine Frau auffordert, ihm ihre Titten zu zeigen, hat entweder viel Eintritt bezahlt, liegt besoffen am Strand vorm Ballermann oder ist 15 Jahre alt und spricht heimlich mit seinem Fernseher. Das sind zumindest die Situationen, die wir mit diesem Spruch assoziieren. Was wir damit *nicht* assoziieren, ist eine erotische Aufforderung zu fabelhaftem Geschlechtsverkehr. Wenn ihr diesen also wünscht, solltet ihr niemals – und ich meine wirklich niemals – versuchen, diesen mit dem Spruch »Zeig mir doch mal deine Titten, Baby!« einzuläuten. Dann wird bei euch nämlich recht schnell etwas ganz anderes läuten.

Doch auch wenn ihr euch geschickter anstellt und es tatsächlich einen Schritt weiter, nämlich bis zum Berühren unserer Brüste (neues Wort – merken!), geschafft habt, heißt das noch lange nicht, dass von nun an alles ein Kinderspiel ist. Genau das seid ihr nämlich nicht mehr – Kinder – und demzufolge solltet ihr euch auch nicht wie diese benehmen. Das heißt, an der Brust zu nuckeln ist wirklich in fast allen Fällen ein absolutes No-Go! Zärtlich liebkosen und vorsichtig saugen, vielleicht sogar ein leichtes – ganz leichtes! – Beißen ja, aber nuckeln? Nein. Ich garantiere euch: Egal, wie fleißig ihr auch nuckelt, aus der Brust eurer Geschlechtspartnerin wird keine Milch schießen. Es sei denn, sie hat gerade ein Kind bekommen, aber dann dürfte ihre Brust sowieso meistens besetzt sein. Nuckeln ist also nur in den ersten zwölf Monaten eures Lebens eine süße Angewohnheit, später ist es einfach nur noch abtörnend.

Gleiches gilt für Kneten. Wenn euch die Form einer Brust nicht gefällt, müsst ihr dies entweder hinnehmen oder euch eine andere suchen, aber durch Kneten werdet ihr die Form nicht verändern können. Unsere Brüste sind zwar weich, aber nicht aus Knetmasse und insofern eben nur bedingt bis gar nicht formbar, zumindest nicht von Hand. Wenn ihr also während des Sex die Brüste eurer Partnerin bearbeitet wie einen Batzen Playdoh, dann tut ihr der Dame nicht nur weh, sondern sie kommt sich auch noch vor wie ein TÜV-geprüftes Kinderspielzeug. Und das ist wirklich kein charmantes Gefühl!

Generell gilt die Grundregel: anfassen und liebkosen, ja, quetschen, nein! Natürlich finden wir es schön, wenn ihr euch als unsere Sexpartner intensiv mit unseren Brüsten beschäftigt, wir finden sie ja auch toll und wir sind in den meisten Fällen auch stolz auf sie. Vielleicht versteht ihr es am besten, wenn man unsere Brüste mit eurem sensiblen Säckchen da unten vergleicht.

Alles, was euch dort Spaß macht, funktioniert auch mit unseren Brüsten. Alles, was euch wehtut, schmerzt uns genauso. Ist doch ganz einfach, oder?

Viel mehr verletzen als mit euren kräftigen Händen könnt ihr uns aber, wenn es um fremde Brüste geht. Insbesondere, wenn eure Freundin eher kleine Brüste hat, solltet ihr nicht bei jeder großbusigen Blondine in Ekstase geraten, egal, ob ihr diese auf einer Leinwand oder im Straßencafé sichtet. Wobei die Dame im Straßencafé für uns natürlich eine größere Gefahr darstellt als Scarlett Johansson in *Iron Man 2*. Wenn eure Freundin euch also einen leichten Sabberanfall im Kino gerade so durchgehen lässt, heißt das noch lange nicht, dass sie auch Verständnis dafür aufbringen wird, wenn ihr beim nächsten Shoppingtrip eure Augen nicht von dem Johansson-Verschnitt aus der Umkleidekabine nebenan lassen könnt. Fremde Frauen und ihre Brüste sind im echten Leben – zumindest wenn eure Freundin oder Date-Partnerin anwesend ist – keine Sehenswürdigkeiten, die es gefahrlos zu bestaunen gilt. Denkt immer an die Drei-Sekunden-Regel: Ihr müsst nicht mit Scheuklappen durch die Gegend laufen, aber länger als drei Sekunden solltet ihr euch aus Respekt gegenüber eurer Begleitung fremden Brüsten bzw. Frauen (oder beiden) nie am Stück widmen. Und denkt nicht, ihr könntet diese Regel umgehen, indem ihr euch beim Fremdstarren einfach nicht erwischen lasst! Wir Frauen haben so etwas wie unsichtbare Antennen, und wenn ihr die Brüste einer anderen Frau fixiert, dann spüren wir das und seien wir in diesem Moment auch noch so sehr mit dem Schaufenster des Schuhladens auf der anderen Straßenseite beschäftigt.

Das »Schatz, bin ich zu dick?«-Dilemma

Ich gebe es zu: Auf diese Frage könnt ihr tatsächlich nicht richtig antworten. Zumindest, wenn sie ernst gemeint ist. Wenn eure extrem zierliche, zarte Freundin euch diese Frage stellt, könnt ihr getrost antworten, dass sie nach wie vor leicht wie eine Feder ist, die schönste Frau der Welt und dass Angelina Jolie abstinken kann gegen ihren Sexappeal. Hier geht es nämlich einfach nur um *Fishing for Compliments*, mehr nicht. Wenn eure Freundin aber immer mal wieder mit Gewichtsproblemen zu kämpfen hat (und in unserem Kosmos empfinden wir zwei Kilo Winterspeck wirklich als Problem) und zum Zeitpunkt der Fragestellung *tatsächlich* etwas zugelegt hat, dann habt ihr ein Problem. Was ihr auch immer sagen werdet, eure Freundin weiß in diesem Moment ganz genau, dass sie zugenommen *hat* und dass ihr deswegen die Jeans, das Kleid oder der Bikini nicht mehr richtig passen. Das heißt, sie fühlt sich richtig mies. Daran seid ihr nicht schuld, aber das ist erst einmal egal. Wir sind nämlich in solchen Momenten dermaßen tierisch sauer auf uns selbst, weil wir den Burgern, Muffins oder Käsekuchen nicht widerstanden haben und jetzt ad hoc nichts daran ändern können. Und diese ungezügelte Wut möchten wir gern loswerden. Deswegen kommt uns eure (in den meisten Fällen recht ungeschickte) Antwort gerade recht und wir können unseren ganzen schlimmen, großen Ärger auf euch projizieren und fühlen uns dadurch wenigstens ein Stückchen besser. Das ist nicht fair? Nein, sicher nicht. Aber ein Fußballspiel ist das auch nicht immer und trotzdem liebt ihr diesen Sport. Also könnt ihr derlei menschliche Schwächen auch ruhig mal eurer Freundin verzeihen.

Um dieses Dilemma kommt ihr also nicht herum. Aber natürlich gibt es auch hier Tipps zum Umschiffen von Gefahrenstellen, die ihr beachten könnt. So solltet ihr zum Beispiel folgende drei Antworten auf die Frage »Schatz, bin ich zu dick?« niemals, wirklich niemals geben:

1. Ja.
2. Von hinten oder von vorne?
3. Ich geh mir schnell was von McDonald's holen, soll ich dir was mitbringen?

Viel besser dagegen ist es, auf eine solche Frage umsichtig und ganz entspannt zu reagieren. Mögliche sensible Antworten wären zum Beispiel:

1. Das finde ich nicht, mein Schatz, ich habe mir gerade heute Morgen noch gedacht, wie wunderschön du heute aussiehst.
2. Nein, du siehst toll aus. Aber ehrlich gesagt ist diese Jeans (in die sie gerade nicht hineinkommt) schon ziemlich abgetragen. Wollen wir nicht in die Stadt gehen und dir ein schönes neues Kleid aussuchen? Ich bezahle!
3. Wie kommst du denn auf so eine blöde Idee! Du hast das schönste Dekolleté der Welt, ich fand dich noch nie so sexy wie im Moment!

Diese Antworten können euch unter Umständen das Leben retten. Allerdings müsst ihr sie noch den individuellen Charaktereigenschaften eurer Freundinnen anpassen. Eine Frau, die Shoppen hasst (ich habe gehört, so etwas gibt es tatsächlich), solltet ihr vielleicht in diesem heiklen Moment nicht auch noch mit dem Stichwort Einkaufen reizen. Aber die Richtung, in der ihr antworten solltet, dürfte jetzt schon etwas klarer sein. Und im Zweifelsfall einfach Klappe halten, küssen oder Blumen besorgen. Das funktioniert meistens.

Lipgloss kann man nie genug haben ...

Den Spruch »Ungeschminkt gefällst du mir am besten« habt ihr sicher alle schon einmal zu einer Frau gesagt. Oder zumindest die Netten unter euch. Das Problem ist nur: Wir können mit dieser Info nicht so richtig etwas anfangen. Denn – sorry, Jungs – Make-up *macht* uns schöner! Dior, Mac, Chanel – wir geben doch nicht Unsummen von Geld für Produkte aus, die uns hässlicher machen, als wir sind (von einzelnen Ausnahmen wie orangefarbenem Lippenstift abgesehen). Das sieht man doch auch schon an den Paparazzi-Fotos von Supermodels, die ungeschminkt und ohne Teintgrundierung plötzlich gar nicht mehr so super aussehen …

Also, ich finde das wirklich immer ganz toll, wenn ein Mann zu mir sagt, dass er mich ungeschminkt schöner findet, aber gleichzeitig denke ich: »Hat der eigentlich einen Knall?« Versteht mich jetzt nicht falsch, das ist keine Kritik an euch, eher an uns selbst. Wir Frauen haben eben auch unsere Marotten und Make-up ist bei sehr vielen Frauen eine davon. Aber genau deswegen ist es wichtig, dass ihr uns weiterhin darin bestärkt, dass wir uns auch ohne Puderschichten, Lipglossberge und Rougewolken aus dem Haus trauen können und trotzdem präsentabel, ja sogar schön aussehen!

Selbst wenn wir es meistens nicht machen, ist es dennoch schön zu wissen, dass ihr uns *immer* schön findet, und es sagt uns – oder gibt uns das Gefühl –, dass ihr uns tatsächlich liebt. Also bestärkt eure Freundinnen, Partnerinnen und Ehefrauen weiter darin, dass sie auch ungeschminkt toll aussehen, denn glaubt mir: Einen Mann, der uns so etwas sagt (und es auch so meint), betrachten wir ab sofort mit anderen Augen. Und zwar ganz sicher nicht mit kritischeren …

18. Euer Körper

Mir ist es neulich tatsächlich passiert, dass ich die Probe einer fabelhaften und fantastisch duftenden Ab-jetzt-im-Gesicht-keinen-Tag-mehr-älter-werden-Creme getestet habe und mir einen großen Tiegel dieses Jungbrunnenwunders zulegen wollte (ja, auch bei mir funktioniert Marketing noch). Allerdings konnte ich die Minischrift der Probe nicht allein identifizieren und war so auf die Hilfe der Verkäuferin angewiesen. Diese wurde aber leider bereits geschlagene zwanzig Minuten in Beschlag genommen, und zwar von keiner Botox-gezeichneten Mittsechzigerin, sondern von einem Mann. Und der suchte mitnichten ein schönes Parfum für seine Freundin aus, sondern ließ sich ausführlich über revitalisierende Designer-Männerkosmetik beraten. Noch mal zwanzig Minuten später wurde mir klar, dass ich meine Verabredung verpassen würde, wenn ich mich nicht augenblicklich auf den Weg machte, und so warf ich noch einen letzten sehnsüchtigen Blick auf die gestresste Verkäuferin und ihren unermüdlichen Beauty-Shopper und verließ die Parfümerie schweren Herzens ohne Wundercreme. Tja, ihr könnt euch vielleicht vorstellen, wie sehr mich in diesem Moment der Einzug der metrosexuellen Monster-Männer in unsere Welt der Parfümwolken und Tiegelsammlungen nervte. Ich meine, ich renne doch auch nicht ins nächste Fußballstadion und diskutiere dort eine halbe Stunde mit dem Würstchenbudenverkäufer, wie man den Schaum auf einem Bier am besten zapft!

Dabei sind Männer, die sich gern pflegen, an und für sich etwas sehr Schönes. Jeden Tag frische Boxershorts zu tragen, zweimal am Tag die Zähne zu putzen und ab und zu auch mal etwas Feuchtigkeitscreme ans Gesicht zu lassen, das sind alles wichtige Grundprinzipien, die die meisten von euch mittlerweile verstanden haben und sogar beherzigen. Jahrelang haben Generationen von Frauen vor uns (unterstützt von der Werbe- und Kosmetikindustrie) darum gekämpft, dass ein gesundes Pflegebewusstsein Einzug in die Männerköpfe hält. Na ja, *das* haben wir erreicht und damit leider gleichzeitig ein Monster geschaffen. Den metrosexuellen Mann.

Eine besondere Spezies

Kann es etwas Unmännlicheres geben als einen Mann, der sich die Beine rasiert? Der für sein revitalisierendes Feuchtigkeitsserum im Monat mehr Geld ausgibt als für sein Auto? Oder der – und das kommt mittlerweile häufiger vor, als uns lieb ist – im Bad morgens länger braucht als seine Freundin? Also, ganz ehrlich, so einen Mann braucht doch kein Mensch und schon gar keine Frau! Ich meine, Jungs: Es ist toll, wenn ihr gepflegt aussehen, gut riechen und schlank sein wollt. Aber hey, Schienbeine, die stoppelfreier als unsere eigenen sind, oder Rasierwasserwolken, die eure Ankunft in einem Umkreis von zweieinhalb Quadratkilometern ankündigen, und vor allem Männer, die (obwohl sie keine Profisportler sind) abends beim Italiener kein Brot mehr essen, weil »Kohlenhydrate fett machen«, also die sind einfach nur *unsexy*!

Männer, die übertrieben Diät halten (zumindest wenn sie nicht gerade 280 Kilogramm wiegen), sind sowieso irgendwie seltsam. Aber dazu später mehr. Jetzt geht es erst einmal um die Pflege und da haben manche von euch wirklich einiges falsch verstanden. Ich fange einmal bei etwas ganz Einfachem an: Haargel. Irgendwie ist Haargel bei Männern mittlerweile untrennbar mit Fußball verbunden. Das mag daran liegen, dass Fußballer heute nicht mehr nur gut kicken, sondern mindestens auch genauso gut aussehen müssen. Das heißt, dass auch nach 95-minütigem Powerplay und Schlammgesuhle die Frisur noch sitzen muss wie eine Eins. Cristiano Ronaldo, David Beckham und Co. haben es vorgemacht und ich muss zugeben, diese optischen Bereicherungen auf dem Platz haben uns Frauen schon so manche Weltmeisterschaft versüßt. Grundsätzlich also keine ganz schlechte Entwicklung. Das Problem ist aber, dass viele von euch diesen Haargel-bis-zum-letzten-Pfiff-Trend vom Fußballplatz in den Alltag übertragen haben und jetzt bei Nieselregen unfreiwillig Gel-Schleimspuren auf Deutschlands Straßen hinterlassen. Mittlerweile gibt es nicht mehr viele Männer, denen man noch zärtlich durch die Haare fahren kann, ohne dabei in klebrigen Strähnen hängen zu bleiben, und das ist wirklich schade.

Ja, ich weiß schon, was die meisten von euch jetzt sagen werden: »Dann lasst doch dieses dämliche Durch-die-Haare-Gefahre, das nervt sowieso nur!« Mag ja sein, dass es euch nervt, aber wir lieben es eben. Ein Mann, dem man durch die Haare wuscheln kann und der sich daraufhin *nicht* darüber echauffiert, dass seine Frisur ruiniert ist, der hat einfach so etwas Kerniges, Naturburschenhaftes. Eben etwas unglaublich Männliches. Sorgen um unsere Frisur machen wir Frauen uns schon genug, da brauchen wir nicht noch einen Mann an unserer Seite, der das Gleiche – nur *noch* exzessiver – tut. Ich glaube, mit Haargel ist es wie mit einem guten Eau de Toilette: Ein bisschen davon kann Wunder wirken, zu viel lässt *euch* dagegen eher wunderlich wirken.

Das bereits genannte Beispiel David Beckham erklärt vielleicht so einiges. Klar, sieht der Typ toll aus! Ich schaue ihn mir auch gern an. Aber als ich gelesen habe, dass er jeden Tag zweimal die teuren Kaviar-Anti-Aging-Cremes seiner Frau Victoria verwendet, war ich heilfroh, dass David nicht jeden Tag *mein* Bad benutzt und *meine* Beauty-Vorräte plündert. Denn allein die Vorstellung, wie David Beckham das kleine goldene Creme-Tiegelchen in seiner Hand hält und mit der anderen vorsichtig die edel duftende Kaviaremulsion in seine Wangen einmassiert, hat seinen Sexappeal in meinen Augen schon mal um mindestens siebzig Prozentpunkte fallen lassen. Außerdem *hasst* es jede Frau, wenn andere sich ungefragt (eventuell sogar mit schmutzigen, bakterienverseuchten Fingern) an ihren Cremetöpfen bedienen.

Versteht mich nicht falsch, es ist schon okay, wenn ihr Männer auch gern etwas gegen den fortschreitenden Verfall eurer Haut, sprich gegen Falten, tun wollt. Und eine gute Gesichtspflege sowie eine – wenn es dann auf die vierzig zugeht – geeignete Augenpflege sind sicherlich gute und geeignete Maßnahmen dagegen. Aber ihr müsst doch keine Wissenschaft daraus machen! Das ist unser Job. *Wir* lesen in diversen Frauenmagazinen regelmäßig nach, welche Innovationen uns diese Woche ewige Jugend und Schönheit versprechen. *Wir* lassen uns von teuren Werbekampagnen und edlen Proben verführen und *wir* lieben es, uns stundenlang in duftgeschwängerten Parfümerien von perfekt geschminkten Verkäuferinnen beraten zu lassen. *Also*, wenn ihr Beautyprodukte braucht, lasst euch einfach von eurer Freundin beraten! Damit zeigt ihr, dass ihr ihre Meinung schätzt, und ihr müsst euch nicht ewig zwischen Regalen voller Anti-Cellulite-Cremes und Lipgloss-Ständern herumtreiben. So haben alle etwas davon und ihr bekommt trotzdem, was ihr wollt. Ein Mann, der sich pflegt, muss sich nicht dafür schämen. *Ge*pflegte Männer sind toll! Nur *über*pflegte Männer sind das Problem.

Gewichtige Männerprobleme

»Schatz, ich bin zu dick!« Die Probleme, die ein Satz wie dieser nach sich zieht, haben wir ja bereits im Kapitel »Unser Körper« erörtert. Aber was passiert eigentlich, wenn diesen Satz nicht die Frau, sondern der Mann sagt? Schließlich kann auch dies durchaus passieren. Ein kurzer Abstecher zum nächsten Baggerseestrand zeigt, dass nicht nur wir Frauen mit Figurproblemen zu kämpfen haben, sondern auch ihr Männer in dieser Disziplin oft ganz vorne mit dabei seid. Nur hat es Männern in der Vergangenheit einfach weniger ausgemacht, ob sie einen Bauch mit sich herumtragen oder nicht. Aber auch das hat sich verändert.

So wie wir heute cellulitefrei und mit hervorstehenden Hüftknochen durchs Leben springen sollen, müsst ihr mindestens eine glatt rasierte Brustmuskelpartie vorweisen, noch besser aber gleich mit einem stahlharten Sixpack aufwarten. Jaja, die böse, böse Medienscheinwelt hat eben nicht nur uns, sondern auch euch im Visier.

Allerdings solltet ihr – zumindest in unseren Augen – anders damit umgehen als wir Frauen. Denn ein Mann auf Detox-Diät? Na ja, sexy ist anders. Im Fußballstadion werden nun mal keine Blattsalate mit Hähnchenbrustfiletstreifen verkauft und das ist auch gut so. Natürlich sollt ihr euch nicht nur von fettigem Fastfood und blutigen Fleischfetzen ernähren, aber spätestens wenn ein Mann damit anfängt, auf einer Bierflasche erst einmal ausgiebigst die Kalorienangabe zu studieren, wirkt er doch ein wenig unmännlich. Jungs, ich kann es gar nicht oft genug schreiben: Wir wollen Kerle! Wenn wir uns nach Diät haltenden Grazien und wandelnden Kalorientabellen sehnen würden, könnten wir schließlich auch gleich mit Frauen ins Bett gehen. Es ist toll, wenn ihr auf euer Gewicht achten wollt, aber bitte, mutiert dabei nicht zu männlichen Tussis!

Meiner Meinung nach sollten Männer vor allem mit einer Methode ihren Körper in Form halten: mit Sport! Sport ist gesund, hält euch fit und es gibt nur wenige Dinge auf der Welt, die sexyer sind als ein frisch verschwitzter Mann nach dem Training, wenn das Gesicht noch leicht gerötet ist, der Atem sich erst langsam normalisiert und das verschwitzte T-Shirt sich eng an den Körper schmiegt. Ich glaube, die Natur hat es so eingerichtet, dass wir darauf abfahren, denn als der Steinzeitmann damals nach einer anstrengenden Jagd zurück in seine Höhle kam, sollte er für seinen Erfolg schließlich belohnt werden. Und das ist auch heute noch so. Nur dass wir damit mittlerweile gern bis nach der Dusche warten … Sportliche Männer machen uns also an, das ist sicherlich *ein* Vorteil der körperlichen Ertüchtigung bei Ballsportarten oder in Fitnessstudios. Und ein weiterer liegt darin, dass ein Mann, der viel Sport macht, auch wesentlich mehr und unbedachter essen kann, ohne danach gleich Ähnlichkeit mit dem Michelinmännchen zu bekommen.

Männer verbrennen generell mehr Kalorien als Frauen und dürfen somit auch mehr davon zu sich nehmen (was das angeht, seid ihr uns tatsächlich ein kleines Stück überlegen). Ein Mann, der regelmäßig Sport treibt, weitet diesen naturgegebenen Vorteil aber noch weiter aus und stellt so gleichzeitig auch die sinnvolle und folgenfreie Verwertung unserer Pizzareste sicher. Die meisten von euch werden ihn sicher kennen, den Satz, der häufig im Restaurant gesprochen wird: »Schatz, ich kann nicht mehr, magst du noch mein Fleisch/meinen Rest Pizza/die Pommes?« (Salat würden wir euch sowieso niemals anbieten). Und keine Frau will nach diesem Satz von ihrem Freund hören, dass er diese zusätzlichen Kalorien nicht mit seinem Diätplan vereinbaren kann. Angenommen, er verweigert die Annahme (was es vor 15 Jahren sicherlich niemals gegeben hätte), dann bringt er die Frau damit in eine sehr unangenehme Situation. Denn jetzt liegt die Versuchung weiterhin vor ihr auf dem Teller und je länger sie dort bleibt, desto eher bekommen wir das Gefühl, dass wir die paar Pommes doch noch irgendwie schaffen könnten.

Sicher kennt ihr das, wenn eine Frau nach einer dreiviertel Portion aufhört zu essen, den Teller wegschiebt und verkündet, dass sie satt sei. Wenn niemand reagiert und sich des Restes annimmt und kein Kellner den Teller wegbringt, passiert meist Folgendes: Die Frau nimmt sich, ins Gespräch vertieft, ganz nebenbei und so nach und nach ein Häppchen nach dem anderen von dem zuvor weggeschobenen Teller, bis er schließlich leer ist. Obwohl sie doch eigentlich satt war. Ich weiß nicht, wie viele Kalorien ich auf diese Weise schon in mich hineingestopft habe. Es ist so, als ob die kalten, fettigen Pommes vor mir auf dem Teller plötzlich kleine niedliche Hundewelpen-Gesichter bekommen würden und immer wieder leise winselten: »Komm, iss mich ... Ich bin so allein ... Niemand hat mich lieb ... Bitte, bitte iss mich!« Na ja, und dann esse ich sie eben. Ganz schön bescheuert, oder? Tja, wenn ihr euch je gefragt habt, wieso wir Frauen solche bescheuerten Dinge tun, dann kann ich euch jetzt Aufklärung bringen.

Wenn wir sagen, dass wir satt sind, heißt das nicht unbedingt in jedem Fall, dass wir auch wirklich satt sind. Wir sind nicht mehr sterbenshungrig, das stimmt, und unser Körper schreit nicht mehr nach Nahrung, aber das heißt noch lange nicht, dass wir die köstliche Pizza vor uns nicht noch aufessen könnten. Wir tun es nur nicht, weil wir es nicht sollten. Wie sollen wir uns mit all diesen Victoria's-Secret-Models und sonstigen Laufstegschönheiten messen, wenn wir alles, was man vor uns hinstellt, einfach unkontrolliert in uns hineinschaufeln würden? Gut, in der Regel können wir das auch dann nicht, wenn wir das mit dem Hineinschaufeln sein lassen, aber trotzdem fühlen wir uns irgendwie wohler, wenn wir zumindest weniger essen als ihr. Es ist vielleicht bescheuert, aber vielen Frauen ist es fast peinlich, wenn sie im Restaurant eine große Portion bestellt und ihren Teller dann auch tatsächlich ganz leer gegessen haben. Man(n) erwartet eben von uns, dass wir als die zarten Geschöpfe, die wir sind oder sein sollten, weniger essen als unsere männlichen Partner. Wirklich gerecht ist das wohl nicht und deswegen wäre es auch wirklich liebenswert von euch, wenn ihr einer Frau, die mit euch am Tisch sitzt und es tatsächlich gewagt hat, ihren Teller ganz zu leeren, danach nicht sagen würdet, wie groß ihr Appetit sei und wie erstaunlich ihr das findet. Auch Kommentare wie der, dass eure zierliche Exfreundin es nie geschafft hätte, ein so großes Schnitzel ganz allein zu vertilgen, sind in diesem Zusammenhang nicht gerade hilfreich. Macht einfach kein achtes Weltwunder daraus, dass eine Frau die gleiche Portion geschafft hat wie ihr, und thematisiert das nicht! Es sollte eigentlich sowieso ganz normal sein, dass wir im Restaurant nicht immer die Hälfte ungegessen zurückgehen lassen.

So, und nun zum eingangs angesprochenen Fall: Wenn eure Freundin eben nicht so selbstbewusst ist oder tatsächlich gerade etwas auf ihre Figur achten möchte und deswegen *nicht* alles aufgegessen hat und euch bittet, den Rest zu essen, dann tut es doch bitte! Zumindest, wenn ihr nicht gesundheitsgefährdend fettleibig oder wirklich total satt und kurz vorm Platzen seid. Denn wenn dieses tapfere Mädchen schon so viel Disziplin aufbringt, ihre köstliche Pizza nicht ganz zu essen, dann befreit sie doch vor der dämlichen Versuchung auf dem Teller vor ihr! Zumindest, wenn sie euch darum gebeten hat. Aber ihr nach dem halben Abendessen mit der Begründung, dass sie ja sowieso abnehmen wollte, den Teller zu klauen, das geht natürlich gar nicht! Das ist nicht nur beleidigend, sondern auch unverschämt und respektlos. Aber ich bin sicher, dass 99 Prozent von euch so etwas sowieso nie machen würden. Wie auch immer, wenn also die Frau an eurer Seite euch bittet, ihr restliches Essen zu vertilgen, dann solltet ihr das (außer in oben genannten Ausnahmefällen) auch tun. Ihr helft uns dabei, diszipliniert zu sein, bekommt außerdem leckeres Essen und könnt eure zusätzliche Kalorienverbrennung für alle Beteiligten sinnvoll nutzen!

19. Der Gang (zur Toilette)

Also ehrlich gesagt, hatte ich dieses Thema für mein Buch erst einmal gar nicht auf dem Plan stehen. Bis mir eine liebe Freundin recht verzweifelt davon erzählte, dass ihr Freund andauernd mit seinen Kumpels deren und seine eigenen Toilettengänge diskutiert – *en detail!* Logischerweise war meine Freundin darüber gar nicht *amused*, vor allem dann nicht, wenn solche Ekeldiskussionen in ihrer Gegenwart stattfanden.

Das ist ja auch wirklich eklig! Über seine Verdauung spricht man vielleicht bei Bedarf detailliert mit seinem Arzt, aber doch nicht mit seinen Freunden. Ich stelle mir das echt komisch vor … Ich meine, wenn ich mit meiner Freundin und einem Glas sprudelndem Prosecco im Straßencafé sitze, würde ich doch auch nicht ganz beiläufig mal fragen, ob sie vorhin auch ordentlich die Schüssel zum Knallen gebracht hat. Das ist eindeutig eine rein männliche Abartigkeit. Wobei ich es in meiner Vergangenheit in der Familie eines Exfreundes auch schon erlebt habe, dass sich am Sonntagmorgen sämtliche Familienmitglieder nacheinander vom Frühstückstisch erhoben haben und mit den Werbeprospekten aus der Sonntagszeitung ins Bad begeben haben. Wenn der eine dann mit einem zufriedenen Grinsen zurückkam, wurde kurz erläutert, wie zufriedenstellend der Toilettengang war, und dann das gelesene Werbeheftchen an den Nächsten weitergegeben, so als wäre der sonntägliche Toilettengang eine Art Staffellauf. Bei so viel Mitteilungsbedürfnis blieb mir da schon das eine oder andere Mal mein Croissant im Hals stecken …

Manchmal ist Diskretion alles

Ich will es einfach nicht wissen, wie der Toilettengang anderer Menschen war. Wenn ich einmal Mutter werden sollte und ein Kind mit Durchfall zu Hause habe, *dann* wird mich so etwas vielleicht zwangsläufig interessieren. Aber jetzt ganz sicher nicht! Ich ekele mich ja schon davor, das Katzenklo sauber zu machen, noch mehr Kontakt (und sei er auch nur auf der kommunikativen Ebene) zu Fäkalien brauche ich wirklich nicht! Und glaubt mir eines, den meisten Frauen geht es da kein bisschen anders als mir. Wenn wir auf Toilette müssen, dann tun wir das dezent und unauffällig und falls nötig, versprühen wir danach sogar ein bisschen unseres besten Parfums. *Wir* sind jedenfalls nicht stolz darauf, wenn wir besonders exotische Duftnoten produzieren. Denn natürlich tun wir das auch. Jede von uns muss genauso auf Toilette gehen wie ihr. Ich, meine Freundinnen, unsere Bundeskanzlerin, Angelina Jolie, Scarlett Johansson und sogar Lady Gaga – wir alle müssen uns regelmäßig erleichtern. Aber wir sprechen eben nicht darüber. Wieso auch? Es gibt wirklich ansprechendere und inspirierendere Gesprächsthemen.

Doch nicht nur das große Geschäft ist bei euch Jungs ein gewichtiges Thema, auch das kleine ist für viele essenziell. Ich habe gehört, dass es sogar internationale Weitpinkelwettbewerbe gibt; und wie sehr euch euer Strahl fasziniert, lässt sich zu fortgeschrittener Stunde in jedem Skiurlaub beobachten. Wörter in den Schnee zu pinkeln muss für euch ein Riesenspaß sein.

Nachvollziehen kann ich das nicht, denn selbst wenn wir Mädels es könnten, wir würden es niemals tun. Falls wir schon einmal in freier Wildbahn unser Evian loswerden müssen, dann statten wir uns vorher mit Unmengen von Taschentüchern aus, setzen unsere Gesundheit bei abenteuerlichen Wanderungen durchs Gebüsch aufs Spiel, um einen absolut uneinsehbaren Platz zu finden, und hocken uns so hin, dass wir ja keinen Grashalm berühren und danach erst einmal zwanzig Minuten lang Oberschenkelkrämpfe haben. Das nennt man Pinkeln mit Stil, nämlich unter Ausschluss der Öffentlichkeit.

Ich muss mal auf Toilette – kommst du mit?

Natürlich wird sich der eine oder andere von euch jetzt wundern, denn bekanntlich gehen wir Frauen ja immer gern zu zweit auf die Toilette. Aber das hat nichts damit zu tun, dass wir heimlich auch Weitpinkel-Wettbewerbe veranstalten würden. Vielmehr hat das mit dem eigentlichen Akt des Auf-die-Toilette-Gehens gar nichts zu tun. Weshalb wir Mädels immer zu zweit auf die Toilette gehen, hat mehrere Gründe, hier ein paar davon:

- Wir haben meistens nicht den besten Orientierungssinn. Vor allem in neuen Restaurants oder Clubs stehen unsere Chancen, die Toilette ohne großes Aufheben zu finden, zu zweit einfach besser.
- Der Weg auf die Toilette gleicht oftmals einem Catwalk. Wir werden gemustert, begutachtet und bewertet. Zu zweit fühlen wir uns dabei einfach sicherer.
- Wir können ungestört über unsere Begleitung reden und müssen uns nicht die ganze Zeit Textnachrichten schicken, um uns wichtige Beobachtungen mitzuteilen. Insofern ist das gemeinsame Auf-die-Toilette-Gehen auch wesentlich höflicher, denn wir müssen danach am Tisch nicht die ganze Zeit auf unsere Handys starren.
- Wir können unsere Freundin unauffällig nach einem Tampon/Puder/Lipgloss/Pfefferminzbonbon fragen.
- Wir können uns, falls nötig, gemeinsam ohne großes Aufsehen aus dem Staub machen.
- Wir können uns gegenseitig an die Brüste fassen.

Okay, der letzte Punkt stimmt nicht, denn genau das tun wir eben nicht auf dem Klo, auch wenn das viele von euch glauben oder vielleicht eher hoffen. Aber aus welchen Gründen Mädels auch immer zusammen auf die Toilette gehen mögen, es hat wirklich nichts mit dem Toilettengang an sich zu tun. Im Gegenteil, es gibt viele Frauen, denen es sogar peinlich ist, wenn ihre Freundinnen das Plätschern auf der Toilette hören, und die deswegen erst mal Unmengen Klopapier in die Schüssel werfen, um das Geräusch abzudämpfen. Allerdings ist das insbesondere bei amerikanischen Toiletten recht schwierig, da diese nicht ganz so leistungsfähig sind wie die deutschen. Eine Freundin von mir hat es tatsächlich einmal geschafft, vier amerikanische Toiletten in fünf Tagen zu verstopfen. Und das ist für eine Frau natürlich ganz besonders schlimm, wie ihr euch vorstellen könnt. Da hilft eigentlich nur noch abhauen und so tun, als hätte man mit der ganzen Überschwemmung rein gar nichts zu tun …

Aber nicht nur wir Frauen können beim Toilettengang Katastrophen anrichten. Denn welches Geschlecht beim Pipimachen regelmäßiger Überschwemmungen und Pfützen auf dem Boden verursacht, dürfte ja wohl keine Frage sein, oder? Also, Jungs, ihr müsst euch in Sachen Pipi-Hygiene echt mal ein bisschen mehr anstrengen. Erst mal ist es schwachsinnig, das Im-Sitzen-Pinkeln für unmännlich zu halten. Wenn eure Männlichkeit von diesen zwei Minuten Stehen abhängt, dann kann sie nicht allzu überzeugend sein. Setzt euch also bitte hin, zumindest zu Hause und bei Freunden! Ja, ich weiß, das habt ihr schon oft gehört, aber anscheinend fruchtet es trotzdem nicht. Wer von euch sich aber unbedingt im Stehen erleichtern muss, sollte vorher wenigstens a) den Deckel hochklappen, b) richtig zielen, c) den Putzlappen in die Hand nehmen, falls er nicht zielen kann, und d) den Deckel wieder herunterklappen. Eigentlich ist das doch gar nicht so schwierig, oder? Ach ja, und wenn ihr eure Notdurft schon im Stehen verrichten müsst, dann schließt dabei wenigstens die Tür. Wie weit ihr zielen könnt, das finden nämlich nicht alle Mitmenschen (vor allem nicht die weiblichen) so spannend wie ihr selbst.

Und dann noch etwas, was ich loswerden muss: Ihr beschwert euch ja andauernd, dass wir Frauen angeblich so oft auf die

Toilette müssen. Vornehmlich auf langen Autofahrten, im Kino oder nachts, wenn die nächste Gelegenheit weit weg ist und nur über unheimliche, fremde Trampelpfade erreicht werden kann (auf denen ihr uns natürlich begleiten und beschützen müsst). Das findet ihr nervig. Tja, Jungs, wenn wir aber gesund leben möchten und auf unseren Körper achten, dann müssen wir eben vier bis fünf Liter Wasser am Tag trinken. Und irgendwie müssen die ja auch wieder heraus! Heidi Klum trinkt angeblich sieben Liter Evian am Tag. Was meint ihr denn, wie oft *die* am Tag auf die Toilette rennt? Und was meint ihr vor allem, weshalb sie so schlank ist? Wer viel trinkt, lebt nicht nur gesund, er bleibt auch noch schlank und bekommt eine tolle Haut. Und dass eure Freundin schön und schlank bleibt, das ist ja wohl auch in eurem Interesse. Also, fahrt doch in Gottes Namen auf der nächsten Autobahnfahrt einfach raus auf den Rasthof, wenn eure Freundin anfängt zu quengeln, und macht kein Riesendrama daraus! Es gibt wirklich Schlimmeres als einen kurzen Pinkelstopp für die Frau, die ihr liebt!

Jetzt habe ich mich für meine Verhältnisse aber schon verdammt ausführlich zu diesem Thema geäußert. Ich glaube, das Wichtigste habe ich euch mitgeben können, und deshalb lassen wir es jetzt gut sein und gehen schnell zum nächsten Kapitel über. Denn ihr wisst ja jetzt: Wenn es um die Toilette geht, dann schätzen wir Frauen vor allem eines: Diskretion.

20. Eure Wohnung

Wenn man einen Mann neu kennenlernt, ist es immer ein ganz besonders spannender Augenblick, zum ersten Mal seine Wohnung zu betreten. Bei meinem Freund war es sogar ganz besonders spannend, denn er ist im Besitz eines acht Kilo schweren Maine-Coon-Katers und ich hatte damals noch panische Angst vor Katzen. Aber von dem Raubtier abgesehen, war der erste Eindruck von seinem Domizil im Münchner Norden eigentlich ganz okay. Mir war ohnehin klar, dass wir im Falle eines späteren Zusammenziehens sowieso Dreiviertel seiner Möbel entsorgen würden (was dann auch so kam). Und als ich feststellte, dass man dank einer wöchentlich antretenden Putzfrau über seine Badfliesen laufen konnte, ohne dabei kleben zu bleiben, war ich fast schon begeistert. Aber als mein Freund und ich gegen Abend Hunger bekamen und er liebenswürdigerweise etwas zu essen zaubern wollte, kam ich ins Stutzen. Angekündigt hatte er ein selbstkreiertes Reisgericht. Als ich ihm in der verdächtig unbenutzt aussehenden Küche über die Schulter schaute, sah ich, wie er zwei Schälchen Fertigreis in die Mikrowelle stellte, eine Flasche Ketchup aus dem ansonsten gähnend leeren Kühlschrank holte und deren Inhalt großzügig über die erwärmten Plastikschälchen verteilte. Kochen konnte die Putzfrau anscheinend nicht. Na ja, was soll ich sagen? Wir sind dann zu seinem Lieblingsitaliener Pasta essen gegangen …

Früher hab ich ja wirklich mal geglaubt, dass die Story vom alleinlebenden Singlemann, der sich in seiner Wohnung von Fertiggerichten und Chips ernährt und unter Dekoration höchstens das Sammeln von internationalen Bierdosen versteht, ein absolutes Klischee ist. Doch an jedem Klischee ist wohl auch etwas Wahres dran. Ich habe mittlerweile etliche solcher Wohnungen mit eigenen Augen gesehen (ich sage nur FC-Bayern-Bettwäsche!) und heute ist mir völlig klar, weshalb die Evolution uns Frauen zu den Nestbauern gemacht hat und nicht euch.

Aber interessant ist so ein Männerhaushalt schon. Eines der wichtigsten Einrichtungsstücke in der Wohnung eines männlichen Singles ist neben dem Fernseher meistens die Mikrowelle oder der Backofen – je nachdem, ob der Bewohner eher ein Mikrowellenreis- oder ein Tiefkühl-Salamipizza-Typ ist. Die restliche Kücheneinrichtung ist zweitrangig oder gar nicht vorhanden. Obwohl, das stimmt so auch nicht. Bestimmte elektrische Teile wie chromblitzende Espressomaschinen stehen bei euch anscheinend doch hoch im Kurs. Keine Ahnung, was euch an denen derart fasziniert, vielleicht erinnern sie euch an Autos? Wie dem auch sei, eine Frau mit einer grandiosen Crema zu überraschen schadet sicherlich nicht. Aber wenn ihr demnächst eine Frau bei euch erwartet, die voraussichtlich sogar über Nacht bleiben wird, dann wäre es wirklich sinnvoll, zumindest einen kleinen Notvorrat an Lebensmitteln zu Hause zu haben. Das beeindruckt die Frau und ermöglicht so fabelhafte Dinge wie Frühstück im Bett. In der Anfangszeit unserer Beziehung bin ich tatsächlich immer mit so einer motorisierten Kühltasche, die man am Zigarettenanzünder im Auto anschließen kann, zu meinem Freund gefahren und hatte alle lebensnotwendigen Leckereien für ein Wochenende selbst dabei. Das Reis-Ketchup-Massaker war mir einfach zu deutlich im Kopf geblieben. Damit ihr eurer Freundin derartige Umstände ersparen könnt, hier die Top Ten der wichtigsten Kühlschrankinhalte, wenn Damenbesuch ansteht:

- 2 bis 3 Flaschen Evian
- 2 bis 3 Flaschen Prosecco (oder wenn ihr großzügig seid, Champagner – am besten Rosé)
- Eiswürfel
- Schokocrossies

- Erdbeeren (je nach Jahreszeit auch Himbeeren oder Sternfrucht)
- Büffelmozzarella
- frische, reife Strauchtomaten (können bzw. sollten außerhalb des Kühlschranks gelagert werden)
- Eier
- Margarine (fettarm)
- Putenbrust, geräuchert

Wenn ihr diese Grundausstattung vorrätig habt, kann euch schon mal niemand als unorganisiert bezeichnen. Zusätzlich kauft ihr euch einen Tag vor der Ankunft der Lady noch einen Topf Basilikum (lässt eure Küche innerhalb von Sekunden freundlich und belebt aussehen), legt ein paar Zitronen in eine hübsche Schüssel (hat den gleichen Effekt und aromatisiert bei Bedarf das Evian) und kauft eine Flasche kalt gepresstes Olivenöl oder Trüffelöl und einen guten Balsamico. Noch ein paar Roggenbrötchen und ein Ciabatta zum Aufbacken – und ihr könnt jede Frau verwöhnen!

Nehmen wir einmal an, eurer Damenbesuch ist bei euch angekommen, ihr habt ihr ein Glas Evian angeboten, später dann gemeinsam mit Champagner Rosé angestoßen, und nachdem sie von euch und eurer Aufmerksamkeit hin und weg gewesen ist, seid ihr relativ schnell im (hoffentlich frisch überzogenen) Bett gelandet. Nun ist es Abend und ihr habt Hunger, aber eigentlich keine Lust, wieder Klamotten anzuziehen und außer Haus essen zu gehen, und auf fettige Pizza vom Fast-Food-Lieferanten steht eure Eroberung nicht wirklich. Kein Problem, schließlich habt ihr ja alles da, was man für ein romantisches Abendessen zu zweit braucht! Und damit nichts schiefgeht, hier die Anleitung:

- Backofen vorheizen
- Büffelmozzarella und Tomaten aus dem Kühlschrank nehmen
- Tomaten und Büffelmozzarella in gleichmäßige Scheiben mit einem scharfen Messer aufschneiden[3]
- Ciabatta auf dem mittleren Rost in den Backofen geben
- Tomatenscheiben auf großem runden Teller verteilen, am besten kreisförmig auslegen, von außen anfangen, dann zur Mitte hin immer kleinere Kreise legen, bis in der Mitte nur noch eine einzelne Tomatenscheibe liegt
- Büffelmozzarellascheiben nach dem gleichen Prinzip darüber verteilen
- leicht pfeffern und salzen
- mit Olivenöl oder Trüffelöl (schmeckt sensationell!) und Balsamico beträufeln
- Basilikumblätter abzupfen und nicht zu sparsam darübergeben
- Ciabiatta mit Hilfe eines Backhandschuhs aus dem Ofen nehmen und in Scheiben schneiden, eventuell in einen Brotkorb, ansonsten auf einen separaten Teller legen
- alles zusammen auf einem Tablett servieren, zwei Gabeln dazulegen und dann gemeinsam von einem großen Teller im Bett oder am Tisch naschen
- danach Erdbeeren[4] waschen, vom Strunk befreien, einmal halbieren und gemeinsam mit den Schokocrossies auf einem frischen Teller servieren, dazu Champagner oder Prosecco reichen

Mit diesem leichten, bekömmlichen und doch appetitlichen Abendessen könnt ihr eigentlich nichts falsch machen. Und um diesen perfekten ersten Eindruck am nächsten Morgen noch mal zu bekräftigen, könnt ihr dank eures Vorrats auch mit einem lecke-

3 Oder gleich Mini-Büffelmozzarella-Kugeln und Cocktailtomaten kaufen, kleine Babykugeln finden wir Frauen immer gut.

4 Oder Himbeeren bzw. Sternfrucht, Letztere anschließend mit scharfem Messer in sternenförmige Scheiben schneiden

ren Frühstück auftrumpfen. Dazu müsst ihr die Roggenbrötchen aufbacken (genauso verfahren wie beim Ciabatta), Putenbrust zusammen mit den restlichen Tomaten (mit dem Messer vierteln) auf einem Teller anrichten, Halbfettmargarine aus dem Kühlschrank holen, restliche Früchte waschen, in Schälchen anrichten und aus den Eiern ein Rührei machen. Hier die Basicversion:

- 4 Eier aufschlagen, in Schüssel geben und mit Salz und Pfeffer verrühren, am besten mit einem Schneebesen, ansonsten mit einer Gabel
- Olivenöl (oder Trüffelöl!) bei mittlerer Hitze in eine Pfanne geben (auf keinen Fall Vollgas geben, auch wenn ihr schnell zurück ins Bett wollt – mittlere Hitze heißt: nicht die höchste Stufe!)
- gerührte Eier in die Pfanne geben
- mit einem Pfannenwender (nicht aus Holz) immer wieder über den Pfannenboden streichen und die fest werdende Eiermasse so zerteilen, bis das Rührei fertig ist (fertig ist es, wenn es nicht mehr glibberig, aber auch nicht schon staubtrocken ist, am besten probiert ihr zwischendurch einfach)
- auf einen Teller geben, mit ein paar Basilikumblättern garnieren

Danach nehmt ihr noch die Roggenbrötchen aus dem Ofen und serviert das Ganze am Bett. Gern auch begleitet von einem Cappuccino, einem Glas Evian oder bei Bedarf einem Glas[5] Prosecco (oder Champagner). So perfekt vorbereitet, könnt ihr bei jeder Frau punkten und es bedarf nur einiger weniger Basics, die ihr vorher besorgen müsst. Na ja, und was ihr mit den Eiswürfeln so alles anstellen könnt, also das wisst ihr sicher selbst. Ansonsten fragt einfach die Frau, die ihr verwöhnen wollt, sie wird es schon wissen ...

---

5 Apropos: Sektgläser solltet ihr auf jeden Fall besitzen, man serviert einfach keinen Moët & Chandon im Bierglas.

Le lit – das Bett

Ja, das Bett. Ohne Frage ein besonders wichtiges Einrichtungsstück, egal, ob in männlichen oder weiblichen Wohnungen. Allerdings bieten männliche Betten des Öfteren einige Tücken und damit meine ich keine geplatzten Kondome, vorzeitigen Samenergüsse oder Potenzschwierigkeiten. Es geht um eine wesentlich subtilere Form der Bettfalle. Eine Freundin von mir bekam diese zu spüren, als sie sich nach ein paar Cocktails zu viel in das Bett ihres neuen Freundes fallen ließ. Denn anstatt sie weich abzufedern und ihr Halt zu geben, begann das Bett plötzlich wie wild zu schwanken und meine Freundin wurde ungefähr so sanft durchgeschüttelt wie Pauschaltouristen während einer Atlantiküberquerung auf der AIDA im Dezember. Ob es wirklich so klug war, sich ein Wasserbett anzuschaffen, hätte sich der Typ vielleicht überlegen sollen, *bevor* er meine Freundin nach sechs Mai Tais in sein Schlafzimmer entführte.

Apropos: Warum liebt ihr Männer eigentlich alle Wasserbetten? Ich verstehe das einfach nicht. Die Dinger sind sauteuer, unpraktisch ohne Ende (man kann zum Beispiel nie einfach mal so das Schlafzimmer umstellen) und so toll schläft es sich auf einem Miniaturozean nun auch nicht. Kommt eure Leidenschaft für flüssige Matratzen vielleicht daher, dass ihr alle gern Piraten geworden wärt und deswegen das Auf-hoher-See-Feeling sucht? Gut, ihr könnt nun mal nicht die ganze Zeit auf allen sieben Weltmeeren herumsegeln und das Rauben von Jungfrauen und Überfallen von karibischen Handelsstädten ist heute auch nicht mehr ganz so gern gesehen. Aber immerhin: Auf dem Wasser schlafen, das könnt ihr dank dieser Betten auch ganz wunderbar zu Hause! Beschert euch dieses In-den-Schlaf-schaukeln-Lassen ein wenig das Captain-Jack-Sparrow-Gefühl, das ihr in eurem Alltag so vermisst, oder habt ihr einfach alle miteinander chronische Rückenschmerzen? Ich weiß es wirklich nicht. Aber eines ist sicher: Am tollen Sex im Wasserbett kann es nicht liegen. Ich finde, Sex in einem Wasserbett zu haben fühlt sich an, als würde man einen Wackelpudding vögeln, und – ganz unter uns – ich kann mir Ansprechenderes vorstellen …

Doch wenn ihr trotz allem unter gar keinen Umständen auf ein Wasserbett verzichten könnt, dann tut uns Frauen wenigstens den Gefallen, uns zu warnen, bevor wir uns ergeben und ins Bett fallen lassen. Denn es gibt nichts, was weniger sexy ist als ein lasziv begonnenes Rekeln auf dem Bett, das bei einer falschen Bewegung plötzlich in eine Art Hochsee-Muppetshow ausartet. Erspart uns und euch diese Peinlichkeit und warnt die Mädels einfach vor – oder nehmt sie gleich auf der Couch (der Waschmaschine, dem Küchentisch, der Dachterrasse, unter der Dusche oder auf dem Perserteppich), das ist meistens sowieso viel spannender und schlecht wird dabei auch niemandem …

La décoration – die Dekoration

Dekorieren – das heißt für uns Kerzen aufstellen, Blumen arrangieren, Wände streichen und für euch bedeutet es, ein paar Playboy-Poster aufzuhängen. Ja, heterosexuelle Männer neigen eben nur bedingt zu innenarchitektonischem Engagement. Ich liebe es zum Beispiel, mir beim *Perfekten Dinner* die Wohnungen von Singlemännern anzuschauen, und das sind immerhin Männer, die ihre Wohnung anderen Menschen präsentieren *wollen*! Bunt zusammengewürfelte Möbel, die wahlweise von der Ex, der Großmutter oder dem letzten Sperrmüll stammen, in Kombination mit furchtbar lustigen Simpsons-Postern, Modellautos und Fußballpokalen aus der Kreisliga. Nicht alle, aber doch ein nicht unbeträchtlicher Teil legt entweder keinen Wert auf die Gestaltung der paar Quadratmeter, die euch täglich umgeben, oder er hat schlicht und einfach so viel Geschmack wie ein obdachloses Streifenhörnchen.

Als ich mit meinem Exfreund zusammengezogen war, musste ich ihn sage und schreibe drei Wochen lang davon überzeugen, dass seine Coladosen-Sammlung mit den Vereinszeichen deutscher Bundesligafußballvereine auf keinen Fall zum Safarilook unseres Wohnzimmers passt (ist schon ein paar Jahre her ...), auch *wenn* die Couch damals noch rot war. Und dass der Mann einer Bekannten nicht lockerließ, bis sie seine gerahmte Bierdeckelsammlung im Flur aufhängte (statt im Keller oder im Gemeinschaftswaschraum, wie sie vorgeschlagen hatte), hat die Beziehung der beiden wirklich sehr nahe an ihre ultimative Belastungsgrenze geführt. Deswegen, meine Lieben, falls ihr demnächst (oder irgendwann einmal) mit eurer Freundin zusammenzuziehen wollt, dann nehmt diesen Rat mit auf den Weg: Redet keiner Frau in ihre Deko rein! Ihr könnt den Fernseher aussuchen, die Espressomaschine aufstellen, von mir aus sogar ein Wasserbett kaufen, aber wenn es um die Farbe der Wände, die Anordnung der Bilder oder die Ordnung im Bücherregal geht, dann lasst doch einfach uns Mädels ran! Es erspart euch Stress, uns unnötige Diskussionen und eurer Mutter beim nächsten Besuch den schockierenden Anblick von ineinander verschlungenen Lesbenmodels im Schwarz-Weiß-Look im Schlafzimmer. Wir haben vielleicht nicht viel Ahnung von Technik oder Autos, aber wenn es ums Einrichten geht, dann wissen wir, was wir tun, ehrlich, Jungs! Und außerdem kennt ihr das ja selbst: Wenn es um die neue Couch oder die Tapete im Schlafzimmer geht, dann kriegen wir Frauen am Ende doch sowieso immer, was wir wollen. Also, entspannt euch, kauft ein bisschen Büffelmozzarella und freut euch auf eine fabelhaft eingerichtete Wohnung! Wir machen es euch doch gern schön ...

Hör mal, wer da (nicht) hämmert

Früher dachte ich immer, dass alle Männer, sobald sie einen Hammer in die Hände kriegen, zu wahren Handwerkerhelden mutieren und alles reparieren können, was ich kaputt mache. Wahrscheinlich weil mein Papa das konnte, obwohl er jeden Tag mit Krawatte und Anzug zur Arbeit ging. Irgendwie hat mein Kleinmädchenhirn dabei wohl abgespeichert, dass Männer unabhängig von Beruf und Alter echte Reparaturwunder sind. Das seid ihr aber gar nicht. Zumindest nicht alle. Ich war inzwischen mit mehr Männern mit linken Händen zusammen, als ich an meiner rechten abzählen kann. Und ganz ehrlich, Jungs – ich weiß, ihr könnt nichts dafür, wenn ihr motorische Vollpfosten seid, aber sexy ist es nicht! Scheiß auf die Emanzipation, wir Frauen wollen Männer, die Sachen reparieren können! Ja gut, ein IKEA-Regal kriegen wir mittlerweile auch selbst hin, aber wenn wir den neuen Küchenschrank schneller aufbauen können als ihr, dann fühlt sich das wirklich irgendwie doof an. Vor allem, da ihr oftmals einfach nur zu faul seid! Ich meine, ihr investiert Tage und Wochen in die Installation eines neuen iMac, schafft es aber über vier Monate nicht, unsere neue orientalische Lampe aufzuhängen? Oh bitte! Ihr müsst uns ja nicht gleich achtstöckige Schuhschränke bauen (also schön wär's natürlich), aber wenn unsere Glühbirne im Wohnzimmer durchbrennt, solltet ihr nicht zuallererst *myhammer* googeln! Wir Frauen wollen echte Männer. Harte Kerle, die mit einem Zahnstocher und Zahnpasta unseren Lattenrost flicken können. Die wissen, was man tun muss, wenn der Siphon tropft, und die dabei auch noch gut riechen! Das mag ja vielleicht alles nicht einfach sein, aber glaubt ihr, es ist so unglaublich easy für uns, jeden Tag frisch, sexy und heiß für euch auszusehen? Wir müssen zupfen, cremen, glätten und vom Waxing mag ich hier gar nicht erst anfangen. Ist es da wirklich zu viel verlangt, wenn ihr uns gelegentlich mal die Heizung entlüftet? I don't think so ...

Die DVD-Sammlung

Ach ja, bevor ich es vergesse, da war noch was ... Und zwar in Bezug auf eure DVD- oder iTunes-Sammlung, die wohl in keiner männlichen Wohnung fehlen darf. Bis zur Recherche zu diesem Buch dachte ich immer, dass Männer gar nicht so pornoverrückt wären, wie es immer heißt. Okay, ich gebe es zu – da habe ich mich getäuscht! Allerdings ist es für viele von uns nicht einfach nachzuvollziehen, was genau ihr an diesen Filmen so toll findet. Wenn Mädels Pornos anschauen, dann meistens mit ein paar Flaschen Prosecco, Eiskrem und seeehr viel Gelächter. Denn die meisten von uns finden Pornos eher eklig (allein die ganzen herausstehenden Adern an gewissen Stellen, ieeehh!). Euch geht es da anscheinend etwas anders.

Immerhin finde ich es gut, dass so viele von euch dazu stehen! Zumindest erstaunlich viele, mit denen ich gesprochen habe. Und wisst ihr was? Ich finde – ganz ehrlich –, wenn ihr es so toll findet, Pornos zu schauen, dann macht es eben! Tut ja keinem weh. Nur bitte bedenkt eine Sache: Die Mädels in diesen Streifen sind so was Ähnliches wie Schauspielerinnen. Das bedeutet, die würden im echten Leben auch nicht vor Ekstase schreien, nur weil zwei geschminkte Hoden gegen ihre Schenkel klatschen... Und das »Fester! Fester!-Gekreische« ist auch nicht unbedingt dem wahren Leben entsprungen. Wisst ihr Jungs, wir sind uns dessen bewusst, dass ihr im wahren Leben keine Autos fahrt, die gleichzeitig sprechen, schwimmen und fliegen können und dass ihr uns wahrscheinlich nicht ganz allein aus den Händen zwanzig schwerbewaffneter Terroristen in der marokkanischen Wüste befreien könntet. Und das ist auch gar nicht schlimm! Aber ihr müsst euch eben auch bewusst werden, dass wir Frauen nicht alle silikontragende, dauergeile Solariumblondinen mit lesbischen Neigungen und einer Vorliebe für Analsex sind. Manche von uns sind das vielleicht sogar. Ganz viele andere aber eben nicht. Und eine Frau mit einem Pornostar zu vergleichen ist wirklich nicht gerade zielführend. Stellt euch doch einmal vor, eure Freundin würde euch die ganze Zeit mit Jason Statham vergleichen, das wäre auch nicht wirklich ermutigend, oder? Also zieht euch die Streifen von mir aus rein, aber vergesst bitte niemals, dass das, was ihr da seht, reine Fiktion ist! Oder wer von euch hat tatsächlich einen Dreißig-Zentimeter-Prügel, der fünf Stunden am Stück rammeln kann, ohne auszulaufen? Na also ...

»Lass dir unsere Kinder als
Lehre dienen, Peg!
Es kann nichts Gutes beim
Sex rauskommen!«
AL BUNDY

21. Kinder

Früher ging man davon aus, dass Frauen beim Anblick eines Babys oder Kinderwagens in der Fußgängerzone hin und weg waren und so schnell wie möglich schwanger werden wollten, während die Männer das Ganze etwas differenzierter betrachtet haben. Ich habe das Gefühl, dass es heute oftmals umgekehrt ist. Vielleicht suche ich mir auch unbewusst nur die entsprechenden Männer aus, aber bisher konnten meine Lebensgefährten alle miteinander mehr mit Babys anfangen als ich. Bei meinem Exfreund war es ganz extrem: Wenn wir irgendwo in einer Schlange, zum Beispiel an der Supermarktkasse, anstanden und er plötzlich neben mir anfing zu strahlen und undefinierbare Laute und seltsame Zeichensprache von sich zu geben, war mir klar, dass er mal wieder flirtete. Nicht mit einer anderen Frau, sondern mit irgendeinem strahlenden Baby, das meinen Ex wie gebannt fixierte und dabei fröhlich quietschend seinem Sabber freien Lauf ließ. Und so was passierte nicht nur an der Supermarktkasse. Sobald ein kleines Kind in unserer Nähe war, fixierte sich dieses in Sekundenschnelle auf meinen Exfreund und die beiden fingen an, in einer Art zu kommunizieren, die ich höchstens gegenüber Hundewelpen anwende.

Und einer meiner Freundinnen geht es momentan ganz genauso: Ihr jetziger Freund hatte Kindern gegenüber bis vor ein paar Monaten noch die gleiche Einstellung wie sie und ich (Kinder sind wie der Weltuntergang – eines fernen Tages könnten sie für uns relevant werden, *jetzt* nicht!). Seit geraumer Zeit fängt er nun aber auch mit dieser merkwürdigen Babykommunikation an, beschäftigt sich mit den Kindern ihrer gemeinsamen Freunde, erzählt ihr von jeder möglichen Begegnung mit einem süßen Baby und denkt über Mädchennamen nach. Glücklicherweise tut er das aber noch in der Halbspaß-Form, sodass meine Freundin noch keinerlei Anlass hat zu überprüfen, ob ihre Antibabypille in letzter Zeit auffällig nach Traubenzucker schmeckt. Er weiß auch, dass sie eigentlich (beide sind Mitte zwanzig) noch sehr viel Zeit haben und insofern noch guten Gewissens um jeden Bugaboo-Kinderwagen einen großen Bogen machen können. Trotzdem kann ich das ungute Gefühl meiner Freundin nachvollziehen und diese ganzen Männer-und-Babys-Beobachtungen bringen mich dazu, darüber nachzudenken, ob sich das mit der biologischen Uhr nicht etwa ein wenig verschoben hat. Also weg von uns, hin zu euch. Vor allem, da fast alle meine Freundinnen mir Ähnliches berichten. Bei uns Frauen tickt die biologische Uhr heute einfach erst mal mehr in Hinsicht auf unsere Karriere – mit dreißig wollen wir dies und jenes erreicht haben – und das Abstillen eines Säuglings gehört für die wenigsten von uns dazu. *Ihr* dagegen fangt mittlerweile teils mit Mitte zwanzig schon damit an, über Kinder und Familie zu sinnieren und am liebsten schon mal die Beweglichkeit eurer Spermien testen oder diese gleich mal vorsorglich einfrieren zu lassen. So viele von euch Männern (nicht nur meine Exfreunde) geraten beim Anblick eines strahlenden Babys in Verzückung, während ich nur darüber nachdenke, in einem möglichst weiten Bogen um den Kinderwagen herumzugehen, um die Wahrscheinlichkeit, dass mir aufs Kleid gespuckt wird, gering zu halten.

Honolulu oder Harz?

Dabei hasse ich Kinder ja gar nicht. Einzelne von ihnen sind wirklich sehr süß! Ich habe durchaus meine Lieblingskinder und die werden von mir mit Hello-Kitty-Süßigkeiten und Barbie-Wundertüten versorgt bis zum Umfallen. Aber das sind auch coole Kinder, mit denen man knuddeln kann, ohne danach auszusehen, als wäre man gerade von einem Weltraummonster abgeschleckt worden oder hätte in Orangensaft gebadet. Solche Kinder finde ich toll! Aber unglücklicherweise sitzen *diese* Kinder im Flugzeug *nie* hinter mir. Da tummeln sich nur die kleinen Arschlochkinder, deren Teufelshörner wahrscheinlich auf Wunsch der Eltern nach der Geburt abgesägt wurden. Solche Kinder werden meistens »antiautoritär« erzogen und insofern von ihren Eltern noch dafür gelobt, wenn sie mit ihren krummen Beinen gegen den Sitz ihres Vordermanns treten. Und wehe, man beschwert sich! Nur weil mein Rücken mir mittlerweile so wehtut, dass ich kaum noch atmen kann, muss ich ja nicht gleich die Aktivitätsübungen des kleinen Marcel-Benjamin kritisieren, also wirklich ... Boah! Und da soll unsereins noch Lust darauf haben, die Pille abzusetzen? Das glaubt ihr ja wohl selbst nicht!

Deswegen setze ich im Urlaub auf sogenannte »Erwachsenenhotels«. Die haben nichts mit einem Swingerclub oder Ähnlichem zu tun, in diese Hotels dürfen nur keine Personen unter 16 Jahren eingebucht werden. Eine traumhafte Erfindung! Leider ist sie in Europa noch recht wenig verbreitet, aber in der Karibik gibt es ganz fantastische solcher Hotels. Mal angenommen, ihr seid tatsächlich gerade in der Situation, dass eure Lenden schon recht laut nach Vermehrung rufen, eure Freundin (respektive Frau) aber noch keinerlei Sehnsucht nach einer Vorratspackung Pampers hat, sondern zum Beispiel ihre Bikinifigur noch ein wenig erhalten oder den Posten der Abteilungsleiterin in ihrem Unternehmensbereich erklimmen möchte, dann fliegt im nächsten Urlaub doch zusammen in ein Erwachsenenhotel in die Karibik oder nach Honolulu und macht euch zwei schöne Wochen. Und wenn ihr dann da so liegt in eurer Cabana und euch mittags um zwölf den ersten Mojito bringen lasst, den Sonnenschein genießt, dann vielleicht noch ein wenig im karibischen Meer tauchen geht und anschließend fantastischen Sex im zimmereigenen Whirlpool habt, dann stellt euch abends bei Rinderfilet und Rotwein doch nur mal für eine Sekunde vor, wie dieser Urlaub mit einem Kind ausgesehen hätte. Bestenfalls würdet ihr, umgeben von einer Horde schreiender Kinder, in einem pipiwarmen Planschbeckenpool in einem Ferienclub auf Mallorca sitzen, im schlimmsten Fall müsstet ihr euren Nachwuchs bei Dauerregen in einem unsexy Tragekorb auf dem Rücken durch einen abgehalfterten Erlebnispfad im Harz tragen. Sex im Whirlpool unterm Karibikhimmel hättet ihr jedenfalls mit Sicherheit nicht.

Aber wenn es dich dann nur einmal anlächelt ... Jaja, den Satz kenne ich auch. Ich versuche immer, mit meinem süßesten Lächeln meinem Papa klarzumachen, wie gut investiert die X-Tausende von Euro für mein Studium, mein Auto und die Armee von Barbiepuppen doch tatsächlich waren. Und das Schöne an Eltern ist: Sie glauben es sogar! Zumindest versuchen sie, das anderen Menschen weiszumachen. Aber niemand kann mir erzählen, dass vierhundert schlaflose Nächte mit einem Schreikind durch *ein* zahnloses Grinsen wieder aufgewogen werden können. Zumindest für mich eben momentan noch nicht.

Ich weiß natürlich, dass es auch andere Fälle gibt. Ich habe auch Freundinnen, die mit 27 Jahren schon zwei Kinder haben, verheiratet und überglücklich sind. Und es ist ja gut, dass es auch solche Mädels gibt. Dass jede von uns mittlerweile selbst entscheiden kann, ob sie mit 22 oder lieber erst mit 35 die Pille absetzen möchte (oder eben auch gar nicht), das ist eine der großen Errungenschaften unserer Zeit. Früher sollten wir Frauen nicht studieren oder Karriere machen und daher waren Kinder und Haushalt die einzige Möglichkeit, sich einen sinnvollen Lebensinhalt zu basteln. Heute können wir uns aussuchen, ob wir vorrangig Mami oder lieber Vorstandsvorsitzende sein wollen. Beides zusammen gestaltet sich bekanntermaßen leider oft noch ziemlich schwierig, denn wenn eine anständige Kinderbetreuung um die 800 Euro im Monat kostet, kann man vielleicht auch wirklich gleich zu Hause bleiben und die eigenen Cupcake-Rezepte perfektionieren – oder aber den Mann zum Elternjahr überreden und selbst weiter arbeiten gehen. Wobei ich vermutlich gar nicht geschlechtsspezifisch, sondern eher gehaltsspezifisch entscheiden würde, wenn ich in der Situation wäre. Derjenige, der mehr verdient, sollte auch weiter die Kohle ranschaffen und der andere sich um das Kind kümmern. So viel habe ich aus den BWL-Kursen dann doch mitgenommen. Allerdings muss auch das jeder für sich selbst entscheiden. Zumindest aber sollte keiner von euch Männern die Möglichkeit kategorisch ausschließen, auch mal zu Hause zu bleiben, denn ich glaube, selbst wenn es noch gar nicht konkret zur Debatte steht und ihr eure grundsätzliche Bereitschaft nur bekundet, gebt ihr eurer Freundin schon ein gutes Gefühl. Nämlich, dass sie selbst mitentscheiden darf, ob sie weiter arbeitet oder nicht, und dass sie nicht dazu gezwungen wird, zu Hause zu bleiben. Und dieses Gefühl kann schon eine ganze Menge ausmachen …

Schwangerenerpressung und Samenraub

Aber beim Thema Kinder geht es nicht nur darum, dass sich viele von uns gar keine wünschen, sondern natürlich vor allem um glückliche Familien. Aber es gibt noch einen anderen spannenden Aspekt, nämlich den, dass manche Frauen tatsächlich versuchen, euch Kinder anzuhängen. Ich habe selbst einmal erlebt, dass eine damalige Bekannte mir bei einem Stadtbummel gestanden hat, dass sie heimlich die Pille abgesetzt hat. Als ich sie ziemlich verwirrt gefragt habe, warum sie dies heimlich getan habe, kam die schockierende Antwort, dass sie Angst habe, ihr Freund würde sie verlassen. Und da kam sie eben auf die glorreiche Idee, ihn mit einem Kind an sich zu binden. Die beiden waren erst ein knappes halbes Jahr zusammen und diese sechs Monate waren jetzt nicht unbedingt die harmonischsten. Der halbe Freundeskreis hatte sich vielmehr schon gefragt, *weshalb* die beiden eigentlich ein Paar waren, und dass *sie* wesentlich verliebter war als *er*, war auch kein Geheimnis. Nun ja, nach dieser Eröffnung stand ich jedenfalls ziemlich geschockt mit einem roten Spitzen-BH in der

Hand da (wir waren gerade in einem Dessous-Geschäft) und war erst mal sprachlos. Dann wurde ich unglaublich wütend, habe meiner Bekannten ziemlich heftig die Leviten gelesen und sie dazu gedrängt, ihrem Freund die Wahrheit zu sagen, da anderenfalls ich dies übernehmen würde (ich kannte ihn ziemlich gut). Sie hat das dann tatsächlich selbst erledigt und einen Tag später waren die beiden getrennt. Ihr Freund hatte so etwas nämlich schon geahnt, wie er mir später erzählte, und allzu viel Sex hatten die beiden wohl sowieso nicht mehr.

Trotzdem hat mich diese Sache geschockt, denn hätte einer von euch mir vorher erzählt, dass es so etwas wie Samenraub oder Schwangerenerpressung (»Jetzt bin ich schwanger, jetzt kannst du mich nicht mehr verlassen!«) wirklich gibt, hätte ich das – zumindest in meinem direkten Umfeld – ganz schnell als blödes Klischee abgetan. Allerdings hätte ich damit ganz offensichtlich unrecht gehabt. Und als ich mich jetzt mal ein bisschen in meinem männlichen Bekannten- und Freundeskreis umhörte, erfuhr ich, dass ganz schön viele von euch Angst davor haben, heimlich ein Kind untergeschoben zu bekommen. Vor allem, wenn es um Affären geht, von denen sich die Frauen recht viel versprechen, wenn ihr also irgendeine Art von Macht, Geld oder einfach Prestige habt und eine Frau sich um jeden Preis dauerhaft an euch binden möchte. Ich kann euch in Bezug auf diese Angst natürlich nicht vollkommen beruhigen, denn dass es Frauen gibt, die so etwas tatsächlich tun, habe ich ja nun mitbekommen, aber ich glaube wirklich, dass die überwiegende Mehrheit von uns das nicht tun würde.

Wenn ihr eine Frau kennenlernt, die sehr glücklich in ihrem Job ist, viel reist, feiert, ein unabhängiges Leben führt und selbstständig ist, wird sie all diese Vorteile nicht einfach so aufgeben, um einen Typen mithilfe eines Kinds an sich zu binden. Vor allem wage ich zu behaupten, dass das An-sich-Binden auch gar nicht wirklich klappt. Denn rein rechtlich ist so eine Vaterschaft mit

Alimenten abgetan und niemand kann gezwungen werden, sich mit einem Kind zu beschäftigen, das er gar nicht möchte, und das wissen wir Frauen auch. Falls ihr aber bei einer Frau wirklich einmal Zweifel haben solltet, würde ich das erstens ansprechen und zweitens auf Kondome bestehen. Denn die Pille kann man unregelmäßig nehmen, eingesetzte Spiralen und Vaginal-Ringe kann man erfinden und Sterilisationen sowieso. Deswegen solltet ihr wirklich auf Nummer sicher gehen, wenn euch etwas komisch vorkommt. Denn wenn es einmal zu spät ist, ist es zu spät und wird zumindest ziemlich teuer …

Heute zwei Streifen auf dem Schwangerschaftstest? Bloß nicht!

Aber ich halte so etwas trotzdem für die Ausnahme. Die aktuellen Statistiken zeigen ja, dass die meisten Frauen erst spät oder gar keine Kinder bekommen möchten und euch insofern logischerweise auch keine unterschieben werden. Ich beispielsweise vergesse meine Pille wirklich nie. Und wenn ich dann trotzdem einmal aus vollkommen irrationalen Gründen in Panik verfalle, dass ich schwanger sein könnte, geht für mich kurzfristig die Welt unter. Wie vor unserem Mexikourlaub vor zwei Jahren. In der Nacht vor dem Abflug wachte ich plötzlich verschwitzt auf und war mir total sicher, dass ich schwanger sein müsse. Daraufhin bekam ich einen hysterischen Weinkrampf und schickte meinen Freund um fünf Uhr morgens in die Notfallapotheke, um einen Schwangerschaftstest zu kaufen. Der war natürlich negativ und wir konnten beruhigt in den Flieger steigen und in unser 5-Sterne-nur-für-Erwachsene-Hotel starten. Normalerweise bin ich nicht so hysterisch, aber das Thema Schwangerschaft macht mir einfach eine Heidenangst. Ich kann mir im Moment nichts Schlimmeres vorstellen, als schwanger zu werden (gut, von Krebs und anderen schrecklichen Krankheiten einmal abgesehen), und wenn ich mir in nächster Zeit Familienzuwachs anschaffen sollte, dann höchstens einen lieben Welpen aus dem Tierheim, aber ganz sicher kein Kind.

Jetzt werdet ihr vielleicht denken: Oh mein Gott, wie kann die Alte nur so reden? Aber ganz ehrlich, ich bin der Meinung, mit 27 Jahren habe ich das gute Recht, so zu reden. Wahrscheinlich werde ich mit 32 eine ganz andere Meinung vertreten. Vielleicht aber auch nicht. Und dann wäre das auch in Ordnung. Es gibt schließlich kein verfassungsrechtlich verankertes Gesetz, das einer Frau vorschreibt, mindestens ein Kind zu gebären. Gott sei Dank! Natürlich sind Kinder wichtig für unsere Gesellschaft und ohne Kinder wäre weder unsere Demokratie noch überhaupt ein Staat möglich. Ich habe Politikwissenschaft studiert und mich insofern wirklich ausführlich mit Rentengarantien und dem Generationenvertrag beschäftigt. Aber trotzdem, wenn eine Frau kein Kind bekommen möchte, dann ist das ihre Entscheidung und somit völlig okay. Außerdem wird eine Frau ohne Kinder wesentlich länger und ohne Unterbrechung arbeiten und somit entsprechend viel Geld in die Rentenkasse einzahlen. Vielleicht sollte das auch einmal so gesehen werden. Natürlich brauchen wir Kinder, egal, wie viel Steuern wir zahlen. Aber es wird doch auch nie passieren, dass gar keine Frau mehr schwanger wird, denn dafür verspüren zu viele von uns das Bedürfnis nach Kindern, so gut hat die Natur das schon geregelt. Nur aufgrund der äußeren Bedingungen (Kind und Karriere, schlechte Betreuung etc.) wird dieser Drang bei vielen von uns ziemlich gemindert.

Dennoch bin ich mir sicher, dass ich eines Tages (voraussichtlich wohl so mit Anfang/Mitte dreißig) beim Anblick von rosa Strampelhöschen in Ekstase geraten und meine Babypille das Klo runterspülen werde. Allerdings ist *das* dann auch nicht immer so einfach, denn zum Babykriegen benötigt man eben den richtigen Mann. Und ob ich diesen in sechs Jahren haben werde, kann ich nur hoffen, aber nicht garantieren. Vielleicht ist das auch der Grund, weshalb *ihr* plötzlich immer früher Kinder bekommen wollt: Immer mehr Ehen scheitern und werden geschieden. Also denkt ihr vielleicht, bevor die Beziehung in die Brüche geht, sollte ich lieber noch mal schnell die Frau schwängern. Damit bleibt sie euch zwar nicht zwangsläufig erhalten, aber euer Erbgut ist auf jeden Fall schon mal gesichert. Dieser Drang steckt wahrscheinlich noch ziemlich tief in euch drin. Das nennt man dann allerdings sicher nicht Samenklau, sondern eher Erbgutunterschiebung, was aber auch nicht viel besser ist.

Na ja, im Endeffekt gilt wahrscheinlich die Regel, dass Kinder eine tolle Sache sind, aber nur wenn zwei Menschen das zum gleichen Zeitpunkt so sehen und sich gemeinsam dafür entscheiden. Und da sich viele Paare heute nicht mal für ein gemeinsames Fernsehprogramm entscheiden können, ist das mit dem Kinderkriegen eben eine echt knifflige Angelegenheit. Sollte ich diese einmal in den Griff bekommen haben, werde ich es euch auf jeden Fall wissen lassen …

22. Manolo-Männer

Wisst ihr, Jungs, eigentlich ist es gar nicht so schwer, uns Frauen zu durchschauen. Ich verrate euch jetzt mal ein Geheimnis. Wir teilen euch Männer nämlich in zwei Kategorien ein: Manolo-Männer und No-Name-Männer (natürlich gibt es auch noch die schwulen Männer, aber die zählen hier nicht). Mit den No-Name-Männern verbringen wir gern eine nette Zeit, haben Spaß und lassen uns von ihnen ablenken, wenn uns gerade ein Manolo-Mann verlassen hat. Mit *diesem* würden wir dagegen gern den Rest unseres Lebens verbringen, ihm eventuell eines Tages viele Kinder schenken und nie wieder von seiner Seite weichen. Manolo-Männer sind also *die* Männer oder auch Traumprinzen in unserem Leben. Es gibt allerdings keine festen Regeln, welcher Mann ein Manolo-Mann ist und welcher nicht. Es kann durchaus sein – nein, es ist sogar ganz sicher so –, dass ihr für eine Frau ein Manolo-Mann seid, für eine oder viele andere dagegen nur ein No-Name-Mann.

Der feine Unterschied

Falls ihr bisher nur Bahnhof verstanden habt – und das geht wahrscheinlich den meisten von euch so –, erkläre ich dieses Manolo-No-Name-Mann-Ding gern mal für die nicht Schuhbegeisterten unter euch, also für so ziemlich alle. Manolo Blahnik ist ein göttlicher Schuhdesigner (falls jemand mal zum Schauen von *Sex and the City* verdonnert wurde, müsste es bei ihm jetzt klingeln) und was No-Name bedeutet, wisst ihr ja selbst: die Billigvariante von Nutella, Fußballschuhe mit vier Streifen und eben auch No-Name-Sandalen, deren Absätze schon nach dem dritten Tragen einer ausgefransten Zigarrenspitze gleichen. Nun gut, es geht also um Schuhe.

Dass ich Schuhe mit Männern vergleiche, ist für euch auf den ersten Blick vielleicht etwas seltsam, aber für uns Frauen liegt dieser Vergleich recht nahe. Immerhin sind Männer (also ihr) nicht das Wichtigste in unserem Leben und Schuhe natürlich auch nicht. Aber ohne wäre unsere Welt um einiges weniger fabelhaft. Ihr seid also (genauso wie Schuhe) ein Phänomen, das uns zum Strahlen (wie ein tolles Paar Manolos), aber auch zum Weinen (bei Manolos wäre das der Zeitpunkt, wenn die Kreditkartenabrechnung ins Haus flattert oder ein Absatz abbricht) bringen kann. Und ebenso wie bei Schuhen kann es von euch nicht nur Prachtexemplare (also Manolos) geben, sondern auch ein paar unspektakuläre Exemplare (was natürlich immer ganz subjektiv ist).

Und das ist auch gut so, denn keine von uns würde bei Wind und Wetter in ihren sündhaft teuren Riemchenpumps durch die Pfützen stapfen. Ebenso brauchen wir auch mal einen Mann, der unser Herz nicht mit jedem Seitenblick fast zum Stehenbleiben bringt, sondern mit dem wir auch mal in unserer ausgeleierten Jogginghose *Wetten, dass ..?* schauen können, ohne uns Gedanken über den Sitz unserer Haare machen zu müssen. Und mal Hand aufs Herz (oder sonst wohin), ihr seid ja auch nicht in jede Frau, mit der ihr mal ein paar nette Stunden verbringt, unbedingt gleich unsterblich verliebt, oder? Also, gleiches Recht für alle.

Natürlich ist es für euch aber ziemlich elementar zu wissen, wie der Fall im Einzelnen liegt. Ob ihr nun allerdings für die Frau eures Herzens ein echter Manolo-Mann seid oder nicht, ist manchmal gar nicht so einfach zu durchschauen. Vor allem heutzutage. Männer, die wir eigentlich richtig toll finden, rufen wir nicht zurück, damit sie nicht glauben, wir wären leicht zu haben oder würden ihnen gar hinterherlaufen, und Männer, die wir eigentlich weniger spannend finden, rufen wir ganz artig an, denn was *die* über uns denken, ist uns wiederum nicht ganz so wichtig. Ja, keine Frage, es ist kompliziert. Und manchmal blicken wir Mädels selbst nicht mehr durch, wie wir uns denn nun richtig verhalten sollen, und vermasseln alles. Was für ein Blödsinn!, werdet ihr jetzt denken, wieso bleibt ihr Frauen nicht einfach so, wie ihr wirklich seid, und alles ist gut?

Wir sind Telefonstalker

Das ist eine berechtigte Frage und ich will gern versuchen, sie zu beantworten. So einfach ist das nämlich leider nicht immer. Denn vor allem in bestimmten Lebensphasen – insbesondere, wenn wir gerade frisch verliebt sind – fänden die meisten von euch es vermutlich nicht mehr ganz so prickelnd, wenn wir wirklich zu hundert Prozent wir selbst wären. Wenn eine Frau richtig verliebt ist, hat sie zum Beispiel nicht selten achthundert Mal am Tag das Bedürfnis, ihren Schatz anzurufen und ihm zu sagen, wie süß, toll, atemberaubend, gut im Bett oder schnuckelig er ist, wenn er gerade schläft. Wir beobachten euch nämlich gern im Schlaf, das ist kein blödes Gerücht oder so, es ist die Wahrheit. Zumindest am Anfang einer Beziehung, wenn wir uns noch nichts Schöneres oder Spannenderes vorstellen können, als euch beim Atmen zuzusehen. Aber keine Angst, das legt sich mit der Zeit recht schnell!

Wenn wir nun aber diesem Bedürfnis, euch fast ununterbrochen anzurufen, nachgeben würden, hätten wir euch spätestens nach drei Tagen so verstört und zu Tode genervt, dass ihr wahrscheinlich schneller Reißaus nehmen würdet, als wir eure Handynummer in der Kurzwahltaste abspeichern können. Und mit etwas Abstand betrachtet (oder uns gerade nicht im verliebten Zustand befindend), verstehen wir das auch sehr gut. Deswegen sind wir so clever und verstellen uns. Das heißt, wir unterdrücken unseren Telefonwunsch und rufen euch eben nicht 800 Mal, sondern vielleicht sogar gar nicht an und warten, bis *ihr* euch meldet. Und warten ... und warten ... und warten ... Und sind, wenn ihr euch dann ein paar Stunden später tatsächlich endlich meldet, ziemlich zickig, was ihr euch gar nicht erklären könnt, weil ihr uns ja gerade erst angerufen habt und man in der Zwischenzeit nichts voneinander gehört hat.

Es kann also gar keinen Grund geben, jetzt zickig zu sein. In euren Augen gibt es zumindest keinen. In unseren Augen sieht es aber so aus, dass ihr euch den ganzen Tag nicht bei uns gemeldet habt, also auch nicht an uns gedacht habt und insofern weniger in uns verliebt seid als wir in euch (denn wir haben ja schließlich den ganzen Tag an euch gedacht, auch wenn wir uns nicht gemeldet haben). Jaaah, ich weiß, das ist höchst komplex und eigentlich könnt ihr da auch fast gar nichts machen. Ihr könnt dem ganzen Drama jedoch aus dem Weg gehen, indem ihr ein Telefongespräch immer mit dem Satz beginnt: »Hey, ich habe den ganzen Tag an dich denken müssen.« Damit nehmt ihr uns schon mal die Luft aus den aufgeblähten Segeln und wir schmelzen erst einmal dahin. Mehr dazu könnt ihr aber im Kapitel »Telefonieren« nachlesen, auf dem Gebiet habt ihr nämlich generell noch ziemlichen Nachholbedarf.

Was ich euch aber eigentlich erklären wollte, ist, dass das Verhalten von uns Frauen unglaublich komplex und für euch insofern ziemlich schwierig einzuordnen ist. Ob ihr für eine Frau nun ein Manolo-Mann oder nur ein billiger Abklatsch seid, ist verdammt schwierig herauszufinden. Einen Anhaltspunkt habe ich allerdings schon für euch herausgearbeitet: Wenn eine Frau sauer ist, weil ihr euch lange (und in unserem Universum können vier Stunden durchaus schon mal lange sein) nicht gemeldet habt, dann ist es ihr wohl nicht ganz so egal, was ihr so macht. Wird sie zickig, sobald sie lange nichts von euch hört, ist das also schon mal ein gutes Zeichen.

Natürlich gibt es auch sichere Anzeichen dafür, dass ihr einer Frau relativ egal seid. Zum Beispiel, wenn es ihr gleichgültig ist, ob ihr anruft oder nicht. Das ist immer ein ganz, ganz schlechtes Zeichen und macht euch eigentlich schon per se zum No-Name-

Mann (zumindest für diese eine Frau). Ich gebe es zu, ich habe mir die Zeit zwischen zwei Manolo-Männern auch schon mit No-Name-Männern vertrieben und vielleicht war ich nicht jedes Mal so ganz fair zu ihnen, sprich, ich habe ihnen das Gefühl gegeben, etwas zu sein, was sie für mich gar nicht waren, also ein Manolo-Mann. Dahinter muss aber gar nicht immer eine böse Absicht stecken.

Ich wurde damals gerade von einem Manolo-Mann so richtig schön enttäuscht und war erst mal am Boden zerstört. Zu diesem Zeitpunkt lernte ich diesen anderen Mann kennen – ich nenne ihn hier mal Steven ... Steven war das Gegenteil von meinem Ex: nett, höflich, gut erzogen, er spielte nicht viermal die Woche Fußball im Verein und hatte einen ordentlicheren Kleiderschrank als ich. Er umwarb mich, konnte zuhören, hielt mir die Türen auf und brachte mich abends jedes Mal nach Hause, damit mir auch ja nichts passierte. Irgendwann küssten wir uns das erste Mal vor meiner Tür und es war ... sehr nett. Es flogen keine Funken, spielten keine Geigen und ein Feuerwerk explodierte auch nicht, zumindest nicht in mir. Aber es fühlte sich auch nicht unangenehm an. Und wenn Steven und ich uns abends trennten, konnte ich dem folgenden Treffen wesentlich entspannter entgegensehen, denn ich wartete nicht wie verrückt auf seinen nächsten Anruf. Ich freute mich zwar jedes Mal, ihn zu sehen, aber ich fieberte unseren Treffen nicht entgegen.

Wir hatten eine gepflegte und vor allem stressfreie Beziehung. Und so war es auch im Bett. Mir war es vollkommen egal, ob ich in dieser oder jener Position vorteilhaft aussah oder nicht, und da ich keine Angst hatte, er könnte mich irgendwie unvorteilhaft einschätzen, konnte ich ihm auch ohne Scheu klarmachen, was ich wollte, und vor allem was nicht. Wirklich schlecht war der Sex mit Steven also nicht, technisch gesehen war er sogar einwandfrei, aber Explosionen gab es trotzdem keine. Nach der extrem anstrengenden und sehr schmerzhaften Gefühlsachterbahn, die ich vorher mit dem Manolo-Mann hingelegt hatte, war diese Form der Beziehung auf Gefühls-Sparflamme sogar richtig entspannend und ich begann, mich zu fragen, ob dies nicht eine viel gesündere Art von Partnerschaft sei.

Steven war in vielerlei Hinsicht wirklich der perfekte Mann und deswegen habe ich anfangs auch ernsthaft versucht, mich in ihn zu verlieben. Da an dieser Sache mit der Chemie, die angeblich in den ersten Millisekunden eines Kennenlernens passieren muss, aber wohl tatsächlich etwas dran ist, funktionierte das natürlich nicht. Was mir mit der Zeit auch klar wurde. Aber das Leben mit Steven war so wunderbar unkompliziert! Und sind die meisten Ehepaare, die jahrzehntelang miteinander verheiratet sind, nicht auch alle eher gute Freunde als Verliebte? Das fragte ich mich damals und versuchte hartnäckig, mit Steven glücklich zu werden. Natürlich klappte es nicht und irgendwann trennte ich mich doch von dem völlig verdutzten, armen Kerl. Ich hatte nämlich eine wichtige und entscheidende Sache übersehen: Ehepaare sind vielleicht mit der Zeit gute Freunde geworden, aber was sie zusammenhält, ist die Erinnerung daran, was sie vor langer Zeit zusammengebracht hat. Dieses ganz besondere Gefühl, wenn die Schmetterlinge und die Brausestäbchen im Bauch gemeinsam Tango tanzen: das »Zsa Zsa Zsu«.

Die magische Formel

Das Zsa Zsa Zsu ist der Beginn und die Grundlage einer jeden Liebesbeziehung. Im Endeffekt ist es nur das Zsa Zsa Zsu, das einen No-Name-Mann zu einem Manolo-Mann macht. Wenn wir für euch Zsa Zsa Zsu fühlen, dann seid ihr unser Manolo-, unser wahrer Traummann, und wenn nicht, dann werdet ihr es niemals werden. Zsa Zsa Zsu kann man nicht erzwingen, es ist wie ein Schmetterling, entweder es fliegt einem plötzlich vor die

Nase oder man findet es nicht, auch wenn man es noch so sehr sucht. Man kann es nicht kontrollieren und einfangen schon gar nicht, denn wie ein Schmetterling geht das Zsa Zsa Zsu an Netzen zugrunde.

Okay, Manolo-Männer, Zsa Zsa Zsu und Schmetterlinge, das ist ein sehr schwieriges Kapitel für euch, das ist mir schon klar. Viel zu viel Weiberkram in viel zu komprimierter Form! Aber wenn ihr uns Frauen wirklich verstehen wollt, dann müsst ihr euch eben auch mit diesem Weiberkram auseinandersetzen, denn für uns sind Dinge wie Zsa Zsa Zsu sehr wichtig. Und für euch auch, wenn ihr ehrlich seid, ihr nennt es vielleicht nur anders. Zsa Zsa Zsu ist das Bauchkribbeln, das ihr verspürt, wenn ihr eine tolle Frau kennenlernt. Das Herzklopfen, wenn ihr sie das erste Mal küsst, und die Angst, die ihr davor habt, euch im ersten Gespräch mit ihr zu blamieren. Jeder von euch, der schon einmal richtig verliebt war, kennt diese Situationen und hat zumindest eine Ahnung davon, was Zsa Zsa Zsu ist und was es bedeutet.

Der Begriff stammt – wie könnte es anders sein – aus unserer Lieblingsserie *Sex and the City* und wird von Carrie verwendet, als sie erklärt, was die Bindung zwischen einem Mann und einer Frau so einzigartig macht. Es ist wohl die Chemie, all das Unausgesprochene, das einfach da ist und das zwei Menschen miteinander verbindet. Oder auch nicht. Denn das Problem ist, dass das Vorhandensein von Zsa Zsa Zsu kein Garant für eine funktionierende Beziehung ist. Ich würde sogar so weit gehen zu behaupten, dass die wenigsten von uns Frauen tatsächlich das Glück haben, mit einem Manolo-Mann lange zusammenzubleiben, und schon gar nicht für immer. Das Problem ist, dass wir, wenn wir einen Mann richtig lieben (oder ihr eine Frau), viel falsch machen können, weil wir emotional so empfindlich und verletzlich sind, dass die Chancen, sich gegenseitig wehzutun, einfach ungleich größer sind als in einer Beziehung ohne Zsa Zsa Zsu.

Nehmen wir doch einmal den Mann, mit dem ich vor Steven zusammen war. Zwischen uns gab es eine Menge Zsa Zsa Zsu. So viel, dass ich dem Typen am liebsten jeden Wunsch von den Augen abgelesen hätte und er wahrscheinlich selbst nicht mehr richtig wusste, was eigentlich gerade mit ihm los war. Und so haben wir es beide geschafft, das ganze schöne Zsa Zsa Zsu kaputt zu machen. Und das geht leider einfacher, als man denken mag. Zsa Zsa Zsu ist eben sehr verletzlich und leider auch vergänglich. Selbst Menschen, die sich gegenseitig mit Respekt und Liebe behandeln, können das Zsa Zsa Zsu nicht für immer aufbewahren, auch bei ihnen verfliegt es irgendwann. Aber sie können immerhin noch die Erinnerung daran teilen. Wenn es aber zwei Menschen – wie mein besagter Exfreund und ich – mit aller Macht zerstören, dann bleibt nicht einmal mehr die gemeinsame Erinnerung, es bleibt vielmehr das gemeinsame Zsa Zsa Wäh (wie Samantha, Carries Freundin aus *Sex and the City*, es einmal so treffend formulierte), denn genau so fühlt sich Zsa Zsa Zsu an, wenn es schlecht geworden ist. Wäh!!! Und es fühlt sich nicht nur so an, es tut auch »weeeh« und so landen wir dann wieder bei einem lieben, netten No-Name-Mann, der uns hilft, unsere Wunden zu versorgen, und Steven, Andreas oder sonst wie heißt. Bis uns irgendwann wieder das Zsa Zsa Zsu fehlt und wir, wenn wir Glück haben, einen neuen Manolo-Mann treffen. Dann geht das Spiel wieder von vorn los …

Das funktioniert bei euch übrigens nicht viel anders. Ihr nennt die Frauen vielleicht nicht Manolo-, sondern eher »Hammerfrauen« oder ähnlich, aber im Endeffekt läuft es genau auf dasselbe hinaus. In bestimmte Frauen verliebt ihr euch richtig und in viele andere eben nicht. Aber da man sich im Leben nicht unbegrenzt und andauernd verlieben kann und nicht unzählige Menschen trifft, für die man Zsa Zsa Zsu fühlt, füllen wir die Lücken eben mit anderen Menschen und Beziehungen auf. Ich glaube im Übrigen nicht, dass das verwerflich ist, es ist vielmehr menschlich.

Verwerflich wird es erst dann, wenn man Menschen vorspielt, sie wären ein Mitglied der Manolo-Zsa-Zsa-Zsu-Fraktion, die es in Wirklichkeit aber gar nicht sind. Denn leider funktioniert das Zsa Zsa Zsu nicht ausschließlich in zwei Richtungen. Viel zu oft verlieben wir uns in einen Mann, der nicht in uns verliebt ist, und umgekehrt. Und die Verliebtheit des anderen dann auszunutzen, *das* ist verwerflich. Ich gebe zu, das habe ich bei Steven damals auch ein wenig getan, ob in böser Absicht oder nicht, und im Nachhinein weiß ich, dass es falsch war, und würde so etwas heute nicht mehr tun. Denn Zsa Zsa Zsu kann man nicht erzwingen und auch nicht vorspielen. Deshalb, Jungs, falls ihr das Gefühl habt, dass ihr gerade so ein Steven oder – allgemeiner ausgedrückt – ein No-Name-Mann für eine Frau sein könntet, dann achtet auf das Zsa Zsa Zsu! Ihr merkt dann, ob eine Frau tatsächlich verliebt ist oder nur so tut und euch zwar gern hat, mehr aber auch nicht. Folgende Anzeichen können euch dabei helfen:

- Wie sieht sie euch an? Lächelt sie heimlich dabei, wenn sie glaubt, ihr bemerkt es nicht?
- Beobachtet sie euch beim Schlafen? (Einfach morgens mal schlafend stellen!)
- Kann sie es kaum erwarten, eure Stimme am Telefon zu hören? Ist sie traurig oder beleidigt, wenn ihr euch lange nicht meldet, oder merkt sie es gar nicht, wenn ihr mal nichts von euch hören lasst?
- Interessiert sie sich für eurer Leben? Möchte sie eure Freunde kennenlernen oder euch mal bei eurem Hobby begleiten oder hat sie an so etwas keinerlei Interesse?
- Möchte sie, dass ihr ihre Freunde und Familie kennenlernt, oder hält sie euch eher außen vor?
- Merkt sie sich Dinge, die ihr ihr erzählt habt, oder hat sie das meiste nach fünf Minuten schon wieder vergessen?

- Lässt sie euch auch mal das Kinoprogramm aussuchen und geht euch zuliebe in Filme, die sie selbst absolut furchtbar findet?
- Habt ihr das Gefühl, dass ihr ihr manchmal peinlich seid, oder steht sie in der Öffentlichkeit immer zu euch, egal, ob euch gerade die Hose geplatzt ist oder nicht?
- Gerät sie in Panik, wenn ihr mit ihr einen gemeinsamen Urlaub für den nächsten Sommer planen wollt, oder ist sie begeistert und kann es kaum abwarten zu buchen?
- Macht sie gern Dinge mit euch allein oder unternimmt sie mit euch am liebsten nur Sachen, die in einer Gruppe mit Freunden stattfinden?

Ich glaube, ihr seht schon, worauf diese Fragen hinauslaufen. Wenn ihr für eure Freundin ein Manolo-Mann seid, wird sie mit euch auch gern mal in einen hirnrissigen Actionfilm gehen, nur um euch eine Freude zu machen. Sie wird sich für eure Freunde und Hobbys interessieren und euch umgekehrt ihren Freunden und ihrer Familie vorstellen wollen. Sie wird euch immer toll finden, auch wenn euer Outfit an einem Tag mal nicht 1a sitzt, und sie möchte möglichst viel Zeit mit euch allein verbringen. Alles, was mit euch zu tun hat, wird für sie wichtig sein und sie wird es sich merken und wissen, wann ihr euch das letzte Mal gemeldet habt und wie lange nicht. Falls das alles auf eure aktuelle Herzensdame zutrifft, darf ich euch gratulieren: Dann seid ihr für sie mit ziemlicher Sicherheit ein echter Manolo-Mann, und wenn ihr euch nicht allzu dämlich anstellt und das Zsa Zsa Zsu nicht zu schnell kaputtgehen lasst, liegt eine wunderbare Zeit vor euch. Zumindest wenn ihr für die Frau genauso empfindet. Falls nicht, solltet ihr schnellstens mit ihr reden und ihr das vorsichtig mitteilen, denn sonst brecht ihr ihr Herz nur noch brutaler.

Wenn ihr jedoch in diese Frau verliebt sein solltet, sämtliche oben genannten Anzeichen aber gegen sie sprechen, dann solltet ihr auch schnellstens das Gespräch suchen, denn sonst kann es sein, dass *euer* Herz gerade gebrochen wird. Dann seid ihr nämlich wahrscheinlich nur ein No-Name-Mann für diese Frau und darauf solltet ihr sie schleunigst ansprechen ...

Ob Manolo- oder No-Name-Männer, Prinzen oder Frösche oder Traum- und Albtraum-Männer, es mag viele Bezeichnungen für dieses Phänomen geben und wahrscheinlich wird fast jede Frau eine andere benutzen. Aber das ist im Grunde auch egal. Es läuft nämlich alles auf das Gleiche hinaus: In manche Männer verlieben wir uns und in andere nicht. Ob Manolo-, Traummann oder Prinz, das Wichtigste ist, dass diese Männer das Zsa Zsa Zsu in uns wecken. Aber auch wenn ihr bei einer speziellen Frau nicht dieses Gefühl ausgelöst habt, werdet ihr das mit Sicherheit bei einer anderen tun. Genauso wie eine Frau, in die ihr euch nicht verliebt habt, für einen anderen die absolute Traumfrau sein wird. Es gibt also nicht *die* Manolo-Männer und *die* No-Name-Männer. Jeder von euch ist beides zugleich. Die Kunst ist nur, die Frau zu finden, die zu eurem Zsa Zsa Zsu gehört und ihr zu dem ihrigen. Und diese Kunst kann keiner von uns einfach so lernen. Aber wir versuchen es trotzdem alle. Und auch wenn es hin und wieder ziemlich wehtut, meistens macht das doch auch verdammt viel Spaß. Oder etwa nicht, ihr Manolo-Männer?

23. Exfreundinnen

Das bereits überaus heikle Thema Schwiegermütter noch zu überbieten ist sicherlich nicht ganz leicht, aber mit dem Kapitel »Exfreundinnen« könnte es mir dann doch gelingen. Dass sie für uns ein klassisches Hassobjekt sind, liegt daran, dass viele von ihnen bei euch einfach noch zu präsent sind. Männer neigen dazu, nach einer Trennung so schnell wie möglich damit abzuschließen und sich zur Ablenkung Hals über Kopf wieder in eine neue Beziehung zu stürzen. Ihr redet euch dann ein, dass das Beziehungsaus für euch halb so schlimm war, dass ihr gut darüber weggekommen seid und es ja sowieso mindestens so viele Frauen wie Sandkörner am Meer gibt. Wie gesagt, das redet ihr euch ein. Ziemlich oft sogar mit Erfolg. Aber eigentlich nehmen euch Trennungen genauso mit wie uns – zumindest wenn ihr die Frau aufrichtig geliebt habt.

Üble Versprecher

Und genau daher rührt auch der dunkle Mythos von der bösen Exfreundin. Ziemlich oft bandelt ihr mit einer neuen Frau an, bevor ihr mit eurer letzten Partnerin überhaupt richtig abgeschlossen habt. Einer meiner Freundinnen ist das passiert, als sie sich gerade unsterblich in einen jungen Investmentbanker verliebt hatte. Er machte ihr Komplimente, schenkte ihr Blumen, lud sie in die romantischsten Restaurants ein und stellte sie schon nach den ersten vier Wochen seinen Eltern vor. Es schien die perfekte Beziehung zu sein. Bis er eines Abends kurz vorm Einschlafen, eng an sie gekuschelt, das erste Mal »Ich liebe dich« sagte. Eigentlich ein großartiger, wundervoller Moment zwischen zwei Menschen. Nur dass der Investmentbanker unglücklicherweise die Worte »Ich liebe dich, Anastasia« in das Ohr seiner fast schon eingeschlafenen Freundin flüsterte. Woraufhin diese natürlich schlagartig wach war. Meine Freundin heißt nämlich nicht Anastasia, sondern Mareike. Und dieser Name klingt definitiv anders, Verwechslungsmöglichkeit ausgeschlossen. Zu allem Übel wusste meine Freundin auch noch, dass Anastasia die Exfreundin ihres Angebeteten war, von der er sowieso schon für ihren Geschmack ein wenig zu oft erzählte. Meine Freundin schoss also wie eine Rakete aus dem Bett, packte ihre Sachen und fuhr weinend nach Hause. Sie wollte nie wieder etwas von dem Investmentbanker hören.

Circa drei Tage, sechzig rote Rosen und zahlreiche SMS- und Anrufbeantworternachrichten später ließ sie sich aber dann doch wieder erweichen und verzieh dem Mann. Er bemühte sich fortan, weniger von seiner Ex zu reden, und versicherte Mareike, dass diese sowieso schon einen neuen Freund hätte und die beiden nichts mehr miteinander zu tun haben würden. Das stimmte auch – genau so lange, bis Anastasia ihren neuen Freund abgeschossen hatte und wieder vor der Tür des Bankers stand, der daraufhin wiederum meine Freundin verabschiedete, weil er sich »über seine wahren Gefühle klar geworden war«, wie er sagte. Und bis es so weit war, diente Mareike natürlich als angenehme Zwischenlösung, gut zum Ablenken und gut fürs Bett. So sah sie das jedenfalls selbst. Ich weiß nicht, ob es tatsächlich eine böse Absicht war, die den Banker dazu brachte, eine Beziehung mit meiner Freundin einzugehen, oder ob er sich in seinem Stolz so konsequent selbst angelogen hat, dass er wirklich daran glaubte, er wäre über seine Ex hinweg.

Ich meine, wie oft habt ihr in euren Wohnungen noch alle möglichen Gegenstände von euren Exfreundinnen liegen, die euch ja angeblich niemals aufgefallen sind, bei denen euch das Wegschmeißen aber mysteriöserweise auch nicht gerade leichtfällt. Seid ihr wirklich zu faul, solche Dinge zu entsorgen, oder steckt doch mehr dahinter? Wie oft haben wir Frauen uns das schon gefragt ... Falls ihr wirklich nur zu faul sein solltet, würde ich euch den Tipp geben, dass ihr euch, bevor ihr das nächste

Mal eine Frau mit in eure Wohnung nehmt, aufrafft und sämtliche Frauenromane, benutzte Zahnbürsten und alte BHs wegschmeißt. Na ja, und falls ihr eben doch mehr an diesen Erinnerungen hängt, als ihr zugeben möchtet, dann packt sie zumindest in eine Kiste und verstaut diese im Keller oder schickt sie einfach an eure Exfreundin zurück. Das wäre wohl die sinnvollste Variante für alle Beteiligten. Und ihr vermeidet peinliche Szenen mit eurer Neuen. Denn wenn ein Besuch damit beginnt, dass die Dame eures Herzens die Katy-Perry-CD in eurer Anlage bemerkt und euch ein bisschen damit neckt, dass ihr solche Musik hört, und ihr daraufhin nüchtern antwortet, dass das doch nur die CD von eurer Ex ist, dann könnt ihr euch ziemlich sicher sein, dass eurer neuen Freundin im Folgenden alles Mögliche (außer Sex) im Kopf herumschwirren wird und ganz besonders natürlich eure Exfreundin …

Eine Möglichkeit, solche Situationen zu verhindern, wäre natürlich, sich erst dann auf eine neue Beziehung einzulassen, wenn ihr mit der vorherigen endgültig abgeschlossen habt. Natürlich soll niemand von euch seine Vergangenheit komplett begraben, und eure Exfreundin, mit der ihr sicherlich eine schöne Zeit hattet, plötzlich schlechtzumachen, damit sich eure neue Freundin besser fühlt, ist ja auch nicht gerade die feine englische Art und ihr tut damit eurer Ex unrecht. Und auch wenn uns das als neue Freundin vielleicht ausnahmsweise schnurzegal ist – generell finden wir es nicht gerade prickelnd, wenn ein Mann permanent mies über seine Verflossenen herzieht. Denn eines haben wir Frauen alle gemeinsam: Jede von uns ist irgendwie eine Exfreundin! Und keine von uns möchte, dass ihr Exfreund bei seiner Neuen über sie lästert. Das vergessen wir zwar vor Eifersucht manchmal, wenn wir selbst die Neue sind, aber generell sind wir uns dieses Umstands durchaus bewusst.

Selbst eine Exfreundin zu sein bringt nämlich automatisch mit sich, dass wir ebenfalls über eine Beziehung hinwegkommen mussten oder immer noch müssen, und diese Aufgabe ist nicht immer ganz einfach. Im Gegensatz zu euch können wir uns auch nicht erfolgreich einreden, dass wir kein bisschen verletzt oder gar traurig sind. Und wenn *wir* uns dummerweise zur Ablenkung gleich in eine neue Beziehung stürzen, geht das meistens noch viel mehr in die Hose, als das bei euch der Fall ist. Wenn wir einmal einen Mann richtig geliebt haben, wird er immer einen Platz in unseren Herzen behalten, auch wenn dieser nach einer Trennung sicherlich ein ganz anderer ist als zuvor. Und das ist ja auch richtig so. Genauso, wie wir unsere Exfreunde nicht aus unserem Gedächtnis streichen, sollt ihr das natürlich auch nicht mit euren Exfreundinnen tun. Zu richtigen Eifersuchtsattacken kommt es bei eurer Neuen sowieso nur dann, wenn sie Angst hat, dass sie euch verlieren könnte. Gebt ihr eurer Freundin also das Gefühl, dass sie sich eurer und eurer Liebe sicher sein kann, wird sie die Erwähnung des Namens eurer Exfreundin gar nicht mehr so sehr aus der Ruhe bringen. Zumindest wenn er nicht zu oft fällt und eure Freundin keine notorisch eifersüchtige Person ist.

Ich kenne sogar Pärchen, bei denen die Frau mit der Exfreundin des Mannes befreundet ist, und zwar *nachdem* sie diese durch ihren Freund als dessen Exfreundin kennengelernt hat. Es gibt Fälle, in denen Expartner sich sogar richtig gut verstehen und die neuen Partner keine Probleme damit haben. Meine Eltern haben zum Beispiel beide nach ihrer Scheidung noch einmal geheiratet und jeweils den anderen zur Hochzeit eingeladen. Und ich kenne sogar noch einige weitere Paare mit einer ähnlichen Geschichte. Freundschaften nach einer Trennung sind also durchaus möglich. Die Regel sind sie aber nicht. Und deswegen solltet ihr der Ex in eurer neuen Beziehung nicht zu viel Raum geben, denn jede von uns möchte bei ihrem Freund die Nummer eins sein und sich das Treppchen nicht mit der Verflossenen teilen.

Solltet ihr aber eure Exfreundin tatsächlich noch lieben, dann kämpft einfach um sie! Und macht anderen Frauen, die euch eigentlich gar nicht interessieren, keine ernsthaften Hoffnungen. Das kann nämlich längerfristig nur nach hinten losgehen. Wenn eure Exfreundin euch dann trotzdem nicht mehr möchte, wie sehr ihr auch um sie kämpft, dann nehmt eben eine beziehungstechnische Auszeit, in der ihr alles verarbeitet, sacken lasst und irgendwann, auch wenn es dauert, richtig mit der Beziehung abschließen könnt. Das ist nicht weibisch oder unmännlich, sondern der einzig richtige Weg, um damit fertig zu werden. Ihr seid auch nur Menschen und habt folglich Gefühle und die kann man nicht immer unterdrücken. Trennungen tun weh, und zwar beiden Teilen eines (Ex-)Paares. Und bis diese Schmerzen vorbei sind, dauert es eben eine gewisse Zeit, auch bei euch. Diese Zeit damit verkürzen zu wollen, eine neue Beziehung einzugehen, bringt sowieso nichts. Wenn ihr die Sau rauslassen wollt, dann geht auf die Piste, unternehmt so viel wie möglich mit euren Freunden oder genehmigt euch von mir aus auch den einen oder anderen One-Night-Stand. Dagegen sagt ja kein Mensch etwas, zumindest dann, wenn ihr eure Partnerin für eine Nacht nicht darüber täuscht, dass sie nicht mehr als das ist. Und um Missverständnisse zu vermeiden: Das weiß sie in der Regel erst dann, wenn ihr es ihr gesagt habt.

Natürlich gibt es auch die Fälle, in denen ihr mit eurer Exfreundin tatsächlich wieder zusammenkommt, das passiert sogar ziemlich häufig. Manchmal klappt die Reunion, manchmal nicht und manchmal geht sie so furchtbar in die Hose, dass der Schmerz danach noch viel größer ist. In jedem Fall gilt die Regel: Wenn die Beziehung zwischen euch und eurer Ex noch nicht abgeschlossen ist (sei es in der Realität oder auch nur in eurem Kopf), dann tut mir einen Gefallen und haltet andere Frauen da heraus, denn die können dabei nur verlieren. Und eure Ex bringt euch eine neue Beziehung in der Regel auch nicht zurück. Ehrlich. Ach ja, wenn ihr alle diese Grundsätze beherzigen würdet, wäre das Schreckgespenst »Exfreundin« mit einem Mal gar nicht mehr so gruselig für uns. Und für euch vermutlich auch nicht …

»Ein erfolgreicher Mann ist ein Mann, der mehr verdient, als seine Frau ausgeben kann. Eine erfolgreiche Frau ist eine, die so einen Mann findet.«
MARIO ADORF

24. Geld

Vor ein paar Jahren hatte ich mal ein Date mit einem wirklich sehr süßen Mann. Wir hatten viel Spaß zusammen, unterhielten uns gut und verstanden uns auf Anhieb. Es war alles höchst romantisch. Bis zu dem Zeitpunkt, als wir die Rechnung bekamen. Ich hatte zwei Gläser Rotwein, eine Cola light und ein Wasser getrunken und irgendetwas gegessen. Obwohl ich demonstrativ meinen Geldbeutel auf den Tisch gelegt hatte, legte der Kellner meinem Date die Rechnung vor, der daraufhin – disziplinierter als ein Grundschüler das Einmaleins – aufsagte, was er alles zu sich genommen hatte. Und als er damit fertig war, strahlte er mich großzügig an und verkündete gönnerhaft: »Und einen Rotwein von der Dame übernehme ich auch noch.« Von so viel Großzügigkeit fühlte ich mich fast erschlagen und dachte, der Typ verarscht mich gerade.

Ein ganz spezielles Thema

Der arme Kerl hat es doch nur nett gemeint, was ist falsch daran?, mag jetzt der eine oder andere unter euch denken. Aber Jungs, mal ehrlich, es gibt gewisse Grundregeln, was Dates und was Rechnungen angeht, und die wichtigste davon besagt: Ihr übernehmt die Rechnung entweder ganz oder es zahlt eben jeder für sich selbst. Alles andere kommt kleinlich rüber. Und wenn ihr die Rechnung lieber teilen möchtet, dann zählt bitte auch nicht bis ins kleinste Detail genau auf, was ihr von der Vorspeise bis zum Nachtisch alles schnabuliert habt, sondern teilt die Rechnung einfach durch zwei und damit ist es gut, auch wenn ihr Rindercarpaccio 1,50 Euro mehr gekostet hat als euer Vitello Tonnato.

Und vor dem Dinner großzügig Champagner zu ordern, um nach dem Essen zufällig zu bemerken, dass man ja gar kein Geld dabei hat, ist nicht nur eine miese Nummer, sondern auch ein richtiger Abtörner, den eine Bekannte von mir tatsächlich einmal erlebt hat. Allzu viele Männer, die heute noch der Meinung sind, sie müssten uns Frauen permanent einladen, gibt es heute ja sowieso nicht mehr. Gewisse Seiten der Emanzipation findet ihr dann doch ganz gut. Wobei ich sagen muss, dass von den Typen, die auch heute noch immer alles zahlen möchten, ein erschreckend großer Anteil aus Proleten besteht. Sie tragen die Kragen ihrer Polohemden grundsätzlich oben, fühlen sich ohne Sonnenbrille nackt und laden mit Papas Geld jede einigermaßen attraktive Frau, die ansatzweise Interesse an ihnen zeigt, auf literweise Rosé Champagner ein. Solche Männer sind ganz nett, wenn man sich mal günstig und einigermaßen stilvoll zusaufen möchte, aber für keine einigermaßen selbstständige, intelligente und volljährige Frau kämen solche Typen für eine ernsthafte Beziehung infrage. Es sei denn, ihr Berufsziel ist Schmuckdesignerin und Charitylady und zur Spielerfrau hat es dann doch nicht ganz gereicht. Aber es gibt natürlich auch noch spendable Männer, die keine Poser sind, sondern tatsächlich Wert darauf legen, Gentlemen zu sein, und auch so erzogen wurden. Die sind allerdings vom Aussterben bedroht.

Wir können unsere Schuhe selbst bezahlen

Und das hat auch einen Grund. Früher waren Frauen darauf angewiesen, dass ihre Ehemänner nach dem Restaurantbesuch die Rechnung zahlten, denn die Mehrzahl von ihnen besaß schlicht und einfach kein eigenes Geld. Die meisten waren Hausfrauen und mussten, um ihre Pflichten überhaupt erfüllen und einkaufen gehen zu können, ihren Mann bitten, ihnen Haushaltsgeld zuzuteilen. Das Haushaltsgeld stirbt heute langsam aus, genau wie die klassische Hausfrau. Frauen studieren, gehen arbeiten und machen Karriere. Manchmal sogar so erfolgreich, dass sie mehr Geld verdienen als ihr Partner.

Und da wären wir auch schon beim nächsten Problem angelangt: Nicht alle von euch finden das nämlich so prickelnd … Ihr müsst zwar die Rechnungen nicht mehr allein bezahlen, dafür seid ihr aber plötzlich auch nicht mehr die großen Ernährer, zu denen die ganze Familie aufschaut. Und wenn eure Frau eines Tages feststellt, dass ihr doch nicht der absolute Traummann seid, kann sie sich – auch ohne gleich um ihre Existenz fürchten zu müssen – von euch trennen und sich künftig komplett allein ernähren. Was im Übrigen auch viele Frauen machen, wie man an den aktuellen Scheidungsraten ablesen kann, die schließlich heute nicht grundlos wesentlich höher sind als noch vor dreißig Jahren.

Ihr habt also einen Teil eurer Macht und den Status als Alleinversorger verloren. Wie es Miranda aus *Sex and the City* so schön formulierte: »Der Mann war genau so lange der Ernährer, bis die Frau den Kopf aus der Höhle streckte, sich umsah und sagte: ›Das kann ich auch.‹« Allerdings sollte dies für euch eher ein Grund zur Freude als eine Bedrohung sein, denn endlich tragt ihr finanzielle Verantwortung und Belastungen nicht mehr allein, sondern könnt sie teilen. Und das ist doch insbesondere in Anbetracht von Finanz- und Schuldenkrisen etwas sehr Positives. Allerdings habe ich des Öfteren den Eindruck, dass manche von euch das gar nicht wollen. Eine erfolgreiche Frau erscheint euch eher als Stressfaktor, weil sie euch unter Druck setzt, selbst noch erfolgreicher sein zu müssen. Denn dass die Frau mehr Geld nach Hause bringt als der Mann, scheint für einige nach wie vor undenkbar zu sein und etwas mit Versagen zu tun zu haben.

Irgendwie kann ich das auch verstehen. Wir Frauen wünschen uns schließlich einen Mann, zu dem wir aufblicken können, der die Dinge in die Hand nimmt und uns auch mal sagt, wo es langgeht. Das stimmt. Aber dass wir monatlich mehr Geld von unserem Arbeitgeber überwiesen bekommen, heißt schließlich nicht, dass wir euch als Mann nicht mehr respektieren können. Es gibt doch ganz andere Eigenschaften, die euch als starken Partner an unserer Seite auszeichnen, und die haben rein gar nichts mit einem Gehaltsscheck zu tun. Es gibt Männer, die nur Porsche fahren und First Class fliegen, aber vor denen ihre Frauen trotzdem null Respekt haben, und es gibt Männer, die arm sind wie Kirchenmäuse, aber von ihren Frauen trotzdem über alles geliebt und respektiert werden. Respekt ist also keine Sache des Geldes, sondern des Charakters. Und der gehört zu den wenigen Dingen, die man glücklicherweise nicht kaufen kann.

Aber zurück zu den erfolgreichen Frauen: Es mag noch andere Gründe geben, dass diese euch zum Teil Angst machen. Zum Beispiel, dass sie Männerdomänen erobern und euch dadurch indirekt entmannen. Aber, Jungs, selbst wenn Frauen mehr verdienen als ihr, werden sie deshalb noch lange nicht zu Männern. Ihnen wachsen keine Penisse und besser einparken können sie deswegen auch nicht. Ihr müsst also keine Angst haben, bestimmte Eigenschaften und Fähigkeiten bleiben euch auch weiterhin ganz allein vorbehalten, egal, wie viele Frauen Führungspositionen bekleiden. Wir wechseln vielleicht den Standort unseres Schreibtischs vom Vorzimmer in die Chefetage, aber wir wechseln nicht unser Geschlecht. Sogar Angela Merkel, studierte Physikerin und mächtigste Frau der Welt, bereitet zu Weihnachten gern Gänsebraten zu und trägt hin und wieder Dekolleté. Also, don't panic! Nur weil *wir* heute Boni ausbezahlt bekommen, müsst *ihr* morgen noch keine Kinder auf die Welt bringen. Versprochen!

25. Der Heiratsantrag

Er ist einer der wichtigsten Momente im Leben einer Frau und somit hat er auch ein eigenes Kapitel verdient: der Heiratsantrag. Da ich selbst noch keinen bekommen habe, kann ich schlecht beschreiben, wie er sich anfühlt, dieser wichtige Moment. Aber ich habe bereits einige meiner Freundinnen gesehen, die noch Tage und Wochen danach ein Strahlen ins Gesicht gemeißelt hatten, das so intensiv war, dass es nur von multiplen Dauerorgasmen, marokkanischen Wunderdrogen oder eben einem Zwölfkaräter ausgelöst werden kann. Ganz automatisch beginnen Frischverlobte auch damit, jeden Satz mit einer ergänzenden Handbewegung zu untermauern und so zufällig die ganze Welt immer und immer wieder darauf aufmerksam zu machen, dass an ihrem linken Ringfinger jetzt etwas funkelt. Und bei jeder Frage, ob denn das am Finger nicht etwa ein Verlobungsring sei, steigern sie ihr Strahlen noch einmal ins Sternenlichtartige, rufen ein kräftiges »Dohoch!« und fangen ungefragt an, die Geschichte ihres Antrags zu erzählen.

Das Pizza-Case-Szenario

Ich kann das absolut nachvollziehen und bin mir sicher, dass ich es eines fernen Tages ganz genauso handhaben werde. Denn für uns Frauen ist der Heiratsantrag eine unglaublich wichtige Sache, die wir niemals im Leben wieder vergessen werden. Nun gut, nicht alle von uns möchten diesen Tag nie wieder vergessen. Es gibt es schon auch ein paar, die sich nichts sehnlicher als das Vergessen wünschen. Denn es gibt eine Sache auf der Welt, die uns Frauen zur Verzweiflung bringt und uns auch Jahre später noch zutiefst deprimieren kann: ein richtig mieser Heiratsantrag!

Und die gibt es leider auch. Es existieren ja tatsächlich Männer, die so unsensibel und faul sind, dass sie ihre Freundin abends vor dem Fernseher auf der Couch fragen, ob sie mit ihnen den ewigen Bund fürs Leben eingehen wolle. Und die dann auch noch erwarten, dass die Frau Ja sagt!

Einer meiner Bekannten ist das tatsächlich passiert. Sie und ihr Freund waren drei Jahre zusammen, glücklich, immer noch verliebt und zudem im Begriff, eine gemeinsame Eigentumswohnung zu kaufen. Das Thema Heiraten kam also zwangsläufig immer mal wieder auf und beide hatten nichts dagegen, einander eines Tages zu ehelichen, sie hatten es aber auch nicht allzu eilig. Dass ein Antrag in der Luft lag, ahnte meine Bekannte – ich nenne sie hier mal Bea – aber schon irgendwie. Und sie freute sich darauf. Natürlich war sie auch gespannt, wann, wo und vor allem wie es passieren würde, schließlich bekommt man einen Antrag im besten Fall ja nur einmal im Leben. Sie malte sich aus, wie er im Urlaub an einem romantischen Sandstrand vor dem rosenfarbenen Sonnenuntergang um ihre Hand anhalten oder sie für ein romantisches Wochenende nach Paris entführen würde. Oder würde er sie gar auf dem Empire State Building in New York fragen? Da Bea und ihr Freund große Reisefans und jedes Jahr mehrere Wochen auf der ganzen Welt unterwegs waren, rechnete sie fest damit, den Ring irgendwo fernab der Heimat in einer abenteuerlichen Kulisse angesteckt zu bekommen. Das Reisen war ihre gemeinsame Leidenschaft und stand fast schon symbolisch für ihre Liebe. Also, in Beas Augen zumindest.

Womit sie aber ganz sicher *nicht* gerechnet hatte, war, den Ring auf der heimischen Couch überreicht zu bekommen. Insofern muss man ihrem Verlobten zumindest zugutehalten, dass er das Überraschungsmoment auf seiner Seite hatte. Es war Sonntagabend und die beiden saßen vor dem Fernseher, es lief *Fluch der Karibik 2* und sie hatten sich eine Familienpizza bestellt. Zuvor hatten sie eine Wanderung in den Bergen gemacht und Bea starb fast vor Hunger. Deshalb sprang sie auch sofort auf, als es klingelte, um dem Mann vom Lieferservice ihres Vertrauens die Tür zu öffnen. Doch ihr Freund drückte sie sofort auf die

Couch zurück und meinte, dass er das selbst regeln würde. Auch Besteck und die Küchenrolle durfte sie nicht holen. Das nervte die hungrige Bea zwar ein bisschen, machte sie aber noch nicht misstrauisch, sie ging einfach davon aus, dass ihr Freund heute den Gentleman geben wollte, und das war an sich ja etwas sehr Begrüßenswertes.

Als er dann bis über beide Ohren grinsend ins Wohnzimmer zurückkam und ihr den riesigen Pizzakarton mit einer Kellnerverbeugung vorsichtig auf den Schoß legte, lief Bea vor lauter Vorfreude schon das Wasser im Mund zusammen. Es roch köstlich nach Käse, Salami und Peperoni. Als sie den Deckel des Kartons hastig öffnete, lag darin jedoch nicht, wie vermutet, die backblechförmige Familienpizza, sondern eine in Herzform. Bea stutzte erst, musste dann aber lächeln und strahlte ihren Freund an. Das war wirklich eine nette Überraschung an so einem gemütlichen Sonntagabend und eine Pizza in Herzform hatte sie noch nie gegessen! Sie gab ihrem Freund einen dicken Kuss, sagte ihm, wie süß er sei, und knickte den Kartondeckel nach unten um, damit sie das Kunstwerk besser essen konnten. Auf dem Fernsehschirm endete gerade die Werbeunterbrechung und Johnny Depp tänzelte wieder in seinem Piratenkostüm über ein altersschwaches Segelschiff. Also stellte Bea den Ton wieder etwas lauter ein, küsste noch mal ganz gerührt ihren Freund und brach ihm ein Stück von der Herzpizza ab. Mit seiner romantischen Idee hatte er es sich schließlich verdient, als Erster etwas zu bekommen.

Mal was anderes als immer nur Blumen, dachte sich Bea schmunzelnd, als ihr Freund plötzlich ihren Arm festhielt. Fragend schaute sie ihn an, woraufhin er sie – immer noch bis über beide Ohren grinsend – aufforderte, sich das Herz doch einmal genauer anzuschauen. Verwundert tat sie, was er wollte, und konnte, bis auf die Form, nichts Ungewöhnliches entdecken. Die Pizza war mit goldgelbem Käse, Salami und grünen Peperonischoten belegt, so wie sie sie beide am liebsten mochten und fast jeden Sonntag bei Luigis Pizzaservice bestellten. Es waren diesmal vielleicht etwas mehr Salamischeiben darauf als üblich und in der Mitte entdeckte sie eine kleine Unebenheit, die bei genauerem Hinsehen ein wenig glitzerte ...

Bea wurde stutzig und sah sich diese Stelle genauer an. Nachdem sie eine der Peperoni aus dem Weg geräumt hatte, blieb ihr fast das Herz stehen. Ungläubig kratzte sie ein wenig an der Unebenheit herum und zog daraufhin – an einem langen Käsefaden hängend – einen Ring aus dem Teig. Total schockiert blickte sie ihren Freund an, der sie erwartungsvoll und immer noch grinsend anschaute, und starrte dann wieder auf den Ring. Er war silberfarben, wahrscheinlich aus Platin, und wurde von einem großen, funkelnden Diamanten in einer Krönchenfassung geziert. An einem der filigranen Zacken klebte ein Stück Pizzakäse und an dem Diamanten ein Rest Tomatensoße. Es war genau der Ring, den Bea sich immer gewünscht und heimlich fast jede Woche auf der Webseite von Tiffany angehimmelt hatte. Kurzum, es war der perfekte Ring. Ohne Käsereste und Tomatensoße natürlich.

Wirklich freuen konnte sich Bea in diesem Moment allerdings nicht. Natürlich hatte sie sich genau *diesen* Ring immer gewünscht. Aber sie dachte eher, dass dieser ihr in einem großen Moment in einer zarten, türkisfarbenen Schachtel und nicht in einer Pizza überreicht würde. Und dass *sie* nicht in ihrer alten Jogginghose mit den Farbklecksen am Hintern, sondern in einem eleganten Kleid oder zumindest in einem süßen Strandfähnchen steckte. Vor lauter Enttäuschung hatte sie gar nicht bemerkt, dass ihr Freund inzwischen vor ihr kniete und ihr den Ring sanft aus der Hand genommen hatte, um ihr diesen nun mit großer Geste anzustecken (der Käse klebte immer noch daran) und die Frage aller Fragen zu stellen: »Möchtest du meine Frau werden?« Sie wusste hinterher nicht mehr, ob es der Schock oder ihr freier Wille war, aber irgendwie musste Bea wohl genickt haben. Daraufhin fiel ihr Neuverlobter ihr überschwänglich in die Arme – Bea konnte gerade noch die Pizza retten, bevor sie abstürzte – und begann zu Beas Entsetzen sogar noch vor lauter Rührung zu weinen. Für sie war das der ultimative Horrorantrag aus dem Bilderbuch und den bekam sie gerade! Welcher normal veranlagte Mann (und für einen solchen hatte sie ihren Freund eigentlich immer gehalten) lässt denn bitte schön den Diamantring seiner zukünftigen Frau in eine Salamipizza einbacken?? Meiner, dachte Bea, und weinte schließlich auch.

Im Nachhinein erzählte sie mir, dass sie es als das Peinlichste an der ganzen Sache empfunden habe, dass sie noch die ganze Pizza aufgegessen hatten, nachdem beide aufgehört hatten zu weinen – er aus Freude, sie vor Scham. Den Augenblick nach einem Heiratsantrag hatte Bea sich wesentlich romantischer und vor allem euphorischer vorgestellt, aber da sie nach wie vor einen Riesenhunger hatte und außerdem froh war, mit vollem Mund nichts sagen zu müssen, habe sie einfach angefangen, das Riesenherz so schnell wie möglich zu verputzen. Sie konnte sich außerdem dabei einbilden, das Beweisstück dieser Fast-Food-Geschmacklosigkeit einfach zu vernichten. Doch ihr heutiger Mann war so stolz auf seine Idee, dass er die Geschichte auf jeder Party, jeder Familienfeier und bei jedem Essen im Freundeskreis zum Besten gab, während Bea das so peinlich war, dass sie sich regelmäßig am liebsten unter dem Tisch verkrochen hätte. Noch heute fällt es ihr schwer, über diesen Moment zu sprechen, und bei jedem nachfolgenden Urlaub und den dazugehörigen Traumkulissen rätselt sie, was ihren Mann bewogen haben könnte, ihr den Antrag zu Hause auf der Couch mithilfe einer Salamipizza zu machen. Gefragt hat sie ihn bis heute nicht danach, denn sie möchte ihn ja nicht verletzen. Aber jedes Mal, wenn sie den zweifelsohne wunderschönen Ring trägt und an ihm riecht, meint sie noch den Pizzageruch von damals wahrzunehmen. Sie hofft, dass sie in zwanzig Jahren einmal darüber lachen kann. Ich wünsche es ihr.

Ihr seht also, mit Anträgen ist es so eine Sache. Ihr könnt es noch so gut meinen und es trotzdem nach allen Regeln der Kunst so richtig versauen. Das Wichtigste, wenn ihr einen Antrag plant, ist, daran zu denken, dass ihr eure Freundin und vielleicht zukünftige Frau beeindrucken wollt und nicht euch selbst. Für einen Mann mag es eine Traumvorstellung sein, einen Ring in einer Pizza zu finden, für eine Frau ist es eine Horrorvorstellung, insbesondere wenn es sich dabei um ihren Verlobungsring handelt. Frauen wünschen sich Romantik, dramatische Sonnenuntergänge, großes Kino und kein in Analogkäse eingebackenes Stück Edelmetall. Ihr wollt die Frau, die ihr liebt, darum bitten, dass sie den Rest ihres Lebens mit euch gemeinsam verbringt, das macht man nicht mal einfach so zwischen Tür und Angel oder weil es der Steuerberater vorschlägt. Mit dem Heiratsantrag zeigt ihr, was für ein Typ von Mann ihr seid und was uns die nächsten fünfzig bis siebzig Jahre an eurer Seite erwartet. Sekt oder Selters, Bahamas oder Ballermann, Austern oder Analogkäse … Mit eurem Antrag erweist ihr der Frau eures Herzens in gewisser Weise Respekt. Ihr zollt ihr Anerkennung, demonstriert, wie wichtig es euch ist, dass sie Ja sagt, und werbt um sie. Wenn ihr eurer Freundin in den letzten Jahren nicht allzu oft Blumen mitgebracht habt, könnt ihr das mit einem umso romantischeren Antrag wiedergutmachen.

Lasst eure Fantasie spielen!

Es gibt kein Patentrezept für *den* perfekten Antrag, der sieht nämlich für jede Frau anders aus. Und wie dieser wohl für eure aussieht, das müsstet ihr eigentlich am besten wissen. Oder ihr könnt es zumindest herausfinden. Was mag eure Freundin besonders gern? Liebt sie Reisen, Strände oder ferne Städte? Liebt sie eher die Berge oder das Meer? Hat sie eine absolute Traumstadt, die sie schon immer einmal sehen wollte, oder ein besonderes Restaurant, in dem ihr zu Beginn eurer Beziehung einmal wart, zu dem ihr immer wieder zurückkehren wolltet und es nie geschafft habt? Liebt eure Freundin Blumen ganz besonders, wollte sie immer schon einmal Heißluftballon fahren oder auf der Zugspitze Champagner trinken? Es gibt bestimmt Dinge, die sie besonders glücklich machen und die nicht alltäglich, sondern einmalig sind.

Ihr möchtet doch auch, dass eure Verlobte den Tag eures Antrags nie wieder vergisst. Und zwar nicht, weil er so schrecklich, sondern weil er einer der schönsten und wichtigsten in ihrem Leben war. Der Tag, an dem sie Ja zu euch gesagt hat. Und das möglichst nicht über einer überdimensionalen Pizza hinweg und mit fettigem Ringfinger, sondern so, wie sie es sich immer erträumt hat. Und wie das ungefähr auszusehen hat oder zumindest, in welche Richtung es gehen sollte, haben die meisten von uns ihrem Freund sowieso schon das eine oder andere Mal mehr oder weniger unauffällig mitgeteilt. Ihr müsst nur gut zuhören. Und falls ihr selbst mit gespitzten Ohren nichts vernehmen könnt, dann müsst ihr eben selbst kreativ werden! Das seid ihr ja zu Anfang einer Beziehung auch erfreulich oft, nämlich dann, wenn ihr eine Frau davon überzeugen wollt, dass ihr der Richtige für sie seid. Insofern ist es doch nur logisch, dass ihr noch einen draufsetzt, wenn ihr sie nun davon überzeugen wollt, dass ihr der Richtige für immer seid ... Und Challenges liebt ihr doch, Jungs, oder? Dann führt eine Challenge gegen euch selbst und plant den großartigsten Antrag, den die Welt und vor allem eure Frau je gesehen hat. Ich bin sicher, das werdet ihr schaffen!

Die Qual der Wahl

Zumindest wenn ihr über eine Sache ganz genau nachdenkt: den Ring. Ihr könnt eurer Liebsten nämlich den tollsten Antrag machen – wenn danach die Schachtel aufgeht und der Ring ist nicht so, wie sie sich ihn wünscht, habt ihr trotzdem verloren. Der Antrag geschieht nämlich nur an einem Tag, der zwar für immer im Gedächtnis der Frau bleibt, aber dieser Tag an sich geht trotzdem irgendwann vorbei. Den Ring dagegen, den sollte eure Auserwählte im Idealfall ewig oder zumindest bis zu ihrem Tod tragen. Und ein Leben lang jeden Tag einen Ring anlegen zu müssen, bei dessen Anblick man beinahe Brechreiz bekommt, das ist für keine Frau eine schöne Vorstellung. Es gibt in *Sex and the City* eine Folge, in der Carrie in den Sachen ihres Freundes Aidan (der aber nicht der Mann ihres Lebens ist) einen Ring findet. Einen Ring, den sie schrecklich hässlich findet, woraufhin die New Yorker Kolumnistin natürlich Panik bekommt. Erstens, weil sie noch nicht heiraten will, und zweitens, weil sie keinen Mann heiraten will, der ihr so einen Ring kauft. Im Endeffekt merkt Aidan dann selbst, dass der Ring nicht der richtige für Carrie ist, und kauft heimlich einen zweiten (mit der Hilfe von Carries bester Freundin). Dieser Ring ist perfekt und Carrie sagt Ja zu seinem Antrag (recht unspektakulär während des Gassigehens mit dem Hund). Trotzdem heiratet sie nicht ihn, sondern einen anderen, aber das lag nicht am Ring, sondern am Mann.

Ihr seht also: Selbst mit dem perfekten Ring kann ein Antrag noch nach hinten losgehen. Auch der schönste Ring ist kein Garant dafür, dass der Antrag klappt, aber er steigert zumindest die Chancen. Aidan hatte zumindest den richtigen Riecher mit seinem Gefühl, dass der Ring, den er zuerst gekauft hatte, nicht zu Carrie passte. So gut kannte er sie. Und darum geht es auch bei der Auswahl des Ringes, dass ihr zeigt, wie gut ihr uns kennt, und dass ihr wisst, was wir fabelhaft finden und was furchtbar. Das zeigt uns, dass ihr uns wirklich nahe seid, euch für uns interessiert und nicht nur neben uns her lebt. Aidan hat sich trotzdem nicht getraut, ganz allein den richtigen Ring für Carrie auszusuchen, und hat ihre Freundinnen um Rat gefragt. Ich finde, das ist okay. Dass er Menschen, die seiner Freundin wichtig sind, um Hilfe bittet, zeigt auch, wie viele Gedanken er sich gemacht hat und wie wichtig es ihm ist, dass er den perfekten Ring auswählt, und wie wichtig ihm letzten Endes Carrie ist.

Deswegen, falls ihr euch mit der Ringauswahl für eure Freundin unsicher seid, traut euch und fragt bei ihren Freundinnen oder auch bei ihrer Mutter nach (wenn diese den Geschmack ihrer Tochter wirklich kennt und die beiden ein sehr enges Verhältnis haben – sonst nicht!). Sie werden sich freuen und euch gern helfen, und wenn es wirklich gute Freundinnen sind, werden sie auch dichthalten. Keine Frau möchte der besten Freundin ihren Heiratsantrag vermasseln, da könnt ihr sicher sein. Allerdings müsst ihr deshalb auch gut darauf achten, dass ihr wirklich die *richtige* Freundin mit ins Boot holt. Sie muss eure Fast-Verlobte und vor allem deren Geschmack gut kennen und darf auf keinen Fall einen Ring aussuchen, den sie selbst gern hätte. Deswegen solltet ihr nicht blind auf eure Beraterin hören, sondern gemeinsam versuchen, den idealen Ring herauszufinden. In nicht allzu seltenen Fällen hat euch eure Freundin bei dem einen oder anderen Stadtbummel oder mit dem einen oder anderen E-Mail-Link zu Tiffany sowieso schon mehr Winke mit dem Zaunpfahl gegeben, als es eigentlich nötig sein sollte.

Apropos Tiffany: Natürlich dreht sich immer vieles um die große Frage, wie groß und vor allem wie teuer der Ring sein muss. Ich finde, dass diese Frage überbewertet wird. Wichtig ist nicht, wie teuer der Ring war, sondern wie schön ihn eure Verlobte findet. Natürlich wäre es toll, wenn er nicht unbedingt von Esprit stammte und aus Edelstahl wäre. Aber er muss meiner Meinung nach auch nicht utopisch teuer sein. So ein Mittelklassewagen am Ringfinger lässt nicht gerade jede Frau ruhigen Schrittes durch die Fußgängerzone gehen, und wenn sich vor lauter Gewicht schon der Fingeransatz blau verfärbt, war der Stein wohl auch ein paar Nummern zu groß. Ihr müsst euch nicht heillos bei eurer Hausbank verschulden, nur damit die Frau eures Herzens euch nicht verstößt. Eine Frau, der es derart wichtig ist, wie viel der Ring an ihrem Finger gekostet hat, solltet ihr vielleicht sowieso nicht allzu leichtfertig heiraten. Echte Liebe kann man nicht kaufen, und spätestens wenn eure Verlobte anfängt, in euren Unterlagen nach Juwelierquittungen zu wühlen, solltet ihr wachsam sein.

Viel wichtiger ist es, dass ihr den Geschmack eurer Freundin trefft, und das ist in der Regel viel schwieriger, als nur viel Geld auszugeben. Wenn ihr es aber schafft, dann ist euch ein überglückliches Gesicht und ein aus vollem Herzen kommendes »Ja« sicher. Na gut, okay, meistens sicher. Ich will es ja gar nicht verheimlichen, es gibt auch Frauen, die Nein sagen. Das kommt leider – oder sollte ich besser schreiben, glücklicherweise – vor. Nicht jeder Antrag ist auch von Erfolg gekrönt und meistens hat das einen Grund. Man kann mit einem Heiratsantrag zum Beispiel keine kaputten Beziehungen kitten. Und nach nur drei Monaten des Kennenlernens wäre ein Antrag eine ziemlich bescheuerte Idee. Aber natürlich kommt es auch hin und wieder vor, dass wir Frauen, wenn es ernst wird, plötzlich Panik bekommen und Nein sagen. Oder dass uns schlagartig klar wird, dass der vor uns kniende Mann und sein Dreitagebart doch nicht die Begleiter unseres restlichen Lebens sein sollten, sondern viel eher unser Kollege aus dem mittleren Management oder die große Jugendliebe, die wir neulich auf dem Klassentreffen wiedergesehen haben. So etwas ist hart und es tut verdammt weh. Nicht nur dem, der fragt. Aber natürlich ist derjenige im ersten Moment der Depp. Langfristig betrachtet, hat er natürlich verdammtes Glück gehabt, weil er um ein Haar seine letzten drei Monatsgehälter der Falschen an den Finger gesteckt hätte. Aber so was möchte in diesem Moment natürlich niemand hören.

Ich kann es verstehen, dass ihr Angst davor habt, einen Antrag zu machen, den sie ablehnen könnte. Denn das könnte sie natürlich. Ihr bittet um ihre Hand, ihr stellt die Frage, ihr riskiert es, verletzt zu werden. Aber mal ehrlich, in den meisten Fällen ist es doch heute längst so, dass vor dem Antrag das Thema Hochzeit schon etliche Male auf dem Tisch war. Und wenn sie euch dabei klargemacht hat, dass sie euch wirklich gern ehelichen würde, und signalisiert hat, dass sie für einen Antrag mehr als bereit ist, dann wird sie auch nicht Nein sagen. Es sei denn, sie ist eine blöde Schlampe (entschuldigt den Ausdruck, aber ich möchte ja, dass ihr mich versteht) und sie hat euch sowieso nicht verdient. Dann könnt ihr froh und glücklich sein, dass sie Nein gesagt hat, denn sonst würden ein paar sehr lange, anstrengende Jahre vor euch liegen.

Klar sind Frauen kompliziert, aber wenn's ums Heiraten geht und die Frau über dreißig ist, ist es dann doch nicht so kompliziert. Wenn wir sagen, wir wünschen uns einen Antrag, dann wollen wir auch einen und sagen insofern logischerweise auch Ja. Ob die Ehe dann wirklich Jahrzehnte hält, steht wiederum auf einem anderen Blatt, aber darum geht es in diesem Kapitel ja auch nicht. Es geht um Anträge. Und die gehen – zumindest wenn ihr nicht alle Andeutungen eurer Freundin komplett falsch interpretiert habt – selten daneben. Also traut euch, Jungs! Ran an die Ringe und rein in den Kniefall! Ihr wisst jetzt, wie es richtig geht (und auch wie nicht, ich sage nur: Salamipizza …), und mit der richtigen Komplizin, wie zum Beispiel der besten Freundin eurer Lieblingsfrau, kann eigentlich schon nicht mehr allzu viel schiefgehen. Eines ist auf jeden Fall sicher: Wenn ihr sie nie fragt, werdet ihr auch niemals wissen, ob sie Ja gesagt hätte. Und das wäre doch verdammt schade …

26. Alkohol – Bier, Wein, Prosecco und Co.

Ich wohne in München. Das heißt, mit Männern und übermäßigem Bierkonsum kenne ich mich zwangsläufig aus. Bier, und zwar insbesondere in Maßkrügen, gibt es bei uns fast an jeder Ecke und zwar nicht nur zur Wiesn. Bei schönem Wetter im Englischen Garten spazieren zu gehen bedeutet auch, alle fünfzig Meter von einer Bierfahne eingelullt zu werden, denn es ist wirklich schon fast eine Seltenheit, einem männlichen Parkbesucher ohne Bierflasche in der Hand über den Weg zu laufen. Was in anderen Städten eher als anrüchig gilt, ist bei uns schick, die Bierflasche ist quasi ein Statussymbol. Aber natürlich muss es auch die richtige Marke sein (mit einem Opel kann man schließlich auch nicht angeben). Hoch im Kurs stehen Augustiner oder Tegernseer, wer sich dagegen mit einem Paulaner blicken lässt, outet sich schnell als Auswärtiger. Und die saufen sowieso am meisten. Denn wenn man schon einmal in München ist, will man es ja am Chinesischen Turm auch richtig krachen lassen! Das mag, kurzfristig gedacht, auch ganz nett sein, aber, liebe männliche Münchenbesucher, wenn ihr nicht nur Schweinsbraten, Weißbier und Obatzten, sondern auch ein paar nette Münchner Mädels kennenlernen möchtet, ist es ratsam, sich nicht schon um zwölf Uhr mittags in den Eisbach zu übergeben.

Ein Prosit ...

Na ja, ich persönlich habe ziemlich lange gar kein Bier getrunken, bin aber mittlerweile so weit akklimatisiert, dass ich auf dem Oktoberfest und während Wanderungen auf den Almhütten oder im Biergarten schon mal eine Halbe trinke. Aber dann auch nur gemischt mit Zitronenlimonade, was gemeinhin als »Radler« bekannt ist. Allerdings kenne ich viele Frauen, die Bier auch gern pur trinken, insofern wäre es wohl falsch zu schreiben, dass Bier ein reines Männergetränk ist.

Doch ich spreche jetzt mal für all die Frauen (laut aktuellen Umfragen handelt es sich hierbei um die Mehrheit), die lieber Champagner, Prosecco und Manhattans konsumieren, wenn ich schreibe, dass ihr nach dem Genuss von Bier (und es muss nicht mal viel sein) wirklich unglaublich eklig aus dem Mund riecht. Und deswegen solltet ihr niemals (es sei denn, eure Begleiterin bestellt sich ebenfalls eins, ansonsten *niemals!*) Bier beim ersten Date trinken! Ihr könnt so süß, charmant und liebenswert sein, wie ihr wollt, aber wenn ihr älter als 18 Jahre seid (oder es nicht drei Uhr morgens und euer Date total betrunken ist) und beim ersten Kuss nach Bier stinkt, dann ist das ziemlich peinlich. Selbiges gilt übrigens auch für Knoblauch, Zwiebeln und Leberwurst. Als Kate Winslet nach den Dreharbeiten zu *Titanic* gefragt wurde, wie es war, Leonardo DiCaprio zu küssen, antwortete sie, dass es furchtbar eklig gewesen sei, weil sein Atem so schrecklich nach Leberwurst gestunken habe. Leo war damals noch ziemlich angesagt und wirklich süß und für eine Frau wie Kate Winslet war es garantiert nicht ganz unspannend, den damals ungleich berühmteren Filmstar zu küssen. Doch für sie war es einfach nur schrecklich, weil der Gute eben so dämlich oder so unhöflich war, kurz vor der großen Szene noch eine von Mamas Stullen zu essen ... Wenn es also schon keinen Spaß macht, einen Mann wie Leonardo DiCaprio zu küssen, wenn der nach Leberwurst stinkt, was meint ihr, wie viel Spaß es dann macht, einen ganz normalen, nicht berühmten und millionenschweren Mann mit Leberwurstatem zu küssen? Na, klingelt's?

Aber worum es in diesem Kapitel ja eigentlich geht, ist Bier beziehungsweise Alkohol. Unabhängig davon, ob eine Frau nun lieber Bier, Wodka oder Schampus trinkt, geht eine Sache generell gar nicht: Wenn ihr euch den Kopf zusauft, dann findet ihr das männlich; wenn wir einen Schwips haben, gilt das gleich als undamenhaft und gehört sich nicht. Wie unfair ist das denn bitte? Niemand ist cool, wenn er betrunken ist, egal, ob Mann oder

Frau, und zu viel Alkohol schadet uns allen und sollte daher vermieden werden. Aber wenn wir Mädels hin und wieder mal ein, zwei Gläschen Prosecco zusammen trinken, sollte das keinen Mann gleich auf die Palme bringen. Bei uns geht es schließlich nicht um Komasaufen oder Männlichkeitsrituale, vielmehr stellt das Zusammen-einen-Prosecco[6]-Trinken ein soziales Verhaltensmuster dar, das wir Frauen sehr schätzen und zur Befriedigung unserer kommunikativen Bedürfnisse benötigen. Wir öffnen auch nicht nur einfach ein paar braune Flaschen mit einem Feuerzeug und rülpsen anschließend um die Wette, sondern zelebrieren diesen Vorgang feierlich. Wir trinken aus eleganten, langhalsigen Gläsern, stoßen vorsichtig und klangvoll miteinander an und lassen die feinen Perlen des Schaumweines langsam unsere Kehle erobern. Zwischendurch tauschen wir uns über alle lebensnotwendigen Neuigkeiten aus, wie die kommende Sommerkollektion von Marc Jacobs, den aktuellen Kinderstand im Hause Brangelina oder den neuen Friseur in Schwabing. Es gibt also keinen Grund für euch, sich Sorgen zu machen, wenn sich eure Freundin mit anderen Mädels gern mal auf einen Prosecco trifft. Prosecco ist für uns das, was Bier für euch ist, nur dass wir nach einem Glas nicht gleich eine Fahne haben und das Konsumieren von Prosecco in der Regel eben auch ein kleines bisschen stilvoller ist …

Apropos – auch wenn euch Bier wirklich gut schmeckt, sollte es nicht nur beim ersten Date, sondern auch bei jedem eleganten Dinner außen vor bleiben. Es ist toll, wenn ihr euer Date oder eure Freundin oder Frau mal schick zum Essen ausführt. Wenn ihr aber in ein Fünf-Gänge-Menü mit einer Weißbierhalben startet, ist sämtliche Romantik recht schnell dahin. Keine von uns möchte mit ihrem zierlichen Champagnerkelch gegen euren Bierkrug stoßen und dabei »Cin Cin« rufen! Natürlich stehen wir auf

6 Auch Sprizz, Cosmopolitan oder Hugo …

männliche Typen, aber Männlichkeit hat für uns ziemlich wenig mit Hopfen zu tun, sondern vielmehr mit Souveränität. Und ein Mann sollte so viel Souveränität besitzen, dass er weiß, in welchen Situationen etwas angebracht ist und in welchen nicht. Stilgefühl ist sexy! Und wenn ihr keinen Schaumwein mögt, dann startet das Dinner eben mit einem Martini oder Campari on the rocks, das hat auch Stil und dürfte selbst den Prosecco-Hassern unter euch in den Kram passen. Danach gibt's dann guten Wein, je nach Menü rot oder weiß, gern auch einen Rosé. Damit macht ihr jede Frau glücklich, zaubert einen romantischen und stilvollen Abend und könnt es euch auch selbst so richtig schmecken lassen. Euren geliebten Humpen gibt's dann wieder beim nächsten Biergartenbesuch.

Natürlich will euch keine Frau der Welt das Biertrinken generell verbieten – und schon gar nicht ich! Es geht nur darum, dass es ja nicht *immer* Bier sein muss und vor allem auch nicht immer gleich in Einliterhumpen ... Im Endeffekt ist es mit dem Bier wohl so wie mit dem Einsatz von Komplimenten: Das richtige Maß ist entscheidend. Aber mehr dazu im bierfreien Kapitel »Flirten« ...

27. Alters-unterschiede

Wahre Liebe kennt kein Alter. Und schon wieder eine Plattitüde, die so wahr wie simpel ist. Damit meine ich jetzt nicht, dass jeder alte Lustmolch eine Entschuldigung dafür haben sollte, sich an 15-Jährige ranzumachen. Aber es ist jetzt auch nicht so, dass jede Frau nur mit einem Mann glücklich werden kann, der exakt anderthalb Jahre älter ist als sie. Mein Freund ist 13 Jahre älter als ich und ich fühle mich bei ihm tausendmal wohler als bei jedem gleichaltrigen Mann, den ich zuvor hatte. Und ich habe definitiv keinen Vaterkomplex und auch auf Sugar Daddys stehe ich nicht. Als ich mich in ihn verliebt habe, wusste ich nicht einmal, wie alt er ist, und da er deutlich jünger aussieht, war mir erst auch gar nicht bewusst, dass ich hier mit einer ganz anderen Generation Mann flirte. Und genau da liegt heute vielleicht der Schlüssel zu glücklichen Beziehungen zwischen Jung und Jünger: Allzu sehr unterscheiden sich die Generationen heute gar nicht mehr. War es früher ein Unding, mit vierzig noch kein Familienvater zu sein und nicht mindestens einen Baum gepflanzt und eine Doppelhaushälfte finanziert zu haben, so seid ihr heute mit vierzig immer noch jung und zudem nicht selten ungebunden.

Männer, Wein und Käse: je reifer, desto besser ...

Ich habe einige Freundinnen, die sich aus Prinzip nur noch mit älteren Männern einlassen. Vor allem Frauen, die schon recht früh einiges erreicht haben, suchen sich gern einen Partner auf Augenhöhe und diesen meinen sie eben eher jenseits der 35 zu finden. Das sind natürlich good News für alle diejenigen unter euch, die bereits in diesem Alter sind. Aber keine Angst, ihr Unter-dreißig-Jungs, leer ausgehen werdet ihr deshalb bestimmt nicht. Erstens stehen nicht alle Frauen auf ältere Männer und zweitens werdet ihr auch eines Tages mal vierzig und könnt diesem Datum jetzt wesentlich entspannter entgegensehen.

Es ist ja tatsächlich so, dass Frauen (zumindest in der emotionalen und geistigen Entwicklung) den meisten Männern ein paar Jahre voraus sind. Das ist nicht schlimm oder verwerflich und es muss euch auch nicht sonderlich beschäftigen, aber es ist sicherlich auch eine Erklärung dafür, dass so viele jüngere Frauen auf ältere Männer stehen. Vielleicht trifft man sich da einfach eher auf Augenhöhe. Was Lebenserfahrung, Beruf und Reisepassstempel angeht, ist mein Freund sicherlich schon um einiges weiter als ich, aber wenn es darum geht, einen Termin beim Zahnarzt zu vereinbaren, bin ich mir manchmal doch nicht sicher, ob nicht *ich* die Ältere von uns beiden bin. Ach Männer, ihr seid und bleibt eben doch einfach oft kleine Jungs! Dafür lieben wir euch einerseits, anderseits verfluchen wir die Tatsache des Öfteren auch. Und das ist wieder ein Grund, der *für* ältere Männer spricht. Auch wenn man keinem Mann den kleinen Jungen ganz austreiben kann, so tritt er doch bei gestandenen Männern jenseits der dreißig weitaus seltener in Erscheinung als bei den jüngeren.

Die Puma-Armee

Jüngere Männer sind nämlich so eine Sache. Gut, natürlich gibt es diesen Hollywoodtrend, die Cougar-Women. Frauen jenseits der vierzig, die sich Männer halten, die höchstens knapp über zwanzig sind. Aber das ist wieder eine andere Sache. Aber mal ehrlich, Jungs, wenn ihr mit einer Frau flirtet, die knapp fünfzig ist, geht ihr doch nicht wirklich davon aus, dass sie die Frau eures Leben ist, mit der ihr Kinder zeugen und bis in alle Ewigkeiten glücklich leben wollt, oder? Umgekehrt habt ihr hier wieder einen Vorteil, denn ihr könnt problemlos mit vierzig, fünfzig oder sogar noch älter Kinder zeugen und Familien gründen. Was ja auch nicht gerade selten passiert, wenn ihr euch nur mal ein paar Hollywoodgrößen wie Mel Gibson, Dustin Hoffman und Bruce Willis oder auch deutsche Politiker wie Joschka Fischer oder Franz Müntefering anschaut.

Das Unangenehme daran ist allerdings, dass die meisten dieser Männer vorher bereits eine Familie gegründet hatten und diese nun zugunsten ihrer Libido und wegen des Anblicks straffer Brüste im Stich lassen. Aber natürlich haben hier oft nicht nur die Männer unlautere Motive. Ich glaube, ich verrate kein Geheimnis, wenn ich sage, dass viele junge, attraktive Frauen an Männern, die gut und gern auch ihre Väter (oder sogar Großväter) sein könnten, eher deren Machtpositionen und Zweitkreditkarten attraktiv finden als die dazugehörigen Hintern. Und das ist sicherlich nichts, worauf Frau stolz sein sollte.

Aber natürlich ist das auch nicht immer der Fall. Es gibt viele glückliche Paare mit größerem Altersunterschied, bei denen keiner von beiden Millionen auf dem Konto hat oder ein wichtiges Staatsamt bekleidet. Man verliebt sich eben immer in einen Menschen, nicht in ein Geburtsdatum, und das ist auch gut so. Als ich zum Beispiel damals meinen Freund kennenlernte, war ich der festen Auffassung, dass ein älterer Mann für mich niemals infrage kommen würde. Ich hatte eine Freundin, die sich ausschließlich mit älteren Männern einließ, und das fand ich damals sehr seltsam, allerdings lag das wohl daran, dass ihre Motive tatsächlich nicht immer ganz so unschuldig waren (Stichwort Bankkonto). Ich selbst hatte immer gleichaltrige Freunde, war mit diesen auch zufrieden und machte mir über Männer, die vor 1980 geboren waren, nicht wirklich Gedanken. Na ja, bis ich dann diesen einen traf und mich verliebt habe. Dass er 13 Jahre älter ist, wusste ich, wie gesagt, zu Beginn nicht. Und als ich es schließlich erfahren habe, war ich erst einmal geschockt, aber eben auch schon so verliebt, dass mir das Alter sowieso egal war. Und, ganz ehrlich, negativ ausgewirkt hat sich unser Altersunterschied bisher nicht, vielleicht von seinem seltsamen Musikgeschmack einmal abgesehen.

Der George Clooney in euch

Positive Auswirkungen des Altersunterschieds gibt es dagegen etliche. Bei Reisen zum Beispiel muss ich endlich nicht mehr die volle Verantwortung (inklusive Reisepässe, Tickets und Bargeld) tragen, sondern kann einfach mal hinterherlaufen und darauf vertrauen, dass mein Freund schon alles im Griff hat. Das ist nur ein kleines, vielleicht relativ unbedeutendes Beispiel, aber es steht für das, was sich alle Frauen wünschen: dass sie sich bei euch richtig fallen lassen können und dass ihr als Männer in der Lage seid, Verantwortung zu übernehmen. Wenn ihr nämlich früher damit anfangen würdet, dies zu tun, und uns schon mit Anfang zwanzig das Gefühl geben könntet, dass uns an eurer Seite selbst in der somalischen Wüste nichts passieren könnte, dann müssten wir uns gar nicht so häufig nach älteren, gestandenen Männern umschauen. Deswegen, liebe Jungs, je früher ihr zu einer Mischung aus Gentleman und Indiana Jones werdet, desto besser! Hier ein paar Tipps für den Weg dahin:

- Wenn ihr abends mit eurer Freundin essen gehen wollt, dann kümmert euch selbst um die Restaurantauswahl und reserviert einen Tisch. Greift nicht auf das alte »Keine Ahnung, wo wir hingehen sollen, *du* entscheidest!« zurück, das ist unmännlich und nervig. Wir sind keine Branchenführer auf High Heels, und wenn ihr uns einladen wollt, dann überlegt euch doch bitte vorher auch *wohin* ...
- Anzüge sind *nicht* die Pest! Wenn ihr auf eine Hochzeit oder zu einem anderen festlichen Anlass eingeladen seid, ist es sehr

wohl angebracht, dort in angemessenem Outfit zu erscheinen. Und nein, Spiderman-Krawatten sind *nicht* angemessen!

- Tampons zu kaufen ist nicht peinlich, sondern männlich. Denn es zeigt, dass ihr treusorgende Partner und für eure Freundinnen da seid, wenn sie euch brauchen. Das Gleiche gilt für Schwangerschaftstests und Kondome.
- Tiefergelegte Autos, Bassrollen im Kofferraum und Tribals auf der Heckscheibe sind dagegen äußerst peinlich und wirken weder erwachsen noch männlich.
- Jeder Mensch kommt ab und zu mal zu spät, das ist kein Verbrechen gegen die Männlichkeit, sondern ganz normal. Gar nicht normal dagegen ist es, sich nicht zu melden, *wenn* man zu spät kommt. Wie viele Auseinandersetzungen und sogar Trennungen auf dieser Welt wohl mit einem simplen Anruf oder einer bloßen SMS hätten vermieden werden können, vermag ich nicht zu sagen, aber es sind sicher Hunderttausende. Also, Jungs, wenn ihr eurer Freundin nächstes Mal einfach Bescheid gebt, dass ihr zwei Stunden später kommt, wird sie nicht den ganzen Abend wartend auf der Couch oder (noch schlimmer) am Herd verbringen, da sie ja Bescheid weiß, und wird euch somit nach eurer verspäteten Ankunft nicht ungespitzt in den Boden rammen. Eigentlich ganz logisch, oder?
- Wenn ihr euch mit eurer Partnerin in einer fremden Stadt oder sogar in einem fremden Land befindet, den Weg nicht kennt und Einheimische fragen müsst, dann schickt nicht automatisch eure Begleitung vor, weil ihr euch nicht traut, fremde Leute anzusprechen, das ist nämlich brutal unmännlich …
- Auch wenn ihr noch Studenten oder in der Ausbildung seid, solltest ihr zumindest zwei Sekt- bzw. Rotweingläser zu Hause haben. Denn keine Frau dieser Welt findet es romantisch, einen Barolo aus Zahnputzbechern mit weißen Rändern oder aus alten Comicsenfgläsern zu trinken.

- Fußballtraining ist *nicht* wichtiger als der Jahrestag mit eurer Freundin.
- Ein Orgasmus nach zwei Minuten Sex ist zu früh und sei die Frau auch noch so sexy! Fünf Minuten sind das absolute Minimum und ein Vorspiel ist *keine* Zeitverschwendung!

Wenn ihr diese Regeln beherzigt, werdet ihr zwar nicht automatisch alle zu kleinen George Clooneys (wobei dieser wahrscheinlich selbst weniger Probleme hätte, *würde* er diese Regeln tatsächlich befolgen), aber ihr könnt gewisse Verhaltensweisen vermeiden, die sonst dazu führen würden, dass eure Partnerin mal wieder ihre beste Freundin anruft und ins Telefon seufzt: »Er ist ja echt süß, aber leider so unglaublich anstrengend!« In der Liebe gibt es leider keinen Welpenschutz, und wenn ihr euch dauerhaft so aufführt, dann habt ihr wohl tatsächlich nur ernsthafte Chancen bei Kindergärtnerinnen oder älteren Frauen mit unerfülltem Kinderwunsch. Und davon kann ein Mann ja auch nicht immer leben. Also, macht euch – zumindest was das Verhalten angeht – einfach etwas älter. Denn dann habt ihr Clooney und Co. sogar noch etwas voraus: Ihr seid zwar mindestens so charmante Gentlemen wie sie, platte Hintern, graue Haare und Erektionsstörungen habt *ihr* dagegen noch lange nicht!

28. Vorurteile: Männer sind (meistens) keine Schweine – und das wissen wir!

Sicherlich kennt ihr noch den Neunzigerjahre-Song *Männer sind Schweine* von den Ärzten, den Frauen jeglichen Alters seinerzeit bereitwillig auf jeder Karaoke-Party und in jedes ihnen auf der Straße vor die Nase gehaltene Fernseh- und Radiomikrofon grölten. Ich kann mich noch gut daran erinnern, dass man eine Zeit lang kaum durch die Fußgängerzone laufen konnte, ohne von irgendeiner Ecke aus die berüchtigten, laut gegrölten Zeilen zu hören. Freundinnen von mir wurden plötzlich zu Karaoke-Fans und jedes rosafarbene Handy hatte auf einmal die gleiche Klingelmelodie. Doch eigentlich ist dieser Song bei genauerer Betrachtung nicht wirklich männer-, sondern eher frauenkritisch. Er präsentiert wunderschön und anschaulich das typische Klischeebild, welches verletzte Frauen als Männerhasser und uns alle als pauschalisierende Idiotinnen darstellt. Ihr dürft euch aber eines gewiss sein: Wir Frauen wissen, dass *nicht* alle Männer Schweine sind!

Und wir sind uns auch voll und ganz dessen bewusst, dass wir ein Leben ohne euch Männer in Wahrheit nicht führen wollen. Und ich meine damit nicht mal dieses ganze Fortpflanzungs-und-Fortbestand-der-Menschheit-sichern-Ding, sondern allein die Tatsache, dass es für den ganz überwiegenden (und heterosexuell orientierten) Teil der Frauen ohne euch Männer auch keine Schmetterlinge und kein Bauchkribbeln in unserem Leben gäbe. Und ganz ehrlich, ein Leben ohne Bauchkribbeln – wer sollte so etwas ernsthaft wollen? Wir sind also im Allgemeinen keine Männerhasserinnen, und wenn wir den einen oder anderen von euch dennoch hassen, dann könnt ihr sicher sein, dass dies nicht an irgendwelchen pauschalen Vorurteilen liegt, sondern dass derjenige irgendetwas richtig verbockt hat.

Für euch ist aber dieses MsS-Klischee[7] sogar oftmals eine Art Entschuldigung für alles. Die Ärzte haben euch da einen wunderschönen Freifahrtschein zum Danebenbenehmen geliefert. So nach dem Motto: »Wenn das sowieso alle Frauen von Männern denken, dann kann ich mich ja auch benehmen wie ein Schwein, das macht ja eh keinen Unterschied ...« Nein!!! Es macht einen Unterschied, denn so denken *eben nicht* alle Frauen, ich würde sogar sagen, nur die allerwenigsten von uns. Und auch wenn wir vielleicht immer mehr Domänen, die früher euch vorbehalten waren, erobern, dann heißt das nicht, dass wir euch den Kampf ansagen oder gar zu einer Art Geschlechterkrieg aufrufen wollen. Wir glauben auch nicht, dass wir alles besser können als ihr! Ein paar Dinge vielleicht, ja, aber vieles auch nicht. Ihr habt eben häufig ein besseres räumliches Vorstellungsvermögen als wir, ihr könnt besser einparken, Kisten schleppen, Flugzeuge bauen, Städte planen – und Boxweltmeister werden natürlich auch. Und das ist völlig in Ordnung.

Wir sind froh, dass es euch gibt, und auch Singlefrauen, die vielleicht schon etwas länger in diesem Zustand sind, behalten diesen Status nicht etwa bei, weil sie ums Verrecken keinen Mann an ihrer Seite haben wollen, sondern weil noch nicht der Richtige vorbeigekommen ist. Ich habe wirklich noch nie eine (heterosexuell orientierte) Singlefrau kennengelernt, die ernsthaft und über einen längeren Zeitraum hinweg keine Lust auf Männer hatte. Und zwar nicht nur im sexuellen Sinn! Natürlich gibt es Situationen – zum Beispiel nach Trennungen, katastrophal verlaufenen ersten Dates oder aufgeflogenen Affären –, in denen wir voller Wut sagen, dass alle Männer Schweine sind und wir nie wieder einen sehen, geschweige denn daten wollen. Ja, klar!

7 MsS: Männer sind Schweine

Manchmal könnten wir euch, beziehungsweise Vertreter eures Geschlechts, die uns diesen ganzen Schlamassel angetan haben, einfach nur gegen die Wand klatschen! Und dann reagieren wir eben verletzt, haben die Schnauze voll und wollen einfach nur unsere Ruhe haben. Aber eben nur für eine gewisse Zeit. Deswegen kehren auch nur die allerwenigsten von uns dem männlichen Geschlecht tatsächlich den Rücken und gehen in ein Kloster.

Prinzen statt Schweine

Vielmehr ist es oft so, dass wir, nachdem der Schmerz sich gelegt hat, zwar immer noch stinkwütend auf diesen einen Mann sind, aber Männer im Allgemeinen schon wieder ganz okay finden. Denn wir haben alle die Hoffnung, dass sich irgendwo inmitten von euch der eine echte Prinz oder Manolo-Mann tummelt, der zu uns gehört und den wir eines Tages finden und mit dem wir dann den glücklichen Rest unseres Lebens verbringen werden. Wir glauben daran! Und deswegen, liebe Männer, legt doch endlich einmal auch *eure* Vorurteile beiseite! Wenn ihr eine nette Singlefrau in einer Bar seht, die euch die ganze Zeit anlächelt und immer wieder rüberschaut, euch aber nicht anspricht, dann liegt das nicht daran, dass sie nicht interessiert ist. Frauen möchten erobert werden, *deswegen* kommt sie nicht auf euch zu. Es hat nichts damit zu tun, dass diese Frau vielleicht eine verkappte Männerhasserin ist, die generell nicht angesprochen werden will.

Es kommt heute so oft vor, dass sich ganz normale, sympathische Männer, die keine Proleten oder Hochstapler sind, nicht mehr trauen, Frauen anzusprechen. Sie haben Angst davor, eine Abfuhr zu bekommen oder von der selbstbewussten Dame am Tresen ausgelacht und lächerlich gemacht zu werden. Aber, ihr Lieben, diese Angst ist oft völlig unbegründet. Auch wenn wir eine selbstbewusste Ausstrahlung haben, bedeutet das nicht, dass wir nicht erobert, umworben und hofiert werden möchten. Unsere Brötchen mögen wir heute vielleicht selbst verdienen, aber aufschneiden dürft ihr sie uns trotzdem noch!

Doch vor lauter Vorurteilen eurerseits, dass *wir* Vorurteile euch gegenüber haben (»Alle Männer sind Schweine, also sprich mich ja nicht an!«), ist es dermaßen schwierig geworden, einen netten Mann kennenzulernen, dass wir Frauen letztendlich wirklich frustriert werden. Ich meine, nie gab es so viele Singles wie heute und trotzdem trauen sich immer weniger Männer, auf Frauen zuzugehen – das ist doch bescheuert! Deswegen, Jungs, wenn ihr das nächste Mal in einer Bar seid und eine Frau ohne männliche Begleitung entdeckt, die euch immer wieder anlächelt, dann traut euch! Habt keine Angst, sondern fasst Mut und tut das, was ihr schon seit Jahrhunderten am besten könnt: erobern! Gegen ein freundliches und charmantes Ansprechen haben die wenigsten Frauen etwas einzuwenden. Ganz im Gegenteil, sie freuen sich sogar darüber. Natürlich gibt es Anmachen, die gehen gar nicht, aber wenn ihr alle Regeln aus dem Kapitel »Flirten« beherzigt, dann dürfte nicht allzu viel schiefgehen.

Und wenn euch trotzdem mal eine Frau einen Korb gibt, dann ganz sicher nicht deswegen, weil sie alle Männer für Schweine hält. Nicht jeder Mann ist eben der Typ jeder Frau und umgekehrt. Deswegen kann es durchaus sein, dass ihr auch mal an die Falsche geratet. Dann müsst ihr es einfach sportlich nehmen, das Ganze als gute Übung betrachten und bei der nächsten Dame noch ein Stückchen charmanter sein. Es kann auch passieren, dass noch ein paar weitere eurer Versuche erfolglos bleiben, aber die Chancen, dass ihr Erfolg haben werdet, sind trotzdem wesentlich höher, wenn ihr in die Offensive geht, anstatt umringt von Freunden in irgendeiner dunklen Ecke darauf zu warten, dass *ihr* erobert werdet. Also fangt doch bitte endlich wieder damit an! Denn wir wissen zwar mittlerweile, dass ihr keine Schweine seid, aber das Zeug zu echten Prinzen fehlt einigen von euch beim Flirten leider doch noch allzu oft. Und bevor hier wieder ein neues Vorurteil kreiert wird (Prinzen gibt es sowieso nicht), kommt lieber in die Gänge und gebt Gas! Wir warten so lange an der Bar auf euch …

29. Schuhgeschäfte

In einem Amerikaurlaub habe ich in den Nachrichten einmal einen Bericht darüber gesehen, dass ein Mann aus dem mittleren Westen mit einer Pumpgun einen Schuhladen überfallen, die gesamten Tageseinnahmen geraubt und anschließend die Schuhregale mit der Pumpgun beschossen hat. Als er später von der Polizei gefasst und vernommen wurde, gab er als Grund für seine Tat an, dass seine Frau jede Woche Stunden in diesem Laden verbracht und sein ganzes Geld nur für Schuhe ausgegeben habe, sodass er sich jetzt keinen fahrbaren Rasenmäher mehr leisten könne. Deswegen habe er sich nur sein Geld zurückholen und die anderen Schuhe zerstören wollen, damit seine Frau keine neuen mehr kaufen kann. Das Geschäft stellte für ihn außerdem eine Ausgeburt des Teufels dar und seine Frau sei ja sowieso vom Teufel besessen. Mich schockierte dieser Bericht ganz schön. Mein Freund hingegen fand ihn sehr amüsant und meinte, dass er den Mann ein ganz kleines bisschen verstehen könne. Was mich einerseits noch mehr schockierte, aber andererseits auch meine Theorie bestätigte.

Ich glaube nämlich, dass ihr Schuhe, für sich genommen, eigentlich gar nicht so schlimm findet. Sie machen keinen Lärm, beißen nicht und gegen Sex in High Heels hat ja wohl auch keiner von euch etwas einzuwenden. Das, was ihr wirklich hasst, sind die Schuhgeschäfte. Wenn ihr einmal mit uns Schuhe kaufen geht (vorzugsweise im Urlaub, ansonsten könnt ihr euch ja meistens drücken), könnte man manchmal schon den Eindruck bekommen, ihr würdet gerade zum Schafott geführt – sogar dann, wenn ihr die Schuhe nicht einmal bezahlen müsst! Aber warum bloß? Schuhgeschäfte sind meistens klimatisiert (vor allem in südlichen Urlaubsländern ein Vorteil), bieten mittlerweile oftmals sogar Sitzmöglichkeiten für euch an und wimmeln nur so von schönen, glücklichen Frauen. Was an diesem Ort ist so schrecklich, dass ihr ihn als derart quälend und entsetzlich empfindet? Okay, zugegebenermaßen ist es dort ein wenig langweilig für euch, vor allem, wenn ihr bereits ins fünfte Schuhgeschäft mitgeschleift wurdet und wir uns auch in diesem wieder kaum kürzer als eine Stunde aufhalten werden. Ja, Schuhe kaufen ist eben nichts, das Frau mal eben so nebenbei macht. Mann dagegen schon. Das wissen wir. Aber die Zeit, die ihr einspart, wenn ihr ein Geschäft mit dem erstbesten Schuh verlasst, der einigermaßen passt und bezahlbar ist, die könnt ihr doch nun gemeinsam mit uns verbringen. Außerdem spielt ihr doch sowieso nur die ganze Zeit auf eurem iPhone rum! Warum also nicht vorzugsweise in Schuhgeschäften?

Stehen mir diese Kitten Heels, Schatz?

Vielleicht erkläre ich es euch besser anders: Für uns sind Schuhgeschäfte das, was für euch Elektromärkte wie Mediamarkt und Saturn sind: paradiesische Orte voller wunderschöner und nützlicher Dinge! Ich meine, wenn ihr einen Elektromarkt betretet, dann wollt ihr doch auch nicht nach zehn Minuten schon wieder raus. Ihr möchtet euch über technische Neuerungen informieren, Riesen-LCD-Fernseher für 10.000 Euro bestaunen und nach reduzierten Jason-Statham-DVDs Ausschau halten. Das dauert auch seine Zeit! Und für *uns* gibt es nicht mal Sitzplätze in diesen riesigen, von grellem Neonlicht bestrahlten, hallenartigen Verkaufsräumen. Ich kenne auch nicht ein einziges Schuhgeschäft mit einem derart miesen Ambiente. Und trotzdem gehen wir mit euch in diverse Elektromärkte, versuchen, uns mit *Grey's Anatomy*-DVDs und rosafarbenen Handyhüllen abzulenken, und warten mehr oder weniger geduldig, bis ihr endlich fertig seid. Mehr verlangen wir ja auch von euch nicht. Eine fachkundige Meinung zu einem Schuh von einem Mann erhalten zu wollen, wäre in den meisten Fällen auch eine sehr utopische Forderung. Da seid ihr einfach alle gleich, oder euch besser gesagt sehr ähnlich. Es gibt nämlich drei Typen von Männern (zumindest wenn es um ihre Meinung zu Schuhen oder Klamotten geht):

Der klassische Ja-Sager

Er findet alles toll. Wir könnten ihm auch ein durchlöchertes Stück Fliegenpapier vorführen – er fände es klasse! Nicht, weil es klasse ist, sondern weil er einfach nur will, dass wir das Teil kaufen, den Laden verlassen und er seine Ruhe hat und endlich zu McDonald's oder in die nächste Eisdiele gehen kann. Diese Art von Mann treibt allerdings ein für ihn selbst sehr gefährliches Spiel, denn er nimmt es in Kauf, dass seine Freundin Klamotten erwirbt, die ihr absolut nicht stehen. Und eine Frau, die abends vor dem Ausgehen vor einem Schrank voller unvorteilhafter Klamotten steht, kann schon einmal zu einer tickenden Zeitbombe werden. Spätestens bei der Frage »Schatz, macht mich dieser Rock dick?« hat der klassische Ja-Sager ein ziemliches Problem, denn antworten kann er auf diese Frage nur falsch (es sei denn, er hat das einschlägige Kapitel in diesem Buches gelesen).

Der klassische Nein-Sager

Er findet alles scheiße, egal, ob seine Freundin das kleine Schwarze anprobiert oder ein Sackkleid. Der klassische Nein-Sager hasst Shoppen an sich, findet Mode überflüssig. Außerdem hasst er es, wenn seine Freundin Geld ausgibt und viel Wert auf ihr Äußeres legt (er hat sie ja auch so genommen, wozu also das ganze Theater?). Dieser Typ Mann ist beim Shoppen ungefähr so nützlich wie ein tollwütiges Eichhörnchen und zudem ein riesiger Egoist, der seiner Freundin nicht mal im Urlaub ein bisschen Spaß gönnt. Beziehungstechnisch ein absolutes No-Go!

Der qualifizierte Meinungsäußerer (meistens homosexuell)

Das ist eine äußerst seltene Spezies und auch nur in den allerseltensten Fällen heterosexuell veranlagt. Er hat Ahnung von Mode, kleidet sich selbst (eigenständig!) in einem eigenen und geschmackvollen Stil und weiß genau, was seiner Freundin steht und was nicht. Seine Existenz wird aber von vielen Frauen bis heute bestritten und ist noch nicht eindeutig nachgewiesen.

Auf eine fundierte Modekritik hoffen wir also sicher *nicht*, wenn wir euch zum Shoppen mitnehmen. Vielmehr interessiert uns, ob ihr als unser Freund – und nicht als Modeinstanz à la Karl-Lagerfeld – uns in diesen Schuhen schön findet oder nicht. Was wiederum bedeutet, dass uns eure Meinung wichtig ist, sogar, wenn es um Schuhe geht. Die Frage »Gefalle ich dir in diesen Stilettos?« ist also eine Art Liebesbeweis für euch. Wir wollen demonstrieren, dass es uns wichtig ist, euch zu gefallen, und dass wir für euch schön sein wollen.

Die meisten Männer hassen zum Beispiel Ballerinas wie die Pest. Ihr wisst schon, diese flachen Schuhe, die gern auch kleine Mädchen tragen und die wir so süß finden und in denen wir uns eben wie kleine Ballerinas fühlen. Wenn ihr nicht wollt, dass eure Freundin in diesen Schuhen herumläuft, dann müsst ihr einfach nur eines tun: rechtzeitig mit ins Schuhgeschäft kommen! Denn keine Frau wird sich Schuhe kaufen, von denen ihr behauptet habt, dass sie in ihnen watschelt wie eine Ente und dass sie außerdem ihren Hintern größer aussehen lassen. Ihr habt es also selbst mit in der Hand, wie sexy sich eure Freundin kleidet. Und wenn ihr den nächsten Besuch in einem Schuhgeschäft (oder bei

Zara, Mango und Co.) unter diesem Gesichtspunkt betrachtet, dann wirkt er doch schon wieder ein kleines bisschen weniger Furcht einflößend …

30. Fernsehen und Kino

Das Thema Fernsehen dreht sich ja in Bezug auf Männer und Frauen meistens um den Kampf Fußball versus *Grey's Anatomy* oder romantische Komödie versus blutiger Actionfilm. Wir Frauen beurteilen die Qualität eines Films meist danach, wie oft wir beim Anschauen sehnsuchtsvoll seufzen müssen, und ihr danach, wie viele Autos in kürzester Zeit möglichst spektakulär durch die Luft gewirbelt werden und anschließend explodieren. Gut, besonders intellektuell und anspruchsvoll sind jetzt beide Kriterien nicht unbedingt, aber das ist auch der einzige gemeinsame Nenner, auf den man sich hier noch einigen könnte.

Richtig schwierig wird das ganze Thema aber erst dann, wenn zwei Menschen unterschiedlichen Geschlechts zusammenwohnen, *einen* Fernseher besitzen und sich abends zwischen der zehnten Wiederholung von *The Transporter* (angeblich ja ein Klassiker) und der achten Wiederholung von *The Bride Wars* (auf jeden Fall ein Klassiker) entscheiden müssen. Kurzum, alles, was wir fabelhaft finden, kommentiert ihr meistens nur mit einem »Laaaaaaaaaaaangweeeeeiiiliiiiiiiiig!!!« à la Homer Simpson. Ich kenne ein Pärchen, dessen Kampf um die Wahl des Fernsehprogramms vor ein paar Jahren sogar so weit ging, dass sie irgendwann die Fernbedienung durch das Fenster auf die Straße geschmissen hat. Unglücklicherweise durch das geschlossene Fenster. Also, die riesigen, schweren All-in-one-Fernbedienungen haben ja auch wirklich so ihre Nachteile! In diesem Fall wirkte sich das auf die recht hohe Rechnung vom Glaser aus. Dafür lief dann aber den ganzen Abend *Sex and the City*, denn mit Umschalten war es ja nun nichts mehr.

Das Festplattenrekorder-Drama

Ich glaube nicht, dass ich meine Fenster für einen Abend mit Carrie Bradshaw opfern würde, aber ich kann schon nachvollziehen, dass das Thema Fernsehprogramm eine ziemliche Aggression in Menschen auslösen kann, und zwar nicht nur, weil selbiges oft so grottenschlecht ist. Ich zum Beispiel hatte bis vor Kurzem nur einen einzigen Abend in der Woche, an dem ich unbedingt Fernsehen schauen wollte, nämlich mittwochs, wenn die Serie *Grey's Anatomy* lief. Das Problem war nur, dass an ziemlich vielen Mittwochabenden auch irgendwelche supermegawichtigen Fußballspiele liefen. Fragt mich nicht, welche genau das waren, ob Champions League oder irgendwelche EM-Qualifikationsspiele, aber sie waren jedenfalls überlebenswichtig für meinen Freund. Es gab also genau einmal in der Woche je eine Fernsehsendung, die mein Freund und ich unbedingt sehen wollten, und natürlich liefen die genau am selben Tag. Jetzt sind wir zwar ein medientechnisch voll modern ausgestattetes Pärchen und haben einen Festplattenrekorder, unglücklicherweise nimmt dieser Rekorder aber alles auf, was man will, außer dem Programm, das auf den öffentlich-rechtlichen Sendern läuft. Das behauptet zumindest mein Freund, und da ich das Drecksteil nicht bedienen kann, muss ich ihm das glauben. Jedenfalls läuft *Grey's Anatomy* bekanntermaßen nicht im öffentlich-rechtlichen Programm, sondern auf meinem Haus-und-Herz-Sender ProSieben. Fußball dagegen schon. Logischerweise war also klar, wer das Programmauswahl-Rennen in der Regel gewann! Er verbrachte also einen lustigen Fußballabend, während ich versuchte, zur Fanchor-Begleitung ein Modemagazin zu lesen, oder mich an den Laptop verzog.

Bis hierhin war ja auch so weit noch alles ganz okay. Wenn ich es mir dann aber am nächsten Abend mit einem frisch geöffneten und eisgekühlten Piccolo Prosecco und einer vollen Packung Choco Crossies vor dem Fernseher bequem machen wollte, voller Erwartung das gespeicherte Programm abrief und dann feststellen musste, dass auf der Festplatte alles Mögliche vorhanden war, aber nicht die neueste Folge von *Grey's Anatomy*, dann wurde ich tatsächlich zur Furie! Wenn mein Freund Glück hatte und gerade nicht zu Hause war, sendete ich wüste Beschimpfungen auf sein iPhone, und falls der arme Tropf das Pech hatte, sich gerade ebenfalls in unserer Wohnung zu befinden, überhäufte ich ihn mit diversen Verschwörungstheorien (»Du hattest in Wirklichkeit niemals vor, es mir aufzunehmen, denn wenn ich einmal aus der Handlung raus bin, kannst du jede Woche ungestört Fußball gucken!«). Er beteuerte dann immer, dass er es *ganz sicher* aufnehmen wollte und die Panne irgendwie am Gerät liegen müsse, woraufhin ich ihm erklärte, dass das Gerät absolute scheiße, fies, gemein und Schrott sei, und so ging das dann noch eine ganze Weile weiter.

Der Streit ums Fernsehprogramm ruft also nicht gerade die besten Seiten in uns hervor und ich frage mich, *wieso* dies eigentlich so ist. Geht es um die alte Frage, wer in einer Beziehung die Hosen anhat, und dass der, der die Fernbedienung in seinen Händen hält (oder sie durchs Fenster schmeißt), automatisch auch die Macht hat?

Also, bei mir ist das ganz sicher nicht so. Wenn ich vor Wut darüber koche, dass *Grey's Anatomy* nicht aufgezeichnet wurde, dann nicht, weil ich meine Machtansprüche davonschwimmen sehe, sondern einfach nur, weil ich verdammt gern wüsste, ob sich Meredith und McDreamy wieder vertragen, der kleine Junge mit dem verunstalteten Gesicht seine Schönheits-OP bei McSexy überleben wird und ob Alex und die Gynäkologin sich jetzt endlich ein zweites Mal küssen oder nicht. Mehr Gründe gibt es nicht. Trotzdem werden viele von euch denken: »Warum schaffen die sich nicht einfach einen zweiten Fernseher an?« Und da habt ihr natürlich recht, Jungs, das wäre eine naheliegende Lösung. Die für mich allerdings nicht infrage kommt.

Also erstens einmal finde ich, dass ein Fernseher im Schlafzimmer in einer jeden Beziehung das Ende der Romantik ist. Zu meinem Schlafzimmer haben Harald Schmidt, Thomas Gottschalk, Heinrich der Schäfer und Til Schweiger keinen Zutritt. Na gut, der Letzte vielleicht, aber nicht in diesem Leben. Zu einem Schlafzimmer sollten nachts nur zwei Menschen Zutritt haben, nämlich die, die darin schlafen und miteinander schlafen. Und Letzteres wird durch den im Hintergrund Witze reißenden Stefan Raab nicht gerade gefördert. Ein bisschen Romantik muss sein und dazu gehört in meinen Augen ein Fernsehverbot im Schlafzimmer.

Aber natürlich gibt es auch noch andere Zimmer in einer Wohnung und insofern wäre ein zweiter Fernseher für viele von euch sicher immer noch eine naheliegende Lösung. Aber ich weiß nicht ... Die meisten Pärchen können heute sowieso nur wenig Zeit miteinander verbringen. Muss man dann tatsächlich auch noch die wenigen Abende, die man miteinander hat, in getrennten Zimmern verleben, nur weil man sich nicht auf ein gemeinsames Fernsehprogramm einigen kann, und sich allenfalls mal in der Werbepause Hallo sagen? Ich glaube, so viel Macht sollte niemand über uns haben, nicht einmal und schon gar nicht das Fernsehen. Deswegen wird es auch jede Frau beeindrucken und ihr schmeicheln, wenn ihr zuliebe mal auf einen Fußball-TV-Abend verzichtet. Und umgekehrt könnt ihr euch natürlich auch etwas darauf einbilden, wenn eure Freundin euretwegen McDreamy, Mr. Big, George Clooney und Co. einmal sitzen lässt ...

Meine Forderung an euch: Knutschen statt Popcorn!

Männer und Frauen bevorzugen oft nicht nur ein unterschiedliches Fernsehprogramm, das Gleiche gilt auch im Kino. Insbesondere wenn es sich um erste Dates handelt, solltet ihr hier eher nachgiebig sein. Alles, was romantisch und kuschlig ist, wird euch bei euren Annäherungsversuchen sicherlich nicht schaden ... Denn herumfliegende brennende LKWs und an die Wand spritzende Gehirnmasse fördern nicht gerade unsere Bereitschaft zum heimlichen Küssen im Dunkeln. Hach, das waren noch Zeiten, als ich früher als Teenie eigentlich nicht zum Filmeanschauen, sondern in erster Linie zum Knutschen ins Kino gegangen bin! Wenn man dann aber in ein Alter kommt, in dem jeder seine eigene Wohnung hat (und dort schließlich auch ungestört knutschen kann), wird das mit den Popcorn-Küssen automatisch nicht mehr so wichtig. Dafür nehmen gleichzeitig gewisse andere Dinge zu, bei denen man ungestört sein möchte …

Aber romantisch war's im Kino früher trotzdem immer. Na ja, gut, fast immer. Einmal war ich mit einem Typen im Kino, der beim ersten Werbespot schon anfing, wie verrückt mit mir zu knutschen. Erst hat mich das ziemlich überrumpelt, aber dann fand ich es auch schon wieder irgendwie süß, da er anscheinend so verliebt war, dass er keine Sekunde länger warten konnte, mich zu küssen. Wir Frauen versuchen nämlich immer zuerst, eine romantische Erklärung für euer oftmals seltsames Verhalten zu finden, wir gehen also *keinesfalls* immer vom Schlimmsten aus. Das hätte ich in diesem Fall aber mal besser tun sollen. Sobald nämlich der Hauptfilm startete, ließ der Kerl sofort von mir ab, setzte sich aufrecht hin, verfolgte interessiert das Geschehen auf der Leinwand und nahm keinerlei Notiz mehr von mir. Erst kapierte ich nicht so richtig, dass er das völlig ernst meinte, und schmiegte mich wieder an ihn, doch daraufhin schob er mich weg und flüsterte mir ins Ohr, dass der Eintritt ja recht teuer war und er deswegen den Film unbedingt richtig mitbekommen wolle. Hmpf, also nett ist anders, Jungs! Aus uns beiden wurde daraufhin nichts mehr, denn es gibt wirklich nichts, was weniger sexy ist, als wenn ein Mann im Kino nicht mit dir knutschen will, weil er Eintritt bezahlt hat. Ganz nach dem Schwabenmotto: »Des hemmer bezahlt, des nemmer auch mit!« Wuhh, also damit könnt ihr wirklich jede Frau vergraulen, außer vielleicht, sie kommt aus Stuttgart.

Aber Gott sei Dank sind solche Männer ja eher die Ausnahme. Geknutscht wird in deutschen Kinos heute trotzdem viel zu wenig, finde ich. Zumindest bei den Über-Zwanzigjährigen. Klar, wenn ich einen hochkomplexen Film anschaue, bei dem man wirklich jede Einzelheit mitkriegen muss, um sich nicht nach den ersten fünf Minuten schon wie ein totaler Nixblicker vorzukommen, kann ich auch keinen Fummler neben mir gebrauchen. Und auch wenn ich einen Film unbedingt richtig und im Ganzen sehen will, sind Ablenkungen natürlich nicht gerade ideal. Aber in *Sex and the City* gehe ich sowieso mit keinem Mann, sondern mit meiner besten Freundin und mit der knutsche ich generell nicht (aus dem Alter bin ich nun wirklich raus). Aber es gibt sooo viele romantische Komödien und andere weniger anspruchsvolle Filme, bei denen es vollkommen egal ist, wenn man mal fünf oder zehn Minuten nicht richtig mitbekommt. Gut, ich würde heute vielleicht schon aufpassen, dass das Kino nicht allzu voll ist und ich nicht Gefahr laufe, in der vollen Action meinem Sitznachbarn den Ellenbogen ins Gesicht zu rammen. Und Verwandte, Freunde, Chefs und Kollegen sollten sich vielleicht auch nicht unbedingt im selben Saal befinden, wenn es richtig abgeht. Aber generell plädiere ich auf jeden Fall für mehr Knutscherei in deutschen Kinos!

Also, gebt euch einen Ruck, Männer, und macht euch ran an eure Frauen! Die rechnen wahrscheinlich nicht damit, dass ihr plötzlich anfangt, wieder wie Teenies zu knutschen, und werden das deswegen sicher ziemlich süß finden. Und falls doch nicht, habt ihr immer noch ein Argument auf eurer Seite: Wer im Kino ordentlich knutscht, verbrennt vielleicht die Kalorien, die er sich ansonsten mit massenhaft Popcorn reinziehen würde. Wenn das mal kein Argument ist, das bei Frauen zieht! Übrigens ist das Knutschen auch eine schöne Alternative für den Fernsehstreit zu Hause. Im Zweifel wird eben gemeinsam geküsst statt gezappt. Das macht nicht nur mehr Spaß, ist gesünder und gut fürs Gemüt, sondern es schont auch noch eure Fenster!

»Flirt ist das Training mit dem Unrichtigen für den Richtigen.«
SENTA BERGER

31. Flirten

Es gibt viele Arten des Flirtens und die meisten machen sehr viel Spaß. Manche Anmachen von euch Männern sind aber alles andere als spaßig, sondern einfach nur nervig und billig. Sich zum Beispiel vor eine Frau zu stellen, minutenlang mit dem Finger auf sie zu zeigen und dann »Wir kennen uns doch, Baby!« zu sülzen ist nicht höflich, nicht mal nett und schon gar nicht sexy. Es ist nur peinlich. Und so peinlich sind manchmal sogar prominente Männer. Ich will mich keinen Klagen aussetzen und werde deswegen jetzt keine Namen nennen, aber eine solch furchtbar peinliche Anmache habe ich selbst einmal auf einer Filmpremiere erlebt.

Wenn ihr baggert

Allerdings geht es auch noch schlimmer. Eine Freundin von mir stand letztens an einer Bar in einer Szenekneipe und unterhielt sich gerade recht angeregt mit einer Bekannten, als ihr ein fremder Mann plötzlich ohne Vorwarnung ein Glas Champagner übers Dekolleté kippte. Als sie ihn daraufhin total schockiert und entsprechend sauer fragte, was das bitte solle, lächelte er sie charmant an und entgegnete: »Du siehst so heiß aus, Baby, dass ich Angst hatte, du würdest gleich verbrennen. Ich wollte dich nur retten.« Ja, solche Idioten gibt es *wirklich*. Eigentlich überflüssig zu erwähnen, dass aus diesem Flirtversuch nichts wurde. Stattdessen war der Abend für meine Freundin zwangsläufig gelaufen. Und nicht mal die Rechnung für die Wäscherei hat der Kerl daraufhin übernommen! Also, ich glaube, eine unangemessenere Art, eine Frau anzusprechen, gibt es fast nicht ...

Fast immer angemessen ist es aber, einer Dame einen Drink auszugeben (anstatt ihn über ihr auszukippen) – und, wenn sie mit ihrer Freundin unterwegs ist, dieser natürlich auch. Das ist wichtiger, als ihr denkt, und zwar egal, ob die Freundin euch gefällt oder nicht. Schließlich handelt es sich um die Freundin eurer potenziellen Angebeteten. Und wenn ihr euch auch nur den Hauch einer Chance bei dieser erarbeiten wollt, dann solltet ihr es euch nicht mit ihrer besten Freundin verderben, denn beste Freundinnen sind für uns das, was eure Pillermänner für euch sind. Sie sagen uns, ob ein Mann gut für uns ist oder nicht. Und ebenso wie ihr es (leider zu oft) tut, hören auch wir auf unsere Ratgeber. Also, lasst die Freundin niemals peinlich und wie das fünfte Rad am Bobbycar neben uns stehen, wenn ihr uns das erste Mal Champagner kredenzt und die Welt zu Füßen legt. Das zweite Glas ist wirklich eine Investition, die sich lohnt. Und wenn es euch zu teuer ist, zwei Champagner zu bestellen, dann bestellt eben Prosecco, es geht schließlich um die Geste und nicht um die Höhe der Rechnung …

Das ist nämlich die eigentliche Kunst beim Flirten: zu bemerken, was angemessen und was total daneben ist. Wenn zum Beispiel eine Frau eure Blicke ganz offensichtlich nicht erwidert, sondern demonstrativ genervt wegschaut, dann heißt das in 99 Prozent aller Fälle nicht, dass sie nicht erobert werden möchte, sondern nur, dass sie keinen Bock auf *euch* hat! Denn so was kommt logischerweise auch mal vor. Wenn das Objekt eurer Begierde also keinerlei Anzeichen zeigt, eure Avancen zu erwidern, dann sucht euch lieber eine andere zum Begehren und spart euch die Abfuhr. Die meisten Enttäuschungen beim Flirten könnten nämlich vermieden werden, wenn der Mann von Anfang an die Zeichen richtig deuten würde. Selbst eine Frau, die extrem schüchtern ist, wird euch zumindest ein kurzes Lächeln schenken, wenn ihr ihr gefallt, auch wenn sie danach wieder scheu zur Seite blickt. Wenn die Dame allerdings weder scheu noch lasziv, sondern *gar nicht* lächelt und auf eure Blicke nur so reagiert, dass sie ab sofort angestrengt in eine andere Richtung blickt, dann wird das nix mehr mit euch beiden.

Wenn ihr dagegen regelmäßigen Blickkontakt aufbauen könnt und im Laufe der Zeit mehr als nur ein flüchtiges, höfliches Lächeln erntet, dann sieht es schon mal ziemlich gut für euch aus. Wenn sie so drei- bis viermal zurückgelächelt hat, könnt ihr davon ausgehen, dass sie wirklich Interesse an euch hat. Der nächste Schritt ist es, sie (und gegebenenfalls ihre Freundin) auf einen Drink einzuladen. Nimmt sie diesen an, prostet euch zu oder kommt sogar mit euch ins Gespräch, sieht es sogar noch besser für euch aus. Bekommt ihr danach auch noch ihre Handynummer und ist diese dann in Wahrheit nicht die Nummer der elektronischen Zeitansage, habt ihr euch sogar eine echte Chance bei dieser Frau erarbeitet. In dem Fall würde ich an eurer Stelle noch in derselben Nacht eine SMS an sie schreiben. Das ist nicht so aufdringlich wie ein Anruf, zeigt aber, dass ihr wirklich interessiert seid und dass sie euch nicht aus dem Kopf geht. Und – last but not least – so könnt ihr auch schnell herausfinden, ob sie euch wirklich ihre richtige Nummer gegeben hat. Wenn ihr sagt »Das war ein wunderschöner Abend und ich freue mich schon auf den nächsten«, freuen wir uns natürlich viel mehr als über »Was ich dir den ganzen Abend schon sagen wollte, du hast wirklich 1A Möpse.« Also, versaut euch nicht die ganze schöne Flirtvorarbeit durch eine einzige dämliche SMS! Denn wenn euch eine Frau einmal ihre Handynummer gegeben hat, dann ist sie durchaus interessiert und es könnte tatsächlich mehr daraus werden. Zumindest, wenn sie nicht total betrunken war …

Wenn ihr angebaggert werdet …

Aber natürlich baggert nicht nur ihr uns an, sondern es kommt hin und wieder auch vor, dass ihr angebaggert werdet. Allerdings merkt ihr es oft gar nicht, wenn euch eine Frau (die wohlweislich nicht eure Freundin ist) anbaggert – zumindest dann nicht, wenn ihr in einer Beziehung seid. Als Single-Männer dagegen wittert ihr in jeder Frage nach der Uhrzeit schon eine heiße Anmache und stürzt euch ins Getümmel. Diese Gabe verschwindet aber, sobald ihr in festen Händen seid. Oder zumindest tut ihr so. Vielleicht bekommt ihr es ja tatsächlich nicht mit, wenn euch eine fremde (oder auch nicht ganz so fremde) Frau angräbt. E*iner* Sache könnt ihr euch aber sicher sein: Eure Freundin – sollte sie vor Ort sein – merkt das sofort! Wenn also die Frau an eurer Seite zunehmend erstarrt, während ihr mit der Dame XY plaudert und euch nichts Böses dabei denkt, dann solltet ihr langsam beginnen, auf die Alarmglocken zu achten. Frauen haben ein untrügliches Gespür für andere Frauen. Und wenn eine unserem Mann schöne Augen machen möchte, dann spüren wir das sofort (ich erinnere nur an das Botoxäffchen ...). Während ihr also noch ruhig dasteht und arglos über das Wetter, den letzten Sommerurlaub oder den Umfang eures Bizeps plaudert, braut sich neben euch inzwischen ein Unwetter zusammen.

Um zu vermeiden, dass dies geschieht, und vor allem, um zu vermeiden, dass der Sturm dann etwas später zu Hause oder im Auto tatsächlich ausbricht, solltet ihr gewisse Warnsignale frühzeitig zu erkennen lernen (zum Beispiel verschränkte Arme, vorgetäuschte Hustenanfälle oder Zornesflecken im Gesicht eurer Freundin). Und diese dann natürlich auch beachten und eine Kursänderung ansteuern, sprich: das Gespräch mit der Unbekannten abbrechen oder ihr galant eure Freundin vorstellen. Und zwar nicht nur mit deren Namen, sondern auch dem zugehörigen Titel »meine Freundin« oder – auch gern genommen – »die wunderschöne Frau in meinem Leben«, hier dürft ihr ruhig kreativ sein. Mehr zu diesem Thema findet ihr übrigens auch im Kapitel »Weibliche Konkurrenz«.

Lernt ihr aber, wie gesagt als Single, abends (oder zu welcher Tageszeit auch immer) eine Frau kennen, mit der ihr flirtet, kann das verschiedene Auswirkungen haben. Wie zu Beginn beschrieben, kann das der Anfang von etwas ganz Wunderbarem sein oder eine Beziehung zerstören (falls ihr doch nicht Single wart), aber natürlich kann es auch reine Taktik sein. Zum Beispiel, weil ihr diese Frau nur ins Bett bekommen wollt. Umgekehrt kann euch das natürlich aber genauso passieren. Die klassische Situation, dass eine Frau sich den ganzen Abend von einem Mann einladen lässt, um ihn danach eiskalt abblitzen zu lassen, ist schließlich keine Seltenheit. Wir wissen schon, wie wir euch knacken können, und das setzen wir auch gern mal gezielt ein. Viele Männer geben oft damit an, dass sie sich schöne junge Frauen mit Macht und Geld kaufen. Zum Beispiel Ältere, Vermögende brüsten sich gern damit, dass sie dank ihrer Yacht, ihres Autos oder ihres Geldes immer heiße Mädchen an ihrer Seite haben. Sie glauben deshalb, die Macht über diese Frauen zu besitzen. In Wirklichkeit ist es meistens umgekehrt. Die Frauen bringen die Männer mit ihrer Schönheit dazu, unglaublich viel Geld für sie auszugeben und sich für sie zum Idioten zu machen. Und wieso tun diese Männer das? Weil sie die Frauen beziehungsweise deren Körper unbedingt haben wollen und ihnen dafür erst einmal alles bieten, was sie haben.

Wenn die Frauen richtig clever sind, nehmen sie das alles mit, sind immer höflich, nett und charmant und machen die Biege, bevor der alte Mann überhaupt gecheckt hat, dass er niemals bekommen wird, worauf er die ganze Zeit hinarbeitet. Versteht mich nicht falsch, ich finde beide Verhaltensweisen nicht gerade löblich, aber wenn es darauf ankommt, würde ich sagen, dass die Frauen am längeren Hebel der Macht sitzen. Und genauso ist es auch oft beim Flirten.

Eure Geheimwaffe

Ihr springt einfach mehr auf äußere Reize an als wir. Das hat die Natur so eingerichtet und ist auch nicht verwerflich. Aber nur weil *wir* eure Brustmuskeln sehen, vergessen wir nicht gleich unseren Namen, was im umgekehrten Falle durchaus schon mal vorkommen kann. Insofern sind wir Frauen beim Flirten erst mal klar im Vorteil, vor allem da wir auf nützliche Hilfen wie Push-up-BHs und High Heels zurückgreifen können. Über das reine Äußere könnt ihr da kaum mithalten. Natürlich gibt es Männer, die fantastisch aussehen, und wir schauen uns auch gern breite Schultern, sich dezent abzeichnende Bauchmuskeln oder einen knackigen Hintern an, aber wir flippen beim Anblick eines gut gebauten männlichen Körpers nicht gleich aus (die betrunkenen, kreischenden Besucherinnen von männlichen Stripshows klammere ich hier einmal aus, denn mit diesen Frauen konnte ich mich sowieso noch nie identifizieren). Das mag euch jetzt recht unfair vorkommen, denn wenn wir uns flirttechnisch aufpimpen, solltet ihr das ja auch tun können. Und damit habt ihr auch recht! Deswegen habe ich eine gute Nachricht für euch: Ihr könnt das tatsächlich! Es gibt nämlich einen Trick, wie ihr uns erobern könnt, ohne dass wir uns dagegen wehren können: über euren Duft. Ein Mann, der toll riecht, bringt Frauen reihenweise zum Schmelzen. Ich darf gar nicht daran denken, wie viele Frösche ich in meiner Vergangenheit schon geküsst habe, nur weil sie so umwerfend gerochen haben.

Wir Frauen springen extrem auf Düfte an und das gilt insbesondere für die des männlichen Geschlechts. Ich habe mich sogar tatsächlich einmal in einen Mann verknallt, den ich eigentlich total unsympathisch und auch äußerlich nicht besonders attraktiv fand und seine Stimme mochte ich gar nicht, aber er roch einfach so umwerfend ... Und ich kenne so viele Frauen, die schon Ähnliches erlebt haben. Wenn ein Mann gut riecht, macht uns das an. Was für euch lange Beine und Brüste sind, sind für uns Pheromone, Davidoff und Co. Der Weg zum Herzen einer Frau führt nämlich über ihre Nase und genau diese Wahrheit könnt ihr euch zunutze machen. Die Wahl des richtigen Parfums ist für euch der Schlüssel zum Erfolg und euer Lieblingsduft sollte von euch deshalb gut und bedacht ausgewählt werden. Das heißt, keine Billigparfums und niemals zu viel von einem Duft auftragen, dann riecht ihr nämlich ganz schnell künstlich und nicht mehr männlich. Die richtige Menge und Zusammenstellung macht's! Aber allein schon das richtige Duschgel oder auch ein gutes Deodorant können Wunder bewirken. Wenn ich nach meinem Freund ins Bad komme und er zuvor geduscht hat, könnte ich ihn oft schon auf der Stelle wieder zurück ins Schlafzimmer zerren. Auch wenn er schon längst aus dem Haus ist. Der Duft allein reicht schon ... Noch extremer ist es, wenn ich an einem seiner T-Shirts rieche. Warum lassen wir Frauen uns denn immer die Collegeshirts von euch geben? Weil wir uns in XL so sexy finden oder weil wir einfach nicht genug von eurem Duft bekommen können? Wohl eher Letzteres.

Allerdings kann euer Duft auch zum Nachteil für euch werden. Ihr könnt zu einer Frau noch so charmant und zuvorkommend sein, wenn sie euren ganz eigenen Geruch nicht mag, habt ihr verloren. Und da hilft auch das exklusivste Eau de Toilette nichts, denn erst in Kombination mit eurem Körpergeruch entfaltet es für uns seine volle Wirkung. Und wenn der Körpergeruch nicht passt, hat auch der Rest verloren. Allerdings kann es durchaus sein, dass die eine Frau euren Geruch ganz schrecklich und eine andere ihn wiederum ganz fantastisch findet. Wenn ihr also demnächst beim Flirten leer ausgeht und eine eigentlich vielversprechende Begegnung bei näherem Kontakt plötzlich von der Frau abgebrochen wird, dann konnte sie euch vielleicht einfach nicht riechen. Wenn es öfter passiert, dass der Augenkontakt immer super läuft, aber in dem Moment, in dem ihr euch dann direkt gegenübersteht, alles den Bach runtergeht, obwohl ihr charmant und spontan wart, dann solltet ihr vielleicht einmal überlegen, euer Parfum zu wechseln oder die Menge, die ihr auftragt, zu reduzieren oder euch ein Mundwasser anzuschaffen (Mundgeruch ist natürlich das absolute Geruchs-No-Go!). Denn ein durchschnittlich gut aussehender Mann, der auch noch gut riecht, wird immer mehr Flirtchancen haben als ein wunderschöner Mann, der stinkt. Vertraut mir, ich weiß, was ich rieche, und insofern auch, wovon ich da schreibe …

32. Job, Studium und Karriere

Es gab mal eine Zeit, da konnte ich es mir durchaus vorstellen, eine Karriere als Politikerin anzustreben. Nicht nur, weil ich Politikwissenschaften studiert habe, sondern auch, weil ich mich ganz wunderbar in Dinge hineinsteigern kann, gern so lange diskutiere und argumentiere, bis meine Widersacher entweder einknicken oder den Raum verlassen, und im Gegensatz zu geschätzten achtzig Prozent der Bundesbürger Politik für eine wirklich spannende Sache halte. Also habe ich angefangen, neben dem Studium in diesem Bereich zu arbeiten, und hatte *eigentlich* ziemlich viel Spaß dabei. Nur *eigentlich* deswegen, weil ich es in diesem Umfeld erstmals so richtig wahrgenommen habe, dass du als blonde junge Frau noch so enthusiastisch arbeiten, kompetent reden und argumentativ schreiben kannst, im Endeffekt zählt es doch nur, wie groß deine Brüste sind. Und als ich nach einer gewissen Zeit in meinem Ablagefach mehr Unterwäschekataloge als Drucksachen gefunden habe, war mir das mit der Politik dann doch zu doof und ich wechselte zum Boulevardfernsehen. Dort ist man wenigstens so ehrlich zuzugeben, dass sich alles nur um Brüste dreht.

Aussehen und Kompetenz

Mit der Zeit habe ich dann herausgefunden, dass es Wege und Mittel gibt, dank derer man trotz aller Klischees sein eigenes Ding machen kann und sich nicht verstellen muss, um Erfolg zu haben. Denn natürlich herrscht in manchen Branchen auch genau die gegenteilige Weltanschauung, da sind Brüste etwas Negatives, was dort eigentlich gar nicht hingehört.

Ich war zum Beispiel eine Zeit lang Werkstudentin in einer Kommunikationsberatung – man nennt es auch Consultingagentur – und spätestens nach drei Wochen in diesem Büro begann ich mich zu wundern, weshalb sich sämtliche Frauen dort wie androgyne Wesen kleideten. Je erfolgreicher die Frau, desto männlicher sah sie aus und desto grauer kleidete sie sich. Warum dies so war, erfuhr ich zwei Wochen später, als einer der Berater mich kurz zur Seite nahm und mich bat, mich etwas konservativer zu kleiden, da ich in den Meetings die anderen Berater mit meinem Äußeren davon abhalten würde, sich auf die Sache zu konzentrieren. Ich war, ehrlich gesagt, ziemlich verblüfft, denn ich bin mir durchaus bewusst, dass ich mich in einem Büro anders zu kleiden habe als in einer Boulevardredaktion, und das tat ich dementsprechend auch. Was ich allerdings nicht tat, war, mich in graue Säcke zu hüllen, denn es gibt auch Businesskleidung, die feminin ist, und die muss auch nicht zwangsläufig drei Nummern zu groß sein. Na ja, jedenfalls schrieb ich dann recht bald auch wieder meine Kündigung, denn – ob karierrefördernd oder nicht – zu einem grauen, androgynen Wesen wollte ich ganz sicher nicht mutieren. Aber irgendwie begann ich nach diesen Erfahrungen, schon an dieser sagenhaften Emanzipation zu zweifeln, von der Alice Schwarzer in jeder Talkshow dauernd redet.

Müssen wir Frauen denn entweder barbusige Sexkätzchen oder androgyne graue Sackkleid-Mäuse sein, um Erfolg zu haben? Gut, ich bin mir sicher, dass es auch Branchen gibt, in denen der goldene Mittelweg ganz selbstverständlich ist, aber in vielen anderen ist er es eben nicht und wir Frauen müssen für einen normalen Arbeitsalltag (unabhängig von der Rocklänge) ziemlich kämpfen. Und das, ihr Lieben, liegt vor allem an euch!

Ich ziehe mich gern weiblich und auch sexy an, trage hin und wieder gern Dekolleté und Miniröcke. Aber deswegen hat das, was ich sage, nicht weniger Inhalt. Frauen können intelligent *und* sexy sein und genau das geht in viele von euren Köpfen noch nicht wirklich hinein. Und diese Erfahrung habe ich nicht nur im Berufsleben, sondern auch im Studium gemacht. Vor allem in den geisteswissenschaftlichen Fächern bist du sowieso schon mal eine Art Alien, wenn du dich nicht nur nicht kleidest wie

Joschka Fischer zu Beginn seiner politischen Karriere, sondern sogar hohe Schuhe und Make-up trägst. Ist das nicht ätzend? Jetzt stellt euch doch einmal vor, Jungs, dass ihr weniger ernst genommen werdet, nur weil ihr ein bisschen Haargel benutzt und weil ihr Wert auf eure Klamotten legt. Ohne wirkliches Ansehen dessen, was ihr ansonsten leistet. Ziemlich doofe Vorstellung, oder? Willkommen in unserer Welt!

Aber es liegt auch in euren Händen, diese Welt zu verändern. Lasst in euren Köpfen einfach mal die Tatsache zu, dass das Können eines Menschen recht wenig mit seinem Äußeren zu tun hat. Nehmt Frauen nicht nur ernst, wenn ihr sie privat nicht mal mit der Kneifzange anfassen würdet, und vergesst in Meetings mal für einen Augenblick, dass ihr den Hintern eurer Kollegin lieber nackt und von hinten sehen würdet, sondern hört stattdessen einfach mal zu, was sie *sagt*. Vielleicht ist das ja sogar ziemlich interessant und intelligent? Ich weiß, nicht allen von euch fällt das schwer und viele Männer sind heute durchaus in der Lage, die Leistungen von attraktiven Frauen zu bemerken und unabhängig von ihrem Äußeren zu bewerten. Aber leider sind das eben bei Weitem noch nicht alle. Vielleicht ist auch das einer der Gründe, warum so viele junge Frauen heute irgendwas mit Medien machen wollen. Immerhin ist die Medienbranche neben der Pornoindustrie noch eine der wenigen, in der gutes Aussehen und Stylebewusstsein von Vorteil und nicht von Nachteil sind. Und für die Pornoindustrie sind glücklicherweise nur die wenigsten von uns geschaffen.

Aber ich würde euch jetzt unrecht tun, wenn ich behaupten würde, nur ihr Männer hättet solche Vorurteile im Kopf. Wir Frauen sind auch nicht viel besser. Vor allem sind wir ziemlich eifersüchtige Wesen und deswegen kaum begeistert, wenn unsere neue Kollegin zehnmal heißer aussieht als wir selbst. Deswegen verübeln wir Frauen uns gegenseitig alles Mögliche und betiteln Konkurrentinnen, die den obersten Knopf an der Bluse nicht züchtig geschlossen haben, schnell mal als Schlampen. Unabhängig davon, dass wir gestern selbst sogar die obersten *drei* Knöpfe offen hatten. Ich muss zugeben, wir Frauen stehen uns gegenseitig oftmals selbst im Weg und das ist eigentlich noch viel trauriger, als wenn ihr das tut. Ich hatte auf dem Gymnasium mal eine Mathelehrerin, die mir ins Gesicht gesagt hat, dass es kein Wunder wäre, dass ich in Mathe so schlecht sei (was zugegebenermaßen stimmte), denn Barbiepuppen könnten in der Regel ja auch nicht rechnen. Ihr süffisantes Lächeln dabei habe ich heute noch vor Augen.

Aber egal, ob wir es nun schaffen, uns nicht gegenseitig auszubremsen und uns auch nicht von Männern ausbremsen zu lassen, eines wird uns Frauen karrieretechnisch trotzdem zwangsläufig fast immer ausbremsen: die Natur ... Die meisten von uns wollen glücklicherweise eben doch irgendwann ein Kind bekommen und spätestens mit der fortgeschrittenen Schwangerschaft ist dann entweder das Karriereaus oder zumindest ein Karriereknick fällig. Das kann man nicht wegreden oder beschönigen, es ist einfach eine Tatsache, zumindest bei unseren miesen Kinderbetreuungsmöglichkeiten in Deutschland. Es mag einzelne Unternehmen geben, die super Lösungen anbieten, aber die sind leider eben eher noch die Ausnahme als die Regel. Und solange wir unsere Steuergelder in die Banken- und Schuldenkrisen dieser Welt stecken müssen, glaube ich auch nicht, dass in nächster Zeit das Geld dafür da sein wird, das wirklich zu ändern. Man kann es drehen und wenden: Wir Mädels sind einfach benachteiligt, wenn es um die ganz große Karriere geht, denn unsere biologische Uhr beginnt eben automatisch irgendwann zu ticken und verzichten müssen wir so oder so, mal auf das eine oder eben auf das andere. Es ist ein Fortschritt, dass wir heute keine Kinder mehr kriegen *müssen*, wenn wir das nicht wollen, sondern dass wir uns stattdessen auch für die Karriere entscheiden können, aber entscheiden müssen wir uns in jedem

Fall. Und wir werden immer auch dazu gezwungen, unsere Entscheidung zu verteidigen, egal, wie sie aussieht. Ihr musstet das bislang nicht, dank Elterngeld und Vaterschaftsurlaub sieht das aber mittlerweile schon ein bisschen anders aus und wer weiß, wie das erst in fünf oder zehn Jahren sein wird. Bis dahin ist es jedoch noch ein langer Weg. Deswegen sage ich euch hier mal etwas, das man sonst vielleicht nicht laut sagen darf: Seid froh und dankbar, dass *wir* die Kinder kriegen müssen und nicht ihr! Nicht schwanger werden zu können ist wohl der größte Karrierevorteil, den ihr uns gegenüber habt. Seid dankbar dafür!

Never fvck a company member? Blödsinn!

Aber egal, ob sich Mann oder Frau dafür entscheidet: Um eine Elternauszeit nehmen zu können, müssen ja erst einmal Kinder gemacht werden. Und auch, was das betrifft, können im Job so einige Fallen lauern, denn Liebe und Sex am Arbeitsplatz sind nicht gerade die unkompliziertesten Dinge der Welt. Sie kommen aber trotzdem häufig vor. Ich habe meinen Freund beim Arbeiten kennengelernt und ich könnte aus dem Stegreif zehn andere Pärchen aus meinem Bekanntenkreis nennen, denen es genauso ging. Allerdings muss Flirten am Arbeitsplatz nicht *immer* mit einem Happy End oder gar einer Beziehung enden. Gerade ihr Männer könnt euch dabei ganz schön in die Nesseln setzen. Wenn die Kollegin euren kleinen Klaps nicht als Aufmunterung oder gar als Kompliment, sondern eher als sexuelle Belästigung versteht, war es das unter Umständen ganz schnell mit eurer Karriere. Deswegen würde ich euch im Büro immer dezente Zurückhaltung empfehlen, zumindest wenn es um Körperkontakt geht.

Aber natürlich kommt es trotzdem oft vor, dass sich zwei Kollegen ineinander verlieben, und das muss absolut nichts Schlechtes sein. Gerade Menschen, die erfolgreich sind und viel arbeiten oder in besonders kommunikativen Jobs tätig sind, lernen auch viele neue, oftmals überaus interessante Menschen kennen und es wäre ja fast schon gegen die Statistik, wenn da nicht ab und zu auch mal einer dabei wäre, den man dann ganz besonders spannend findet. Das Problem ist nur: Woran erkennt man, dass es dem anderen auch so geht? Mal angenommen, ihr verliebt euch in eine neue Kollegin. Da sie neu ist, wird sie automatisch nett zu euch sein, um Anschluss zu finden. Aber ist sie auch so nett, dass das mehr bedeuten könnte?

Viele Männer interpretieren es zum Beispiel als Zeichen von Interesse, wenn sich eine Frau am Arbeitsplatz sexy anzieht. Aber nur, weil sich eine Frau an dem Tag, an dem ihr ein gemeinsames Meeting habt, eine tief dekolletierte Bluse angezogen hat, muss das nicht gleich heißen, dass sie auf euch steht. Vielleicht ist der Chef ja auch dabei und die Dame weiß, dass er auf Brüste steht, oder sie hat sich nicht ausreichend auf das Meeting vorbereiten können und versucht so, ihre inhaltliche Unsicherheit etwas zu kaschieren. Das wäre doch möglich. Denn natürlich wissen wir Frauen, wie wir unsere körperlichen Reize im Job nutzen können, und ab und zu setzen wir dieses Wissen auch mal ein. Es kann aber auch einfach Zufall sein, dass die Bluse weiter ausgeschnitten ist, weil eure Kollegin heute Morgen ein Oberteil gesucht hat, das perfekt zu ihrer Marlene-Dietrich-Hose passt, und dabei nichts anderes gefunden hat als diese eine Bluse.

Kleidung ist also kein sicheres Anzeichen für die Flirtbereitschaft, auch wenn das sicherlich das am einfachsten zu erkennende Signal für euch wäre. Nicht falsch verstehen: Natürlich achten wir mehr auf unser Äußeres, wenn wir einen Mann toll finden und wissen, dass wir ihm begegnen werden. Aber es gibt eben auch tausend andere Gründe, weswegen wir uns herausputzen, und wir Frauen finden eigentlich fast immer einen …

Auch wenn eine Kollegin fünfzig Mal am Tag an eurem Schreibtisch vorbeiläuft, muss das kein sicheres Anzeichen dafür sein, dass sie auf euch steht. Vielleicht hat sie einfach nur eine Blasenentzündung und euer Schreibtisch liegt für sie auf dem Weg zur Toilette. Oder sie steht auf den Kollegen, der schräg hinter euch sitzt. Oder es ist einfach ihr Job, fünfzig Mal am Tag diese Strecke zu laufen. Auch hier gibt es tausend mögliche Begründungen. Wesentlich sicherer ist da schon der E-Mail-Flirt. Wenn ihr eine Frau in eurem beruflichen Umfeld toll findet und den Verdacht habt (zum Beispiel aufgrund von Blicken), dass es ihr genauso gehen könnte, dann versucht es doch einmal mit E-Mails. Wenn ihr sowieso aus beruflichen Gründen in E-Mail-Kontakt steht, könnt ihr zum Beispiel versuchen, die geschäftliche Kommunikation mit ein paar lockeren Bemerkungen etwas weniger förmlich zu gestalten. Steigt sie sofort darauf ein und schreibt in ähnlicher Form zurück, ist das schon mal ein gutes Zeichen. Ignoriert sie eure Bemerkung komplett, hatte sie vielleicht einfach nur Stress. Ignoriert sie sie ein zweites Mal, solltet ihr schleunigst wieder förmlich werden, denn dann hat sie null Interesse an einer Auflockerung und das Ganze könnte ziemlich peinlich werden, wenn ihr diese Zeichen ignoriert. Aber immerhin wisst ihr dann, woran ihr seid.

Im günstigeren Falle fängt damit eine oftmals recht wilde E-Mail-Flirterei an, die euch wahrscheinlich ziemlich von der Arbeit abhalten wird. Im noch besseren Fall entwickelt sich daraus vielleicht ein gemeinsames Mittag- und dann sogar mal ein privates Abendessen und danach ist wirklich alles möglich ... Doch wie kriegt ihr den ersten Schritt hin? So eine lockere Bemerkung kann ja alles Mögliche sein und im schlimmsten Fall sogar nur peinlich. Anzügliche Sprüche solltet ihr beim ersten Vorstoß auf jeden Fall vermeiden. Im ersten *Bridget Jones*-Film fragt ihr Boss bei Bridget in einer E-Mail an, ob sie ihren Rock zu Hause vergessen hätte (weil dieser so kurz ist), und daraus entsteht eine heftige E-Mail-Flirterei. Aber Bridget war erstens schon seit Ewigkeiten total in ihren Chef verliebt und zweitens ist das auch nur ein Film ...

Natürlich kann so ein anzüglicher Spruch durchaus mal sexy wirken, aber da muss die Frau schon sehr in euch verknallt und ihr ein verdammt cooler Typ sein. Ich finde, ihr solltet am Anfang auf Nummer sicher gehen und unverfänglicher starten. Wenn ihr zum Beispiel gerade gemeinsam an einem Projekt für einen richtig ätzenden Vorgesetzten (und den sollte auch sie ätzend finden, nicht nur ihr, sonst könnt ihr euch wieder ganz schön in die Nesseln setzen) arbeitet und dieser euch mit immer neuen Änderungen quält, ist so ein kleiner Verbrüderungsspruch, gewürzt mit ein bisschen Ironie, sicher der richtige Weg. Bereitet ihr gerade gemeinsam etwas anderes Großes, zum Beispiel ein Event, vor und steht unter ziemlichem Druck, könntet ihr vielleicht am Ende einer E-Mail ein bisschen was zum Mutmachen und Aufmuntern schreiben, wieder gewürzt mit ein bisschen Ironie und zum Beispiel mit einer Aufzählung nach dem Motto: Es kann ja gar nichts schiefgehen außer … und dann einfach ziemlich unrealistische, absurde Sachen anführen (zum Beispiel den Angriff von Marshmallow fressenden Aliens, falls es sich um die Präsentation einer neuen Marshmallow-Sorte handelt). Wir Frauen stehen nämlich darauf, wenn ein Mann uns zum Lachen bringt. Und wenn die Frau beim Lesen eurer E-Mail schmunzelt, habt ihr schon mal einen großen Teilerfolg errungen. Ironie kommt eigentlich immer gut an, es sei denn, die Frau versteht sie nicht, aber dann lohnt es sich sowieso nicht, sie näher kennenzulernen. Also, wenn ihr eine Frau erobern wollt (und das gilt nicht nur im Berufsleben), bringt sie zum Lachen! Allerdings solltet ihr dabei auch wirklich witzig sein, sonst wird's mal wieder peinlich … Aber wenn ihr nur einen Funken Menschenkenntnis besitzt, merkt ihr recht schnell, ob andere Menschen über eure Witze wirklich lachen können oder nur gequält das Gesicht verziehen. In letzterem Fall solltet ihr auf Humor beim Anmachen generell verzichten, aber ich denke, dem überwiegenden Teil von euch wird es nicht so gehen. Die meisten Männer können uns Frauen nämlich (auch mit voller Absicht) zum Lachen bringen und das ist etwas sehr Schönes!

Flirten am Arbeitsplatz würde ich also keinesfalls als No-Go bezeichnen, ihr solltet nur darauf achten, mit *wem* ihr flirtet und ob sie das dann auch wirklich genauso nett findet wie ihr. Und Knutschen in der Kantine ist natürlich auch alles andere als angemessen. Aber das muss ich hier eigentlich nicht extra erwähnen, denke ich. Doch egal, ob flirttechnisch oder tatsächlich rein beruflich, habt bitte keine Vorurteile gegenüber der Zusammenarbeit mit Frauen! Männer und Frauen ergänzen sich wunderbar, und das gilt nicht nur in einer Beziehung oder zu Hause, sondern kann auch ganz fabelhaft im Berufsleben funktionieren. Wir haben schließlich meistens andere Stärken als ihr und somit können wir uns beim gemeinsamen Arbeiten perfekt ergänzen und die Aufgaben verteilen. Und damit meine ich *nicht*, dass ihr die wichtigen Entscheidungen fällt und wir den Kaffee kochen! Aber ihr werdet auch noch feststellen (oder habt ihr es womöglich schon?), dass eine weibliche Sichtweise auf ein Problem ganz neue Aspekte für euch eröffnen kann. Und unter uns, eine nette (und nett anzuschauende) Kollegin bei einer Präsentation an eurer Seite zu haben kommt beim Kunden ganz sicher so schlecht nicht an ... Und auch wenn euch alle diese Argumente nicht überzeugen und ihr beim Thema Frauen und Karriere immer noch Magenschmerzen bekommt, dann kann ich euch nur eines raten: Egal, was ihr davon haltet, stellt euch trotzdem besser darauf ein, denn aufhalten könnt ihr die Tatsache nicht, dass immer mehr Frauen immer größere Karrieren machen ...

33. Singles und Beziehungen

Es gibt ein neues It-Piece: Es kostet kein Geld, entstammt keinem italienischen Designerhaus und erobert dennoch sämtliche Metropolen der westlichen Welt wie im Überschallflug – es ist der Singlestatus. Zumindest kommt es mir immer wieder so vor, wenn ich auf einer Party einen interessanten Gesprächspartner kennenlerne, man sich auf Anhieb sympathisch ist und stundenlang über dies und jenes quatscht und tausend Gemeinsamkeiten entdeckt und dann plötzlich, wenn das Gespräch auf den Beziehungsstatus kommt, angestarrt wird, als hätte man sich gerade als Führungsmitglied einer bayerischen Al-Kaida-Schläferzelle geoutet. Wohlgemerkt ist es dabei ziemlich unerheblich, ob es sich nun um einen männlichen oder einen weiblichen Gesprächspartner handelt. Das Entscheidende ist, dass es sich um einen Single handelt. Denn Singlesein ist in. Teil einer Partnerschaft zu sein ist dagegen out, langweilig und nicht mehr angesagt. Aber eine Beziehung ist kein Ed-Hardy-T-Shirt.

Deswegen wundere ich mich doch schon sehr, dass die Form des zweisamen Zusammenlebens so sehr aus der Mode kommt. Ursprünglich und klischeegemäß müsste das eigentlich eure Schuld sein. Ihr seid schließlich die mit der Bindungsangst, das weiß doch jedes Kind. Oder zumindest jede Frau. Wir alle wissen, dass ihr im Grunde alle kleine George Clooneys seid (auch wenn ihr leider nicht alle so ausseht). Aber im Endeffekt möchtet ihr nur eure Freiheit, ein Boot am Comer See und hin und wieder eine kleine unbedeutende Liaison mit einem italienischen Unterwäschemodel. Ihr seid eben auch nichts anderes als moderne Cowboys, die sich nach der abendlichen Ruhe am einsamen Lagerfeuer sehnen. Und nicht danach, in der Mittagspause schnell den kleinen Benjamin-Pascal aus dem Kindergarten abzuholen, um danach noch ein paar Blumen im Flowershop um die Ecke für eure wieder hochschwangere Frau zu besorgen, bevor ihr zurück ins Büro hetzt. Dann doch lieber den ewigen unnahbaren Single markieren, der über sein Leben ganz allein verfügen kann, ohne

Rücksicht auf irgendwelche anderen Menschen – und schon gar nicht auf eine Frau – nehmen zu müssen.

Mythos Bindungsunfähigkeit

Zumindest denken wir Frauen, dass ihr genau so tickt. Zum Beispiel, wenn wir fünfmal hintereinander an einen Typen geraten sind, der trotz perfektem Sex, niemals laut geäußerter Besitzansprüche und regelmäßigem Oralverkehr auch noch nach zwei Monaten beim Klang des Wortes »Beziehung« rote Panikflecken am Hals bekam. Und da wir Frauen natürlich nicht bereit sind, in Erwägung zu ziehen, dass diese mangelnde Bereitschaft zur Monogamie an uns liegen könnte, also dass der Typ – einfach ausgedrückt – nicht genug auf uns steht, unterstellen wir ihm mal Bindungsangst. Wir gehen davon aus, dass wir *natürlich* die Richtige für ihn waren und er uns eigentlich in der Tiefe seines Herzens aufrichtig geliebt hat, aber dass er eben leider der klassische *lonesome rider* ist und nicht in Beziehungen leben kann. Was unsere Freundinnen uns natürlich aus voller Überzeugung bestätigen und es tunlichst vermeiden, uns zu erzählen, dass sie im Nagelstudio erfahren haben, dass er seiner jetzigen Freundin gerade einen Antrag gemacht hat und die beiden einen gemeinsamen Bausparvertrag abgeschlossen haben.

Wir Frauen sind eben einfach gnadenlose Romantikerinnen und die Vorstellung, dass unser Verflossener immer noch Abend für Abend einsam am Lagerfeuer sitzt und sich still und heimlich nach uns verzehrt, ist einfach viel romantischer als die, dass er gerade seinen Jüngsten aus der Spielgruppe abholt und anschließend gemeinsam mit seiner Ehefrau und dem Kleinen vor dem Fernseher sitzt und *Verstehen Sie Spaß?* schaut. Der große Mythos des bindungsunfähigen Mannes kommt uns Frauen also eigentlich ganz gelegen. Er hat nur einen Nachteil: Viele von uns glauben mittlerweile so sehr daran, dass sie vor lauter Angst, sowieso nur wieder sitzen gelassen zu werden, selbst bindungsunfähig geworden sind. Und hier schließt sich der Kreis des Dilemmas. So wie ihr euren Singlestatus als wildromantisches Cowboy- oder verwegenes Frauenchecker-Image stilisiert, sind wir als Single eben selbstbewusste, stylishe Karrierefrauen à la *Sex and the City* und unser Singlestatus ist nur eines unserer fabelhaften Accessoires.

Freiwillige Singles?

Auf jeden Fall und geschlechterübergreifend ist das Singledasein erst mal bewusst gewählt, absolut in Ordnung und vor allem freiwillig. Freiwillig jedoch nur insofern, dass wir natürlich alle lieber Single sind, als mit einem Menschen zusammen zu sein, den wir eigentlich gar nicht besonders prickelnd finden. Und das ist ja auch nicht der eigentliche Sinn einer Beziehung. Wir wollen einen Partner, den wir sogar mehr als nur prickelnd finden, den wir aufrichtig lieben (und von dem wir aufrichtig geliebt werden), mit dem wir unsere Zeit am allerliebsten verbringen und einfach glücklich sind. Und auf ein solches Glück verzichtet niemand freiwillig. Wir finden denjenigen nur vielleicht nicht oder – noch schlimmer – *er* hat schon jemand anderen gefunden, mit dem er glücklich ist.

Das mit dem freiwilligen Singlesein ist also so eine Sache … Aber das eigentlich Neue ist, dass ich in letzter Zeit immer häufiger das Gefühl habe, dass ziemlich viele von euch Männern sich dessen bewusst sind, während immer mehr Frauen das Singlesein als It-Accessoire zu schätzen lernen. War die (reelle oder nachgesagte) Bindungsangst bis vor Kurzem noch eine reine Männerkrankheit, so hat sie mittlerweile immer mehr Frauen befallen. Vor lauter Sorge, uns in einen Mann mit Bindungsangst zu verlieben, übernehmen wir diesen Part also gleich lieber selbst. So kann uns niemand wehtun und im Trend liegen wir außerdem. Singlefrauen sind cooler als Frauen in einer Beziehung – das denken zumindest viele Singles von sich. Das ist wohl auch ein Erbe von *Sex and the City*. Nur dass der einzige Sinn und Zweck hinter allen Handlungen der SATC-Protagonistinnen darin besteht, endlich den Traummann, ihren *Mister Big*, zu finden. Außer bei der sexhungrigen Samantha vielleicht, aber mit der können sich auch die wenigsten von uns identifizieren. Trotzdem ist es natürlich für uns Mädels deprimierend, dass der Sinn unseres Lebens darin bestehen soll, einen von euch, also unseren Traummann, zu finden, das muss ich schon zugeben. Aber rein biologisch gesehen ist es wohl so. Und emotional gesehen auch, wenn ich ehrlich bin. Allerdings ist das bei euch ja dann zwangsläufig auch nicht viel anders. Natürlich könnt ihr euer Sperma wild in der Gegend verteilen, aber richtig befriedigend ist das dann spätestens mit Mitte vierzig auch nicht mehr.

Allerdings gehört das Singlesein zu unserem Leben nun mal zwangsläufig dazu. Die allerwenigsten von uns, egal ob Mann oder Frau, verbringen ihr gesamtes Leben innerhalb von Beziehungen. In den Singlestatus werden wir hineingeboren und meistens sterben wir auch wieder in ihm, denn selbst wenn wir einen Partner fürs Leben gefunden haben, gehen wir meistens nicht synchron mit ihm von dannen. Der temporäre Singlestatus ist also ein ganz natürlicher und gesunder Teil unseres Lebens, doch selbst wenn wir in ihn hineingeboren werden und mit ihm sterben, ist es wohl kaum gesund, wenn er den Rest dazwischen auch noch dominiert. Wir sind keine einsamen Geparden, wir sind Herdentiere, selbst wenn die Herde nur aus zwei Mitgliedern bestehen sollte. Das abzustreiten ist eigentlich wirklich dumm, denn spätestens an einsamen Sonntagen, wenn wir mit einer Fertigpizza vor dem Fernseher sitzen und die 850. Wiederholung von *Goodbye Deutschland* schauen, wird uns bewusst, dass andauerndes Alleinsein einfach nur doof ist und stinkt. Vor allem, wenn alle anderen nicht allein sind.

Der Vorteil von Großstädten ist allerdings, dass dort sehr viele Menschen zusammenkommen, die Singles sind, und dass man so getreu dem Motto »Gemeinsam ist man weniger einsam« dem Keiner-liebt-mich-Blues ganz gut entkommen kann. Es gibt allerdings einen Grund, weshalb Singlegruppen auf ihren Picknickdecken bei uns in München (einer Singlehauptstadt!) im Englischen Garten vorbeispazierende Pärchen immer mit einer gewissen Skepsis, ja, ich möchte fast sagen, offenen Ablehnung begegnen. Der liegt darin, dass jeder Einzelne von ihnen seine ganze lustige Singletruppe eigentlich mit wehenden Fahnen stehen lassen würde, wenn er dafür Teil einer funktionierenden Paarbeziehung sein könnte.

Für euch sind Männer, die eine gut aussehende feste Freundin im Arm haben, ungefähr so sympathisch wie Männer, die bereits zwei Wochen vor Verkaufsstart das neue iPhone am Ohr kleben haben. Sie haben etwas, das ihr nicht habt, aber eigentlich auch gern hättet. Und das könnt ihr natürlich nicht so ohne Weiteres zugeben. Es ist übrigens möglich, in diesem Beispiel die gut aussehende Frau durch einen gut aussehenden Mann und das iPhone durch ein Paar Manolos zu ersetzen, und schon habt ihr das Gleiche in der weiblichen Version. Wir sind in diesem Punkt nämlich nicht anders veranlagt. Und das ist doch vielleicht auch das Schöne an der ganzen Sache: dass wir Frauen und Männer auch Gemeinsamkeiten haben!

Klartext, Männer!

Wir Frauen holen in Hinsicht »Beziehungsmuffeligkeit« also ganz schön auf. Wartet es ab, in ein paar Jahren haben wir euch vielleicht sogar schon überholt. Dann würdet ihr euch wünschen, dass wir wieder anhänglicher werden und, dass wir nicht gleich vor lauter Panik Asthma bekommen und unsere besten Freundinnen anrufen, um abenteuerliche Fluchtpläne auszuarbeiten, wenn wir eine Schachtel von Tiffany zwischen euren Unterhosen finden. Wie ihr verhindern könnt, dass es so weit kommt? Nun ja, wie ich bereits erläutert habe, fußt unsere Bindungsangst in erster Linie darauf, dass wir Angst vor *eurer* Bindungsangst haben. Wenn ihr eure also in den Griff bekommen würdet, müsste unsere demnach gar nicht erst entstehen.

Klar, es wird immer wieder vorkommen, dass ihr mit einer Frau anbändelt, mit der ihr keine Beziehung haben wollt. Aber dann tut mir und der restlichen Frauenwelt doch den Gefallen und sagt ihr das auch so! Nicht mit fünf Ausrufezeichen und einer Sensibilität, die King Kong alle Ehre machen würde, sondern sachlich, ruhig und freundlich. Und tischt dem armen Mädchen nicht das Märchen auf, dass sie ja eigentlich genau die Richtige für euch sei, dass ihr aber leider, leider im Moment einfach keine Beziehung möchtet und das nicht an ihr, sondern nur an euch liege. So ein Schwachsinn!

Aber natürlich glaubt das Mädchen diesen Schwachsinn auch wieder gern, denn er ist viel romantischer als die Wahrheit. Über dieses Dilemma wurden bereits ganze Filme gedreht, aber gebracht hat das auch nicht wirklich was. Ihr und wir verbreiten trotzdem weiter unsere Legenden, anstatt einfach mal klar zu sagen, was Sache ist. Dass ihr mitnichten beziehungsunfähig seid, sondern einfach noch nicht die Richtige gefunden habt, und dass ihr mit den Falschen vielleicht zwar gern ab und zu mal in die Kiste steigt, aber ganz sicher nicht die nächsten Jahre eures Lebens verbringen wollt.

Das ist natürlich erst mal schwerer zu vermitteln als eine gut gemeinte Lüge, vor allem, da ihr wisst, dass ihr mit dieser Wahrheit das Mädchen wesentlich mehr verletzen werdet als mit der schönen Lonesome-rider-Geschichte. Und dass ihr uns nicht verletzen wollt, ist ja auch wirklich lieb von euch und gut gemeint, aber manchmal muss es eben sein. Und im Nachhinein ist diese Ehrlichkeit auch für die Verlassene selbst leichter zu ertragen. Vor allem, wenn sie euch eines Tages eng umschlungen mit eurer Neuen sieht, während sie die ganze Zeit davon ausgegangen ist, dass ihr immer noch ihr, eurer großen unerfüllten Liebe, nachtrauert. Umgekehrt gilt das natürlich ebenso, denn nicht nur ihr, auch viele Frauen machen es sich beim Abservieren gern mal etwas einfacher und erzählen freundliche Märchen von ihren angeblichen Beziehungsphobien. Und dabei müssten wir doch alle nur die Wahrheit sagen und schon gäbe es einen Mythos weniger auf dieser Welt. Bindungsunfähige Männer (und Frauen) gibt es nämlich nicht. Psychisch stark gestörte Persönlichkeiten, Cowboys und George Clooney einmal ausgeschlossen.

Vielen Dank an ...

... alle Männer dieser Welt! Auch an die Arschlöcher, denn nur über die guten zu schreiben wäre auf Dauer auch langweilig geworden.

... alle Frauen, die sich bei mir während meiner Recherche mal so richtig über ihre Jungs ausgekotzt haben.

... alle sonstigen Menschen, die mir die besten Beispiele aus dem Leben geliefert haben.

... meinen oft genannten Freund, der mittlerweile zwar mein Exfreund, aber weiterhin ein wichtiger Mensch in meinem Leben ist. Ohne dich könnte es dieses Buch so nicht geben. Danke für diese fünf tollen gemeinsamen Jahre, die wir als Paar hatten. Und danke für alle kommenden Jahre, die wir gemeinsam als Freunde verbringen werden. In Zukunft dann auch ohne Wellnessanwendungen, versprochen!

... alle Menschen vom Schwarzkopf & Schwarzkopf Verlag, die an diesem Buch mitgearbeitet haben, vor allem an meine tolle Lektorin Maren.

... alle, die ich mal wieder vergessen habe ...

DIE AUTORIN

Natascha Sagorski ist 27 Jahre alt, Münchnerin und Fernsehkolumnistin bei ProSieben. Neben den News aus Hollywood beschäftigt sich die Autorin gern auch mit alltäglichen zwischenmenschlichen Episoden, die sie nicht minder spannend findet. Genau diese haben Natascha Sagorski zu ihrem Buch *Don't call it Pussy!* inspiriert, das nach *Krasse Abstürze* und *Schuhe, Taschen, Männer* bereits ihre dritte Veröffentlichung im Schwarzkopf & Schwarzkopf Verlag ist.

Natascha Sagorski
DON'T CALL IT PUSSY!
33 Dinge, die Männer endlich über Frauen lernen sollten

ISBN 978-3-86265-121-4

1. Auflage März 2012

KATALOG
Wir senden Ihnen gern kostenlos unseren Katalog.
Schwarzkopf & Schwarzkopf Verlag GmbH
Kastanienallee 32, 10435 Berlin
Telefon: 030 – 44 33 63 00
Fax: 030 – 44 33 63 044

INTERNET | E-MAIL
www.schwarzkopf-schwarzkopf.de
info@schwarzkopf-schwarzkopf.de